U0129131

范文瀾
《文心雕龍注》研究

黃端陽 著

文史哲學集成
文史哲出版社印行

國家圖書館出版品預行編目資料

范文瀾《文心雕龍注》研究 / 黃端陽著
. -- 初版 --臺北市：文史哲, 民 101.08
頁；公分（文史哲學集成；624）
參考書目：頁
ISBN 978-986-314-053-5（平裝）

1.文心雕龍 2.注釋 3.研究考訂

820   101015210

文史哲學集成   624

范文瀾《文心雕龍注》研究

著　　者：黃　　　　端　　　　陽
出 版 者：文　史　哲　出　版　社
http://www.lapen.com.tw
e-mail：lapen@ms74.hinet.net
登記證字號：行政院新聞局版臺業字五三三七號
發 行 人：彭　　　正　　　雄
發 行 所：文　史　哲　出　版　社
印 刷 者：文　史　哲　出　版　社
臺北市羅斯福路一段七十二巷四號
郵政劃撥帳號：一六一八○一七五
電話886-2-23511028・傳真886-2-23965656
實價新臺幣三六○元
中華民國一○一年（2012）八月初版

范 文 瀾
《文心雕龍注》研究

目　　次

敢有龍吟動地哀
── 悼恩師王更生先生 (代序)

　　時間成就出許多無聲無息的故事，有些是無病呻吟略顯風花雪月的短篇章回，有些是賺人熱淚帶點盪氣迴腸的傳奇小說，有些是供人粉墨登場贏得臺下叫好的宋人話本。而我即使離十五年前這則故事的開頭有些遙遠，但是穿過如同《莊子・德充符》的種種虛妄，仍然執意的回到生命的楔子裏，仔細的用粲然的硃筆一一加圈點評……。

　　民國八十四年我考取東吳大學中文系碩士班，選修王更生老師的《文心雕龍》。初次上課，老師肩背著一個印有師大研討會的白色布袋，合宜的襯衫加上熨燙整齊的西裝褲，外加一句「各位同學好」的開場白，便是老師給我的第一印象。或許清代大儒章學誠口中體大思精的《文心雕龍》真有魔力，藉由老師在黑板上條分縷析的圖解法，抑或擲地作金石聲的詮解方式，甚至在《文心》各篇最末的四字贊語，他能用近於小調的歌聲高唱入雲，偶爾不僅擊節讚美作者劉勰寫得好，更會妙作解語的說自己是劉勰的知音，狀似陶醉，就這樣讓我跌入日後研究《文心》的深淵，雖未粉身，卻近似碎骨。老師說所中每學期的報告以單篇研究為主，但必須要會背，於是我用了好幾個晨昏背完〈物色〉一篇；又說：研究所修課的同學若未讀過《文心》五十篇，斷如浮萍妄

游無根，是以我又到大學部旁聽了兩年。老師在大學部上課時偏重知人論世，課程初必繫以劉勰年譜，以好友楊明照《校注拾遺》為據，另採酌范文瀾《注》以及個人考證結果，多有新意，尤其一手板書筆力遒勁，字體方稜，正如其剛正之性格。每至課間，我常去找老師聊天，或言學術，或談生活，這時老師便習慣的喝完一瓶二百三十六西西的優酪乳。之後我擬請老師擔任指導教授，他正色未答，後託所長王國良老師勸請，依舊徒勞無功，直到碩三上學期，國良老師告訴我事有轉圜，但必須通過老師的口試才行。記得是星期一的第三節課，我回答完從家庭狀況一直到學術目標等問題，當時由於自己常發表散文在《中央日報》上，也獲得《中國時報》新聞和蕭毅虹文學獎學金，年少氣盛，老師告訴我兩件事：一是暫停文學創作，要趁年輕把學問的根柢紮深；二是暫時別談戀愛，以免影響學習的專注度。我答應老師的要求，並以《文心雕龍樞紐論》作為研究主題。然而在撰寫過程中，因採文言文，總有為求騈儷因而搜索枯腸的艱難，又有對原文意涵詮釋錯誤而張冠李戴的情形，老師總用紅筆逐行劃去，並用小字重新加以改寫，甚至以極為嚴厲的口吻說道：「你就是太聰明了，所以沒法兒專心做學問。」好幾次我望著滿江紅的稿紙裏，失魂落魄的躲著修改後所剩無幾的文字，常是鼻子一酸落下幾行淚來，常常是當我告別了老師，從地下一樓的教授休息室拾級而上，蒼鬱的樹蔭抖落狀似冰糖的陽光，竟讓我沾染些喜獲天日般的甜蜜。

　　其後老師因宅邸老舊，須重新裝潢，尤其要訂作幾面大書架，才能容納積累的藏書。常常在我們裝箱打包時，他總感嘆昔日考取師大夜間部後，每每為籌措九百多元的學費而焦頭爛額，最後是業師程旨雲先行墊繳四百元的差額，他才能及時完成註冊手續；現在書房裏的《四部叢刊》，還是標會加上分期付款買下的，

可見在那個物資缺乏的動盪時代，想要埋首經誥，卻也不易，至於旨雲老師的溫暖，深深影響老師日後的教育理念，他在《自訂年譜初稿》寫道：「老師的博學廣識，愛人以德，成全別人，燃燒自己的高風亮節，永久是我立身治學的典範，而今而後，我要肩起旨雲師對我的期望，向著百年樹人的大道，去散播教育的火花。」我很慶幸在這條大道上遇見了老師，即使要通過近於身家調查的口試，歷經淪為淚人兒般感激涕零的治學訓練，我的碩士論文終於安放在書房中的特區 ── 這個書架是專供擺放老師指導之學生的論文的，常是最能伸手可及之處。老師常說人生在世，深受血統與學統的影響，前者即父母子女間的世代遺傳，後者指老師學生間的薪火延續，二者密切相關。正因如此，每當逢年過節，當我們按著三樓的門鈴，一定是老師中氣十足又帶點尾音的「哪位？」然後是老師穿戴整齊的在門口迎接我們，而師母早就準備好茶水點心，今年過年桌上的花生糖，其實有三分之一是我吃掉的。至於門口的家常麵攤，以及改成賣場的北京樓，都曾是師生們高嘆闊論之處，老師喜歡說出身富裕的師母如何嫁給這個貌不驚人的窮小子，自己在孩提時代幫開雜貨店的父親記帳，最後卻成為一團糊塗帳的酸甜往事，還有近年來在大陸西塘購置的綠苑，碧草如茵，映眼翠綠，尤其每至溽暑，庭中果樹結實累累，與師母置身其間，亦足以告慰晚年。凡此種種，幾乎成為我們師生間共同的記憶，即使當年華有時而盡，我們竟無法預知生命的即將不同。

　　猶記九年前負笈高雄，就讀師範大學國文系博士班，邇後在台北又前往師大旁聽《文心雕龍》，老師多選擇從未講解過的篇章教授，這使我得以將老師授讀的《文心》研讀大半。下課後我常陪老師到校門口搭車，無所不談。有天老師對我說：「年輕時

寫過《文心雕龍范註駁正》，總覺得還有研究空間，可以寫成博士論文，日後更可以擴展為民國時期《文心雕龍》研究。」我謹遵師命，在江聰平老師的指導下撰寫《范文瀾文心雕龍注研究》，其間據此獲趙廷箴論文獎學金獎助。今年寒假，我已提出初稿，總以為來日尚多，且初稿誤謬不少，未稟老師；七月欲登門請益，卻遭老師女兒以時機未便，另擇時日加以婉拒。七月廿九日當我取得博士證書，以為學術生涯即將開展，老師竟於同日仙逝，我竟連老師最後一面都未能得見。記得老師總在開學的第一週上課時，手抄朱熹〈詩〉：「少年易學老難成，一寸光陰不可輕，未覺池塘春草夢，階前桐葉已秋聲。」少年總有一日終成白頭，被光陰拾撿而去，然而我與老師的故事卻沒有結束，只是從現在開始，我要學著一個人走過和平東路，用想像等待門口對講機裏的那聲——

　　「哪位？」

（原載於 2010 年 9 月 299 期《文訊》月刊）

第一章　緒　論

第一節　研究動機

　　《文心雕龍》一書，綱領條暢，通貫靡遺，不僅敷析文旨，甄敍風雅，復能鎔故鑄新，建立理論，自齊梁以來，如梁・沈約謂其「深得文理」[1]，清・章學誠言其「體大慮周」[2]，莫不深析是書輻輳合節，體大思精。然晚近學者，或囿於其辭條佚麗，言辭游移；或耽於論證宏博，理義艱深，每嘆如入窮巷。[3]近人陳準即云：「劉氏之書，自成一家，昭晰群言，發揮眾妙，海內學者所公認也。但校本絕少，注釋不詳，所以校讎者非窮源討流，終難折衷。」[4]知《文心》欲得精校善注，實有所難。考注釋一門，名稱相殊，[5]《說文》云：「注，灌也」，朱駿聲：「按注猶引導

1　語見唐・李延壽撰：《南史・列傳第六十二》（台北：鼎文書局，1998年11月），頁1782。

2　語見清・章學誠撰：《文史通義・詩話》（台北：華世出版社，1980年9月），頁160。

3　王夢鷗認為《文心雕龍》之缺失有二：一是文辭上的陷阱，二是理論的窮巷。詳參王夢鷗撰：〈文心雕龍質疑〉；《古典文學論探索》（台北：正中書局，1984年2月），頁211-218。

4　引自楊明照撰：《增訂文心雕龍注・附錄》序跋第七（北京：中華書局，2000年8月），頁985。

5　前代稱注釋者，有作「傳」言，乃解釋經義以示後人，如《春秋左氏傳》、

也，亦猶疏通也。」[6]是知其義為對古籍內容之疏通與注解。昔有漢司馬遷撰《史記》，「紹太史，繼《春秋》，括文魯史，而包《左氏》、《國語》，采《世本》、《戰國策》，而摭楚漢春秋，貫紬經傳，旁搜史子」[7]，而成石室金匱之書，然而輾轉傳鈔，多有訛誤衍脫；正文訓釋，亦不免附會穿鑿，[8]幸賴唐·司馬貞作〈索隱〉，採經傳群書四百餘種，兼疏裴駰《集解》，或推究原書旨意，或辨析史實大較，使後世治史者沿波溯源，而能見其幽微，雖有小疵，[9]然有功於讀者，人所盡知。是知古籍注釋對於古籍之

《毛詩故訓傳》；或作「說」，即述說其義以明本旨，如《論語》有《齊說》，《老子》有《老子鄰氏經傳》；或作「詁」、「訓詁」，乃說釋舊言以教人，如東漢·張衡《周官訓詁》、魏·張揖《說今字詁》、清·洪亮吉《春秋左傳詁》等，其中亦有稱「解詁」者，東漢·何休《春秋公羊傳解詁》；又作「箋」，表識內在讀書之心得，如清·王闓運《尚書箋》；或作「疏」，即疏通文義，如三國·陸璣《毛詩草木鳥獸蟲魚疏》，唯至南北朝時有仿效佛家講經之辦法，另取一種古注，不僅釋經，而且釋注謂之「義疏」，若梁·皇侃《論語義疏》，又有「講疏」，如陳·張譏《周易講疏》。降及唐·孔穎達奉敕以「義疏」之體注五經，稱為「正義」，如唐·張守節《史記正義》、清·焦循《孟子正義》等。又作「章句」，乃就古書逐章逐句加以注釋，常於篇章末尾總括章旨，於漢代尤盛，如漢·趙岐《孟子章句》、王逸《楚辭章句》等。以上雖然名稱不同，然而均指對古籍需要說明和難以理解處加以解釋的方式。

6　見清·朱駿聲撰：《說文通訓定聲》（台北：藝文印書館，1966年7月）頁1419。

7　唐·張守節撰：〈史記正義序〉；司馬遷《史記》（台北：綜合出版社，1981年2月），頁4。

8　唐·司馬貞云：「夫太史公記事，上始軒轅，下訖天漢，博采古文及傳記諸子，其間殘缺蓋多，或訪搜異聞，以成其說，然其人好奇而詞省，故事覈而文微，是以後之學者，多所未究」，又「太史公之書，既上序軒黃，中述戰國，或得之於名山壞宅，或取之以舊俗風謠，故其殘文斷句，難究詳矣。」見唐·司馬貞撰：〈史記索隱後序〉；司馬遷《史記》（台北：綜合出版社，1981年2月），頁3。

9　程金造云：「然而小司馬之注史也，引徵雖富，而規律未嚴，有祇列大名不舉小名者，如引作《尚書》云云、《管子》云云之類是也。有祇舉小名，不

理解與流傳，意義至大。

　　注釋衍為學科，始於兩漢，發展於魏晉六朝，至唐宋元明而粲然大備。[10]清代以降，由於明末陽明心學流於空談心性的虛妄風潮，八股制度亦使士人耽溺於迂闊無用之境地，是以閻若璩、毛奇齡等考據學派大興，錢賓四云：「多數學者被迫走上考據訓詁的消極路線，終生於從碎故紙堆中，追求安身立命之所。」[11]是以古籍的闡釋與古注之整理，多以訓詁考據為其內容。《文心雕龍》自宋·辛處信首開注釋之先例，後有明·王惟儉《訓詁》、楊升庵《批點》、梅慶生《音註》及曹學佺《參評》，偏重訓解點評之範疇，至清·黃叔琳承其餘緒，言：「升庵《批點》，但標辭藻，而略其論文之大旨」又「梅子庚《音注》，流傳已久，而嫌其未備」[12]，是以旁稽博考，加以箋釋，然則囿於清代徵實之學，復受限於《文心》苞羅群籍，控引宏博，因而於義理之闡發，不免疏略。清·杭世駿云：

列大名者，如引作《聘記》云、《桑扈》云之類是也。其大名小名並舉如引《周禮·鹽人》、《系本·居篇》之類，全書不過六七見。有大名小名均不舉，而以撰者名氏出之者，如引作鄭玄云、王肅云、郭璞云之類是也。有泛舉通名而以傳曰、記曰出之者。有書與人名均不舉，而以故曰二字出之者。有約列書注以釋正文者，有標舉史書出何書者。類例繁多，無煩縷述。以此讀遷史者，準檢原書，恒感不通。」程金造撰：《史記索隱引書考實》（北京：中華書局，1998年10月），頁2。

10 董洪利據《漢書·藝文志》說明除經書外的注釋僅有闡釋《老子》的著作四種，至《隋書·經籍志》所錄魏晉南北朝非經書注釋已達一百三十餘種，並注及雜史與專史、子部亦涉及儒、道、縱橫諸家。唐以後於經書之外的注釋在體例與方法上未見創獲，但在史部、子部書籍的注釋取得一定的成就。宋代則因理學與文學發展，使得詩文、小說評點應運而生，不僅使注釋的方式更具創新，亦使詩文集的注釋數量增多，更是前代無法比擬的。詳參董洪利撰：《古籍的闡釋》（瀋陽：遼寧教育出版社，1997年4月），頁9-18。

11 見錢穆撰：《中國學術思想論叢》卷八（合肥：安徽教育出版社，2004年7月），頁1。

12 　見《文心雕龍注·例言》（台北：世界書局，1986年10月），頁2。

> 作者不易，箋疏家尤難。何也？作者以才為主，而輔之以
> 學，興到筆隨，第抽其平日之腹笥，而縱橫曼衍，以極其
> 所至，不必沾沾獺祭也。為之箋與疏者，必語語核其指歸，
> 而意象乃明；必字字溯其根據，而證佐乃確。才不必言，
> 夫必有什倍於作者之卷軸，而後可以從事焉。[13]

　　作者摛筆寫志，雖說興到筆隨，然而謀篇立意，必有章法。注者須博覽群籍，就其核心大意與立論根據，反向推求，方能彰顯作者立言本旨。民國肇建後，學術風氣丕變，乾嘉考據學派退為發揚國粹之壁壘，與西方風潮隱然有相抗之勢，而嚴峻的政治環境與文化自覺，亦使民初時期頗有山雨欲來之感。《文心雕龍》之研究亦在此產生極大變化。首先如黃侃、范文瀾等國粹學派人士仍力主國學，謹守家派師法，然而私塾易為新式學堂，其教材與教法不免改絃易轍，如須先言開課科目，便於學子選修，[14]或須準備講義資料，有助學子修習等，[15]此皆為黃季剛撰《札記》、

---

13 見清・杭世駿撰：〈李太白集輯注序〉；《道古堂文集》卷八（上海：上海古籍出版社，2003 年 5 月影《續修四庫全書》），頁 278。

14 朱海濤回憶北大開課的情形：「記得我第一次站在公告欄前，看看那公布的課程表時，我目迷五色的像一個鄉下人進了城。……單單史學系本身開的課就整整三十門，幾乎每門都是著名的教授講他最見長的功課。其他政治系所開張忠紱先生的中國外交史、經濟系所開陶希聖先生的中國社會經濟史，中國文學系所開胡適之先生的中國文學史……。」又「北大用最重的待遇禮聘這種絕學的學者，一年只開一門課，每星期講一兩點鐘，而這種課常常只有一個人聽。」見朱海濤撰：〈北大與北大人〉；陳平原，夏曉虹編《北大舊事》（北京：三聯書店，1998 年 3 月），頁 375-376。

15 北大由教師準備講義，一是源自京師大學堂的傳統。莊吉發云：「京師大學堂除採用編書局所編譯之教本外，各科教習尚須自編講義，教者固可稍有依據，學者亦得略傍津涯。」見莊吉發撰：《京師大學堂》（台北：台大文學院，1970 年 8 月），頁 68。陳平原云：「按照當年北大校方的規定，每門正式課程，上課前都必須為學生提供講義。即使講義很簡明，沒關係，但必須有。那時很多課是新開設的，哪來的講義？大部分教師都是一邊編講義，

范文瀾立《注》之背景原因；[16]其次，面對政治與學術巨變，即令國粹學者仍以明末空疏無根之流風為戒，不甘於蟄伏故舊紙堆，是以登臺講學，寄於學術文辭；退而著書，則於箋疏之外，多能顯現浸淫日深、前人未發之獨見，是以黃侃《文心雕龍札記》出，因論述多有見識而廣開研究風氣，[17]繼以范文瀾《文心雕龍注》則輯補黃叔琳《輯注》之失，益臻詳贍，使注釋一門另立新意，此後來居上者，頗有石破天驚之震撼。[18]然而范《注》問世

一邊進行教學。當時的北大教授，個個學有專精，雖是草創之初，沒辦法靜下來仔細寫作，但這些講義經過修訂後正式出版，大都成了學術史上的重要著作。」見陳平原主講，梅家玲編訂《晚清文學教室——從北大到台大》（台北：麥田出版社，2005年5月），頁152；其次是物質艱困，學生多無餘錢購書。謝興堯於述及昔日北大如陳寅恪《西北史地》、胡適之《中國中古思想史提要》、錢玄同《文字學音篇》、章太炎《廣論語駢枝》等講義後，有一結論頗可注意，云：「以上這些講義內涵，現在看來或已過時，然而學術不能脫離時代，三十年代的學術思想，一方面繼承乾嘉樸學的遺緒，另一方則受西洋科學的影響，在研究問題和治學觀點上，提高到一個新的階段，擺脫了舊的範圍，引出了新的認識，逐漸形成辨章學術，考鏡源流，引起學術界極大重視，這是時代的進步帶動了學術思想的發展。」見謝興堯撰：〈讀書有味聊忘老〉；陳平原，夏曉虹編：《北大舊事》（北京：三聯書店，1998年3月），頁499。

16 潘重規跋《文心雕龍札記》：「先師黃君早歲教授北京大學，揭櫫劉舍人書，為學文之圭臬。誦說之餘，時抒獨見，寫成札記，凡若干卷。」見黃侃撰：《文心雕龍札記》（台北：文史哲出版社，1973年6月），頁232。又范文瀾序《講疏》中言及曩歲遊京師從蘄州黃季剛治辭章與《文心》，後任教南開大學暨學子欲望故撰是書，以上皆可見其源自開課時準備之授課講義。

17 郭紹虞云：「自來研究《文心雕龍》者，黃侃的《札記》最有啟發，他所論述多有獨到之見」，詳參郭紹虞撰：〈文筆說考辨〉；《文藝叢刊》1978年第3期。又門人程千帆云：「章太炎先生曾經將他和李詳先生並舉，認為兩人是現代中國最出的《文選》學家。《文心雕龍札記》則開創了一代古典文論研究之風。」見郭紹虞撰〈憶黃季剛老師〉；《量守廬學記》（北京：三聯書店，1985年8月），頁169。

18 楊明照云：「《文心雕龍》，曩以黃叔琳輯註為善。然疏漏紕繆，所在多有，宜其晚年悔之也。逮范文瀾氏之注出，益臻詳贍，固後來者上者矣。」見楊明照撰：《學不已齋雜著》（上海：上海古籍出版社，1985年10月），頁

至今，對此書的研究不脫舉正糾繆之範疇，且往往侷促於文辭句意之析辨，對其版本與引文的考證，鮮有論及，至於全書注釋體例與特色，徵引資料的歸納與分析，評注與考釋方式的良窳，以及范文瀾學術的歷程與淵源等，亦常有未盡之處。故以餅管之識，就「范文瀾《文心雕龍注》研究」為題，參酌前輩學者的研究成果上，撰作斯文，略盡龍學研究之棉薄。

第二節　文獻回顧

歷來研究范文瀾《文心雕龍注》者，主要分作兩種範疇，一是研究作者之生平與學術成就，二是《文心雕龍注》一書之研究。前者多以知人論世為主軸，偏重范文瀾在政治與史學上之地位與貢獻，後者則多就是書在注釋上之優缺點加以論斷，並從龍學研究之角度推崇其地位。

首先，就家世與生平言，如董郁奎《新史學宗師 —— 范文瀾傳》、陳其泰《范文瀾學術思想評傳》等，就范氏之生平及其學術具有完整之敘述，兩書皆於書末附有著述年表，以年繫事，頗為稱便。然深究兩書，對於國學成就如《文心雕龍注》一書，著墨最少，董郁奎便於書末附記云：「范文瀾是二十世紀中國史學界最傑出的學者之一，但對范文瀾的研究尚嫌薄弱，除陳其泰《范文瀾學術思想評傳》作為戴逸主編的《二十世紀中國著名學者傳

523。又王更生云：「《文心雕龍》『范注』自民國十四年（西元 1935），經由天津新懋印書館印行以來，迄今已超過了半個世紀，尤其在『黃註』『紀評』『李補』『黃札』之後，突然出現了這部數達百萬言的巨著，一時之間，真如石破天驚，給我國學術界帶來相當的震撼。」見王更生撰：《文心雕龍范注駁正·序》（台北：華正書局，1979 年 11 月），頁 1。

記叢書》的一種，於二○○○年十二月出版之外，其餘有關范氏的著作大都散見于合傳，另有為數不多的史料少而分散。」[19]可見除范氏相關資料缺少外，學者多將其定位於史學研究之代表性人物。此外，單篇論文中有偏重往事擷遺者，若申蔚〈我的老師 ── 回憶范文瀾同志〉（《鴨綠江》1979年第12期）、劉之惠〈范文瀾同志在三十年代的幾件事〉（《奮鬥》1981年第11期）、卞孝萱〈難忘的恩師〉（《中國圖書論評》1996年第三期）；有言及抗戰活動者，如尹俊忠〈范文瀾在河南大學期間的革命活動〉（《河南大學學報》1985年第3期）、劉西淼〈在河南抗日救亡激流中的范文瀾同志〉（《許昌師專學報》1987年第1期），俱為此例。至於言其史學成就者至夥，若薛其暉〈范文瀾與郭沫若之中國古史分期觀獻疑〉（《江海學刊》1983年第4期）、陳其泰〈范文瀾中國近代的開拓意義：紀念范文瀾誕生一百周年〉（《中國社會科學院研究生院學報》1993年第6期）、宋馥香〈范文瀾在民族史理論上的貢獻〉（《社會科學戰線》2002年第3期）等。又有見於某書中之專章，如徐曰彪、朱瑞熙〈范文瀾傳略〉見於《中國當代社會科學家傳》第11輯，書目文獻出版社1990年11月）、蔡美彪〈舊國學傳人新史學宗師 ── 范文瀾〉（見於《名人與北大》，北京大學出版社1998年4月）等，皆可參酌。

其次，西元1925年10月1日由天津新懋印書館刊行《文心雕龍講疏》，後由北平文化學社於1929年易名《文心雕龍注》付梓以來，相關評論與研究可分三種言之。就單篇論文言，如壽昀〈介紹 ── 文心雕龍講疏〉（《南開周刊》第1卷第4期，1925年10月），李笠〈讀文心雕龍講疏〉（《圖書館學季刊》第1

---

19 董郁奎撰：《新史學宗師 ── 范文瀾傳》（杭州：杭州出版社，2004年3月），頁291。

卷第 2 期，1926 年 6 月），楊明照〈文心雕龍注〉[20]（《燕京學報》第 24 期，1938 年 12 月）。按李笠之文，除肯定《講疏》詳贍宏博，學者稱便外，亦考是書當增補與當整理者數事，[21]舉證確鑿，頗有可取，至楊明照披閱終篇，撰作舉正云：

> 范君於舍人書，用力甚勤，故視黃《註》為詳，後來居上，勢固應爾。然終嫌取諸人以為善者多，出其自我者少。且於黃《註》探囊揭篋，幾一一鶻聲，亦不復存。餘如李詳《補正》，黃侃《札記》，皆時竊而取之。貪人之功，以為己力，殊未得乎我心。至書中疵累，後先一揆，疊費梨棗，何猶如此？[22]

計引謬誤四十四事，用以見其體制之雜越，援引之渙散。[23]其後趙西陸〈評范文瀾文心雕龍注〉（《國文月刊》第 37 期，1945 月 8 月），以為是書罣漏仍多，疵誤不免，乃隨手箋記，糾謬八處，[24]此後日本斯波六郎〈文心雕龍范注補正〉（廣島大學文學部中國文學研究室印行，1952 年 11 月）[25]，楊明照〈文心雕龍注

---

20 此文見於《燕京學報》國內學術界消息，其中於第二條有《文心雕龍注》，下有小字「范文瀾纂　民國二十五年七月　開明書店出版　七冊一函　定價三元六角」，楊明照於此條下之專文，近於書評之性質。

21 當增補者有書考，著者年譜，劉勰遺文，旁證，引書出處，注釋，校勘，補輯共八事，當整理者分正文與注疏之別異，注疏與自身之區別兩類。詳參李笠撰〈讀文心雕龍講疏〉；《圖書館學季刊》1926 年第一卷第二期，頁 341-346。

22 楊明照語，見《文心雕龍注》條；《燕京學報》第 24 期，1938 年 12 月，頁 239-240。又因行文之故，引文中楊氏注文闕錄。

23 引同上注，頁 239-258。

24 趙西陸舉其失有：一曰苟取塞責，二曰望文生訓，三曰不究本始，四曰不求本證，五曰務求旁證，六曰動輒闕疑，七曰罕加辨究，八曰抄撮習見。詳見趙西陸撰〈評范文瀾文心雕龍注〉；《國文月刊》第 37 期，1945 年 8 月，頁 28-31。

25 此文後由黃錦鋐翻譯，載於《師大國文學報》第 7 期，1978 年 7 月。後又錄於黃錦鋐編譯《文心雕龍論文集》（台北：學海出版社，1979 年 1 月），頁

有重注必要〉（收錄於曹順慶編《文心同雕集》）[26]，語多可觀，至此其後相關論文，多未能出其範圍。[27]

　　次就專門著作言，西元 1960 年楊明照《文心雕龍校注》，亦從范《注》取清·黃叔琳《注》與李詳《補注》，然楊氏注文與范注頗有不同，書前首置〈梁書劉勰傳箋注〉文，乃糾補范注欠缺劉勰生平考證之失，是書歷經多次補訂，最為完備，[28]西元 1967 年張立齋《文心雕龍註訂》，以范《注》不便近代學子，別撰是書，云：

1-114。

26　楊明照撰〈文心雕龍有重注必要〉云：「當半個多世紀以前，我們最通行最有地位的《文心雕龍》注本，當然要首推黃叔琳的《輯注》。在龍學研究領域裏，差不多盛行了兩個世紀。直到本世紀三〇年代，才逐漸由范文瀾先生的《注》取而代之。流傳廣，影響大，後來居上，成為權威著作。這是大家所公認的，無須多說。不過，由於成書的時間較早，網羅未周，好些資料沒有見到（有的則不可能見到：如元至正本、明弘治本、徐熥批校本、王惟儉《訓故》本等）；另外，對文字的是正，詞句的考索，也有所不足。解放前，國內外雖有專文舉正，范《注》又一再翻版，卻未見徵引，因而書中某些謬誤，至今仍在相承沿用，以訛傳訛。」見曹順慶編《文心同雕集》（四川：成都出版社，1990 年 6 月），頁 1。

27　如陳允鋒：〈文心雕龍注的論體特徵〉（《寧夏大學學報·人文社會科學版》，2001 年第 1 期，2001 年 2 月）、劉躍進：〈文心雕龍研究的里程碑 —— 讀范文瀾文心雕龍注〉（《江蘇行政學院學報》，2005 年第 2 期，2005 年 4 月），篇幅約僅 5 頁，內容實不脫概論性質。

28　楊明照云：「三十餘年前由中華書局上海編輯所印行的《文心雕龍校注》，是以養素堂本為底本，於《文心雕龍》原文後次以黃叔琳輯注、李詳補注，復殿以拙著校注拾遺和附錄。舊稿原是一九三九年夏在燕京大學研究院畢業時的論文，……十年動亂後期，居多暇日，遂將長期積累的資料分別從事訂補。志趣所寄，雖酷暑祁寒，亦未嘗中輟。……定稿後將『校注拾遺』與『附錄』合為一編，名曰《文心雕龍校注拾遺》，於一九八零年夏交上海古籍出版社出版。……去年暑假，《抱朴子外篇校箋》下冊竟業，念有生之年有限，又賈餘勇重新校理劉舍人書，前著之漏者補之，誤者正之；《文心》原文及黃、李兩家注，亦兼收並蓄，以便參閱，名曰《增訂文心雕龍校注》。」引自楊明照撰：《增訂文心雕龍注·前言》（北京：中華書局，2000 年 8 月），頁 19。

《雕龍》注本最近出者，有開明范氏《文心雕龍注》若干
卷。據黃氏注而廣之，收紀評、鈴校、李補、黃札為一編，
各就原作，逐篇分載，著其勤勞，乏其精采，雖便翻檢而
拙於發明，少於折衷而務求博覽，體要似疏，附會嫌巧。[29]

是書所據《文心》各篇文字與分段，悉依范《注》，雖其釋
文有發凡范注未及處，實有可採，1976 年張氏復撰《文心雕龍考
異》，意在補《註訂》之未備。1979 年王更生《文心雕龍范注駁
正》，乃至今唯一以駁正范《注》誤謬為名之專著，其內容乃分
就范《注》之成書經過、內容析例、駁正與結論四篇，各篇之下
析作若干小節，每節具列說明，說明之不足，復援例以徵其實，
務求據事類義，文理顯明，其中「范註文心駁正」一篇，尤為論
文重心。是書之貢獻，除就范《注》有補苴正訛之功，於《文心
雕龍》之研究，亦不以范《注》瞻為馬首，使台灣學界有獨立研
究之依歸，其重要可知。其後大陸李平之碩士論文《文心雕龍研
究史上的一座里程碑 —— 范注研究》，近於對范注之介紹，未見
進一步之理論與體例的論述，[30]此外，於《文心雕龍》研究史之
撰述中，有為范《注》設立章節者，如西元 1995 年由楊明照主編
之《文心雕龍學綜覽》，2001 年張文勛《文心雕龍研究史》，2001
年張少康、汪春泓、陳允鋒、陶禮天《文心雕龍研究史》，俱為
此類。

是知歷來研究范《注》者，即令訴諸專篇專著，往往偏重一
隅，多有周而未密之憾。故以是書為研究主題，於前人既有之文

---

29 張立齋撰：《文心雕龍註訂》（台北：正中書局，1967 年 1 月），頁 3。
30 此論文篇帙極小，文中僅就字句校勘，典故引證，詞語釋義，材料迻錄，理
論研究，結語合成六節，另有附錄一節，言范注勘誤八則。見李平撰：《文
心雕龍綜論》（北京：中國文聯出版社，1999 年 12 月），頁 174-220，共
46 頁。

獻基礎上，廣其深度與理論，明其體例與義旨，重新賦與范《注》
於文學史上之地位與價值。

第三節 研究範圍與方法

　　本論文研究範圍，主要在於范文瀾及其著作《文心雕龍注》。
首先就作者言，須先界定其學術歷程裏國學與史學的分界與輕
重，由於范文瀾初以國學研究為主，如撰有《諸子略義》、《水
經注寫景文鈔》、《群經概論》等，至於《正史考略》以考據方
法言正史同異，實近於文獻目錄學的範疇，由於《文心雕龍注》
之撰述正在此時期，故須析言作者撰作上述諸書的態度與緣由，
並說明諸書之內容與意旨，後因范氏浸淫中國歷史研究日深，以
馬克斯主義為架構撰有《中國通史》、《中國通史簡編》與《中
國近代史》，在史學和政治上極具聲譽，此時期之探討範圍，除
概述其著作內容與學術歷程外，並未就其政治與史學立場多所著
墨，以求合於論文題旨。次就《文心雕龍注》之著作言，此為論
文核心，除考察是書撰寫的背景與歷來學者之研究外，更就其內
容加以分析研究，並說明理論與特色。本論文凡分八章，除首章
緒論外，第二章敘述范文瀾生平與學術歷程，藉由知人論世，為
論文提供背景資料。第三章探討《文心雕龍注》的成書與刊印，
分就政治經濟、文化衝突和北大啟蒙三方面言之，據此說明成書
經過及刊印過程。第四章闡明《文心雕龍注》的體例與優點，主
要以校勘的通則、注釋的方法與述義的方式為說解依據，並就是
書之優點予以歸納分析。第五章探討范文瀾徵引之文獻資料，顯
現范文瀾援引各種資料證成其說的情況。第六章說明范文瀾以注

論文的理論特色，主要在於辨明劉勰宗經思想，其次傳達范氏不以原書為據的理論特色。第七章為《文心雕龍注》的謬誤舉正，藉由注文體例、文獻考證與義理疏解三方面，條列論之，務求明晰。第八章為結論，總論是書得失與價值。又為便於參酌，另作附錄兩篇，一為〈范文瀾生平及主要著述年表〉，二為〈范注徵引書目索引〉，俱附於書末。

　　本論文之研究方法，主要為分析法，從多種角度將《文心雕龍注》的內容加以分析，尋繹作者於資料援引、行文方式與思想表達等範疇的立意與特徵。有背景考察法，乃就范文瀾著書的學術淵源與經過加以考察，以明其立言之本。另採歸納法，由眾多現象概括較具普遍性的論點，如范氏徵引資料之來源與是書撰寫的體例等，俱依此例。又採綜合法，是由各觀點尋究其共通性，總合歸類，從而予以論定，如綜合《文心雕龍注》全書體例、內容及淵源，以突顯其特色與成就。此外，為求言有可徵，在論述上首重舉證：一由直接文獻舉證，即從《文心雕龍注》書中尋繹出重要的觀點或法則，作為檢視作者謀篇立意的基礎；二由間接文獻舉證，乃引用古今相關研究論者之觀點，作為闡述說明的依據，如由黃侃、劉師培等論文之徵引，藉以探求范文瀾於觀點上的承繼或歧出；三由實例舉證，是在分析或歸納出論點後，援引實例為證，如言范氏作〈注〉多採經部諸書，則就文中各篇有以經為證的注解為例，即為代表。

　　本論文在行文上，凡提及姓名者，多省稱其字或另加「氏」字，如范文瀾作范氏、黃侃作黃氏等；言及專書如梅慶生《文心雕龍音註》者，省稱《音註》或梅註、王惟儉《文心雕龍訓故》者，省稱《訓故》、黃叔琳《文心雕龍輯注》者，省稱《輯注》或黃注、李詳《文心雕龍補注》者，省稱《補注》、黃侃《文心

雕龍札記》者，省稱《札記》、范文瀾《文心雕龍注》者，省稱范《注》、劉永濟《文心雕龍校釋》者，省稱《校釋》、王利器《文心雕龍新書》者，省稱《新書》、楊明照《文心雕龍校注拾遺》者，省稱《校注拾遺》、李曰剛《文心雕龍斠詮》者，省稱《斠詮》；徵引古今學者，均直稱全名，敬稱從略；稱引地名，概依當時環境為據，以合歷史真相；引用《文心雕龍注》原典，則以人民本為準，至於范文瀾其它著作，以河北教育本《范文瀾全集》為主。又《文心雕龍注》一書，篇名採「注」而非「註」，除考量字義外，[31]最早出版之文化學社本作「注」，今依此本。

　　撰述過程中，資料蒐集匪易，如《文心雕龍講疏》翻印於大陸南京大學中文系特藏組，開明本線裝七冊《文心雕龍注》得之於南京古舊書店，至於民國初年等相關文章多影自於上海圖書館等。又於思理未備處，除問津於江聰平老師外，亦受教於啟蒙老師王更生先生，唯論文撰成，卻值王師謝世，膠漆胡越，豈言哀傷？黃侃言：「自媿迂謹，不敢肆為論文之言」[32]，其謙沖若此，何況吾人所見未及一二，其中未備之處，尚待來日補益之。

---

31 按「注」字下段玉裁注云：「按漢唐宋人經注之字無有作註者，明人始改注為註，大非古義也。古惟註記字從言，如《左傳》敘諸所記註，韓愈文市井貸錢註記之類。《通俗文》云：記物曰註。《廣雅》：註，識也。古起居註用此字，與注釋字別」，是以「注」較「註」字切合仲洽本義。又考范《注》原作《講疏》，《隋書·經籍志》戴《周易義疏》，注云：「宋明帝集群臣講。梁又有《國子講易議》六卷；《宋明帝集群臣講易義疏》二十卷；《濟永明國學講周易講疏》二十六卷」，知義疏原具講義，講疏實為義疏，本於注釋之學。范文瀾注《文心》原作講疏，其義可知。
32 見黃侃撰：《文心雕龍札記》（台北：文史哲出版社，1973年6月），頁5。

第二章　范文瀾生平與學術歷程

第一節　生　平

　　范文瀾，初字芸臺，後改字仲澐，筆名武波、武陂，清光緒十九年（西元 1893 年）十一月十五日生於浙江紹興府山陰縣（今紹興市）。其鄉先輩世代讀書，尤重教育，祖父范城，曾任州縣幕僚，撰有年譜〈質言〉。父親范壽鍾落第科場，居家治學，精於醫道詩文，是時雖家道中落，然而對子女之管教尤見嚴格。[1]幼受私塾教育，十五歲時入山陰縣學堂，十七歲時就學上海浦東中學堂，後轉入杭州安定中學堂。民國二年（1913 年）秋，考入北京大學預科，次年升入文科中文門（後改稱國學門）本科，師事黃季剛、陳漢章，專研中國古典著作，又受陳獨秀、李大釗思想

---

1 范文瀾曾自述此段往事，云：「我生在舊社會所謂『詩書門第』的家庭裏。父親性格極嚴肅，對兒子們很少表示喜笑的和藹態度。母親當然親愛得多，但兒子們怕她，不比怕父親差多少。這樣，挨打挨罵的危機到處潛伏著，只有『小心翼翼』『循規蹈矩』避免一切可以招致打罵的行動，才能獲得眼前的和平。現在想來，不能埋怨父親母親對我的過度管束，因為我的過度好玩，實在使愛我者為之驚懼不安。」見范文瀾撰：〈從煩惱到快樂〉；延安《中國青年》雜誌第三卷第二期（1940 年 12 月）。又此文後半部份亦見於 1944 年 5 月 28 日晉冀魯豫《新華日報》之〈新華副刊〉，1985 年《河南黨史資料》將此文摘錄轉載，改名作〈抗戰初期我在河南的救亡活動〉。今引文轉引自陳其泰編：《范文瀾學術思想評傳》（北京：北京圖書館出版社，2000 年 12 月），頁 2。

影響甚深。六年夏畢業，任北大校長蔡元培私人秘書，七年，任上海浙江興業銀行統計員，八年東渡日本，因無力繳納學費，滯留兩年，研修河上肇、牧野奈良等日本左傾知識份子著作。十年返國後，初任天津南開中學教員，並在南開大學講授國學課程，十四年任教南開大學，與顧頡剛組織「樸社」，同年十月出版《文心雕龍講疏》，為其著作首度問世。十六年五月因參與共黨活動，天津警備司令部下令拘捕，受南開大學校長張伯苓協助，離津入京。歷任北京大學、北京師範大學、女師大、中國大學、朝陽大學、中法大學與輔仁大學教授，主講歷史與文學。二十一年夏，其父范壽鍾過世，秋，任北平大學女子文理學院國文系主任、次年擔任文理學院院長。二十三年秋，因互濟會公祭李大釗一案遭憲兵第三團逮捕，囚禁四月，次年一月獲釋，[2]同年任中法大學教授。

　　二十六年七月抗戰爆發，九月與王蘭西、嵇文甫於開封創刊《風雨》周刊，又辦理抗戰講習班宣傳抗日。二十七年六月開封淪陷，《風雨》停刊。二十八年九月在河南竹溝鎮加入中國共產黨，次年至延安先後擔任馬列學院歷史研究室主任、中央研究院副院長兼歷史研究室主任等職，主持七人小組編撰《中國通史簡編》。三十四年八月抗戰勝利，冬，離延安至晉南任晉冀魯豫邊區參議員。三十五年四月任北方大學校長，三十七年六月，北方大學併華北聯合大學改設華北大學，擔任副校長兼研究部主任、歷史研究室主任。三十八年九月任「中華全國社會科學工作代表

2　此次遭逮捕者，除范文瀾外亦有知名教授臺靜農。林文月云：「一九三四年八月二十六日，臺先生與范文瀾同因『共產黨嫌疑』，又遭北平憲兵第三團逮捕，押送至南京警備司令部囚禁。後經蔡元培、許壽裳、沈兼士等多位師友營救，於關押半年後，才在一九三五年一月無罪釋放。」見林文月撰《蒙娜麗莎微笑的嘴角》(台北：有鹿文化，西元 2009 年 9 月)，頁 214。

會籌備會」委員兼秘書長，代表出席第一屆政治協商會議。三十九年任中國科學院近代史研究所所長，四十年任中國史學會副會長，時郭沫若任會長。四十三年九月任全國人民代表大會河南省代表，四十四年五月任中國科學院哲學社會科學部委員。四十五年九月，獲選第八屆中共中央候補委員。四十八年四月，任二屆人大山東省代表，五十三年九月，當選第三屆人大浙江省代表。五十八年四月，當選為第九屆中共中央委員，同年七月二十九日因病逝於北京，年七十七歲。重要著作有：《文心雕龍注》、《水經注寫景文鈔》、《諸子略義》、《正史考略》、《群經概論》、《大丈夫》、《中國通史簡編》、《中國近代史》等，後人編有《范文瀾歷史論文選集》、《范文瀾全集》傳世。

第二節　學術歷程

綜觀范文瀾之學術歷程，約可析作三個時期。一時古典文學的養成時期，由清光緒十九年生於紹興至西元 1922 年執教天津南開中學止，約卅年；二是國學專著的撰述時期，始於西元 1923年擔任天津大學教授至西元 1933 年返抵北平止，約十年；三是馬克斯史學理論的完成期，從西元 1936 年離開北京轉而任教河南大學至西元 1969 年過世止，計三十三年。以下將就范文瀾各期之際遇與演變，繫以其學術論著，以闡明其歷程。

一、古典文學的養成時期

范文瀾五歲時即入私塾，攻讀《四書》，由父親講授五經、

古文與《泰西新史攬要》等，並教寫策論文章，期能在日後參加科舉考試，然而訓練的方法實與偏重記憶之機器人無異，[3]使范文瀾自幼「養成了拘謹、刻板和孤僻的習性。」[4]當時中國在甲午戰爭以後，傳統教育制度深受新學衝擊，加以丙午年（西元 1905年）清廷諭令廢除科舉，新式學堂「採西學，鑒諸國」之思想，不僅成為清末思想的重要特徵，更是近代文化變革之開端。[5]西元1907 年，范文瀾十四時入縣立高等小學堂，後插班三年級，初涉英文、算術等課程，次年考取浦東中學堂，翌年轉入杭州安定中學堂，其間多讀《國粹學報》與章太炎之文，思想頗受啟迪。[6]西元 1913 年考進北京大學文預科，次年升入文本科國學門（後改為文學系），當時北大以姚永概為主的桐城派與黃侃（季剛）、陳

---

3 范文瀾云：「我七歲進書房，老師姓趙，據說他的『坐功』在蒙師群中很著名。的確，他從不生病，從不告假回家去，除了年底放一個月假，其餘三百多天，總是像機器人一樣，依規律教書。……書房裏共三個人，—— 我，我的哥哥，還有一位堂阿哥 —— 在趙老師嚴格管教之下，三個活潑兒童，也都成了機器人。」引自陳其泰撰：《范文瀾學術思想評傳》（北京：北京圖書館出版社，2000 年 12 月），頁 3。

4 詳見徐曰彪、朱瑞熙撰：〈范文瀾傳略〉；《中國當代社會科學家傳略》第十一輯（北京：書目文獻出版社，1990 年 7 月），頁 152。

5 如馮桂芬於西元 1683 年為李鴻章擬草之籌辦廣方言館的奏折中，即以學習外語便於了解各國國情與西方科學技術，作為辦學宗旨；又〈校邠廬抗議‧採西學〉提及鑒諸國而能有諸國富強之術等，俱為新式學堂的創立奠定基調。詳參樂正撰：〈從學堂看清末新學的興起〉；《中國近代文化問題》（北京：中華書局，1989 年 2 月），頁 152-153。

6 董郁奎以為此一影響與浙東學派有關。蓋清代浙東學派創始人黃宗羲於《明夷待訪錄》中，提出君為天下大害之論點，故以提升宰相權力，擴大學校職權為手段，對清末的民主革命運動具有一定之影響。其後如萬斯同、全祖望、邵晉涵等同浙東，以經學為根柢，以史學為經世工具，重視實踐；降及晚清龔自珍、章太炎、蔡元培等，亦可見其思想之傳承，據此以言出身浙江而又喜讀章太炎之文的范文瀾，亦不脫此一思想特質。詳見董郁奎撰：《新史學宗師 —— 范文瀾傳》（杭州：杭州出版社，2005 年 1 月），頁 16-18。

漢章（伯弢）等人之選學派爭鬥尤烈，然而「黃侃挺身崛起，打破桐城派的學風，主張起晉宋之文，一時靡然成風，音韻考據之學大盛。」[7]至此范文瀾以黃侃、陳漢章、劉師培等人為師，分治文學、史學與經學等領域，並且篤守師法，決心「追踪乾嘉老輩，以專精訓詁考據為己任」[8]，奠立其深厚之國學根柢。

西元 1917 年 6 月，范文瀾自北大文科畢業，經由叔父介紹擔任北大校長蔡元培的私人秘書，然因缺乏處理事務的經驗，且不善於撰寫語體文，不久去職，此時他仍在北大文科研究所國文門（後改作國學門）繼續進修，擔任研究員，親炙錢玄同、吳梅（瞿安）等名師，[9]其後經親戚許壽裳推薦，任瀋陽高等學校教職，半年後轉回河南汲縣中學講授古文與歷史，西元 1922 年至天津南開中學和大學任教，講述《國學要略》，包括經、史、子三部，又講文論與文學史，其間並編寫出《文心雕龍講疏》和《諸子略義》講義，為當時學界講授古典文學重要之津梁。

---

7 周天度撰：《蔡元培傳》（北京：人民出版社，西元 1984 年 6 月），頁 93。

8 范氏云：「我在大學裏，被『當代大師』們『謬獎』，認為頗堪傳授『衣鉢』，鼓舞我『好自為之，勉求成立』。我那嚴肅可怕的父親，看我寫的什麼『考』什麼『篇』，也頗改變態度，寬加辭色。我那和藹可親的叔父，更是獎勉有加，教我努力上進。我似乎有了自信力了，『追踪乾嘉老輩』，成為全部生活的惟一目標。」見范文瀾撰：〈從煩惱到快樂〉；晉冀魯豫《新華日報》之〈新華副刊〉，1944 年 5 月 28 日。

9 當時北大文科研究所研究員產生的方式有二，一是本校文科畢業生自願擔任，次為本科高年級學生經主任教員同意亦可入所。畢業後與范文瀾同時擔任研究員的本科生有馮友蘭、傅斯年、俞平伯等；擔任文研所國文門各科的教員有音韻是錢玄同，訓詁是陳漢章，文字是黃季剛，文學史是劉師培、吳梅（瞿安）等。詳參蔡美彪撰：〈舊國學傳人新史學宗師 — 范文瀾〉；蕭超然編：《巍巍上庠，百年星辰 — 名人與北大》（北京：北京大學出版社，西元 1998 年 4 月），頁 426。

二、國學專著的撰述時期

西元 1925 年十月一日據南開大學授課講義編寫之《文心雕龍講疏》，由天津新懋書局正式出版[10]，此書乃范文瀾首部學術專著，並於 1929 年由北平文化學社改稱《文心雕龍注》加以刊行，在學界引起廣泛的注意，[11]同年，應顧頡剛之邀組織樸社，編輯並刊行書刊。西元 1926 年加入中國共產黨，1927 年因天津地下黨組織遭當局破壞，經南開大學校長張伯苓掩護，輾轉逃至北京，是年秋天任教北大、北師大與女子師大等校。西元 1928 年出版《諸子略義》，此書原是執教南開大學時講授《國學要略》之講義，後由北京大學（時稱京師大學校）文科出版課刊印，唯書名改作《諸子文選》，當是依據北大開課之名稱，唯書序中仍稱「諸子略義」。是書原有十三章，今內容脫略[12]。案《漢志》錄諸子百

10 據蔡美彪回憶范文瀾自述此書之刊印過程，乃在於「有位李姓同志在天津搞印刷廠，掩護黨的地下活動，沒有東西印，就把我的《文心雕龍講疏》稿子拿去印了。」見蔡美彪撰：〈舊國學傳人新史學宗師 —— 范文瀾〉；蕭超然主編：《巍巍上庠，百年星辰 —— 名人與北大》，頁 427。

11 如同學周予同即云：「范文瀾對經學有很厚的根基，他的《文心雕龍注》，足可與乾嘉學者的著作比美，是一部傳世之作。」轉引自陳燮君、盛巽昌主編《廿世紀圖書館與文化名人》（上海：上海社會科學院出版社，西元 2004年 7 月），頁 228。王更生亦言，范氏「六年的苦心經營，參考三百五十種左右的資料，於『黃註』、『紀評』、『李補』、『黃札』之後，此部達數百萬言的巨著，一時之間，真如石破天驚，給我國學術界帶來相當的震撼，同時也奠定了范文瀾先生在中國學術界的地位。」詳參王更生撰：《文心雕龍范註駁正·序》（台北：華正書局，1979 年 11 月），頁 1。

12 今河北教育本《范文瀾全集》第二卷《諸子略義》，乃據中國社會科學院近代史研究所圖書室所藏朱瑞熙藏本校刊重印，檢閱目錄，知十三章中第十章缺六、七、八節，第十一、十二章分題「批評諸子之文上、下」，與第十三章題「諸子書有關其他諸子語」俱脫，唯觀標題，恐為相關文獻之輯錄，至於當時是否刊行，實未可知。

八十九家，其間湮滅漫漶、錯簡殘剝等情況實屬多有，而治學之士撿拾章句，穿鑿己意，徒增學者困擾。故范文瀾以「一管之窺，豈有補於學而不可以已乎？抑吾聞之，芻蕘之議，不必廢也，請撮取旨要，敬與大雅君子一商榷之」[13]，於世運更新之際，去除儒家獨行中國衍成之沈痾，重新認識諸子學說的奧蘊，藉由撮取旨要的方法，還其面目。如各章諸子條下，或引《史記》、《漢志》以明時代流派，[14]或據《周易》、《莊子》而暢論思想內容，[15]又能援引近人成說，反覆闡述，如言戰國諸子，則舉胡適〈諸子不出于王官論〉，以為：「此說所謂名學為戰國諸子之通學，最為精確」[16]；論〈荀子事跡及時代〉，則引汪中（容甫）〈荀

---

13 范文瀾撰：《諸子略義・序》；《范文瀾全集》第二卷（石家庄：河北教育出版社，2002年11月），頁213。

14 如〈老子之時代〉一節：「吾意著《道德經》之老子，其時代更在太史儋後，欲證成吾說，當根據《史記》。〈本傳〉云：『老子，隱君子也。老子之子名宗，宗為魏將，封于段干，宗子注。注子宮。宮玄孫假。假仕于漢孝文帝。而假之子解為膠西王卬太傅，因家于齊焉。』寥寥數十字，而老子之時代已顯然示我以途徑。」《范文瀾全集》第二卷，頁255。又如〈關尹子〉條下云：「《漢書・藝文志》道家《關尹子》九篇。班氏自注云：『名喜，為關吏，老子過關，喜去吏而從之。』俱為此例。」《范文瀾全集》第二卷，頁313。實則以《史記》、《漢書》著錄之情況，作為考察諸子各家相關問題的起點，洵為此書撰寫之通例。

15 如言〈老子思想之大概〉一節：「蓋老子之學，出于《周易》，弼（王弼）深於《易》，故亦深於《老》也。」乃連用《周易》之〈說卦傳〉、〈繫辭傳〉證此觀點；又〈莊子思想之大概〉中，以〈乾鑿度〉說明〈逍遙遊〉之不煩不擾，澹泊不失，正為簡易之效。另言〈惠施〉，則云：「惠施學說之要旨，幸得〈天下篇〉為之保留」，據此分惠施學說有三組，要歸之則為「泛愛萬物，天地一體也」《范文瀾全集》第二卷，頁306；言〈宋鈃及尹文〉一節，則以《莊子》為據，云：「《莊子》天下篇于墨翟禽滑釐條，不別舉禽滑釐之言。宋鈃尹文條亦然。明其學說全同也。今《尹文子》所說，與〈天下篇〉不合，或似是而非，宜棄去不道。述二人學說，當以〈天下篇〉為準。」《范文瀾全集》第二卷，頁311。

16 胡適〈諸子不出于王官論〉：「古無名家之學也。凡一家之學，無不有其為

卿子年表〉，以其考據精核，故全文抄錄；[17]於〈莊子書中之真
偽〉，更舉王船山、姚姬傳、鄭瑗、蘇輿、姚際恒等人之說，並
徵引日人岡松辰之《莊子考》，旨在辨析《莊子》內、外、雜篇
之真假，可見立論之謹慎。[18]此外對於古代史料的採酌，亦非未
加檢擇，如言〈莊子之師授〉，則對《史記》所謂「莊子於學所
不窺，然其要歸於老子之言」，頗有詳審其實，殊未必然之感，
是以證諸《漢志》、《莊子》內文，援引姚鼐、魏源之說，而有
老、莊淵源於古而思想不相服屬的看法。[19]由上可見范文瀾引證
之精覈詳實，卻又要言不煩的著述風格。

　　西元 1929 年 8 月，《水經注寫景文鈔》一書由北平樸社出版，
題「范文瀾所論第七種」，選錄北魏酈道元《水經注》中記載的
285 處名勝古蹟，並根據原書 40 卷之次第，按卷選錄，頗具條理。
范文瀾於〈序〉中言其創作動機：「我不是想在《水經》上做些
稽古尋今的苦功，也沒有像《鉛丹總錄》所說：『予嘗欲抄出其
山水佳勝為一帙，以洗宋人《臥游錄》之陋』的那樣雅興。我這
個動作，無非拿幾本舊書消遣苦悶的歲月罷了。」[20]歷經投身革
命而迭遭流離危難，對正值壯年的范文瀾而言，不免有憤世嫉俗
的感嘆。因此斟酌版本、深究原文的治學之法，也就成為文人雅
興的手段，並非藉此文鈔抒懷立志。是以序文當中，除略述所據
版本和考證外，另歸結出鄉野村夫、山林隱遁之士甚至富貴賢豪，

學之方術。此方術即是其『邏輯』。是以老子有無名之說，孔子有正名之論，
墨子有三表之法，別墨有墨辯之書，荀子有正名之篇，公孫龍有名實之論，
莊周有齊物之篇，皆其名學也。古無有無名學之家，故名家不成為一家之言。」
轉引自范文瀾撰：《諸子略義》；《范文瀾全集》第二卷，頁 310。

17 范文瀾撰：《諸子略義》；《范文瀾全集》第二卷，頁 268-269。
18 范文瀾撰：《諸子略義》；《范文瀾全集》第二卷，頁 278-281。
19 范文瀾撰：《諸子略義》；《范文瀾全集》第二卷，頁 281-282。
20 范文瀾撰：《水經注寫景文鈔》；《范文瀾全集》第六卷，頁 17。

於此黑壓壓的野生森林般社會，又怎能在山水間倘佯？「何以秦淮河花船裏住滿了當世賢豪，首陽隆中卻寂寞無聞呢？其實躲避到山中是無用的弱者，諸葛亮要永不出而用世，也無非一個吃飯者而已。」[21]是知《水經注》中的山水文章本是避世之寄託，而以諸葛亮積極入世自況，正是范氏撰文的主因。此外，《水經注寫景文鈔》以白話行文的方式，除反映文言與白話互為競爭之文學歷程，亦間接打破黃侃等人反對白話文之師法，此為是書極為重要的特點。

　　西元 1931 年 1 月，北平文化學社繼而出版其《正史考略》一書，封面題有「范文瀾所論第二種」，為其首部史學目錄學著作。是書〈緒言〉先言例代「史」的意涵，次言「史官」之興起，復言《春秋》、《史記》二書，各自奠立編年、紀傳之先聲，並以清章學誠《文史通義·書教》作結，以為紀傳一體行世千餘年，學者相承如夏葛冬裘，昧於自然卻未能傳世行遠。故其嘆曰：「繼班書而作者，陳陳相因，了無新制，固為史學一厄，尤劇者則官修是也。」[22]蓋官修正史或成於一人之手，或成於一家之學，所憑藉者即為官方勢力，修史奉行故事，當不免多所維護，此與《諸子略義》中言及官方獨尊儒學，則諸子之學必然消沈，儒學不免有繁褥紛紜，勢難窮究之弊，觀點頗為一致。至於全書乃就《史記》至《明史》間二十四部正史以及《新元史》加以撰述[23]，首

21　范文瀾撰：《水經注寫景文鈔》；《范文瀾全集》第六卷，頁 18。
22　范文瀾撰：《正史考略》；《范文瀾全集》第二卷，頁 9。
23　范文瀾於《緒言》中，仍稱二十四史，未言二十五史。其原因或為廿五史之名，實源自 1921 年北洋軍閥政府徐世昌以大總統令所冊封，此為范氏不取；又因柯劭忞仍以清朝遺老自居，其於最後改訂本《新元史》中，仍署「賜進士出身日講起居注官翰林院侍讀國史纂修膠州柯劭忞撰」，並於各卷之末以「史臣曰」發表評論，對人民起義稱作盜賊反亂，均有違范氏之共黨思想。

先詳其書名與篇帙，如言《後漢書》名稱：「范曄〈獄中與甥侄書〉云：『既造《後漢》，轉得統緒。』據此言，是《後漢》之名，范所自命。『書』字亦范所加，蓋取與班氏《前漢書》相應，此云《後漢》省文也」，又考其篇帙，按《隋書‧經籍志》、《舊唐書‧經籍志》及《新唐書‧藝文志》作九十七卷與九十二卷，范文瀾則採《史通‧正史篇》所謂百篇之說，並另舉范曄〈獄中自序〉：「班氏最有高名，既任情無例，不可甲乙辨。後贊於理近無所得，唯志可推耳。博贍不可及之，整理未必愧也。」[24]以為蔚宗作《後漢》自負甚盛，其體悉仿《前漢》，紀傳先成，十志未及編作，久遂亡佚，故范氏原書僅得九十篇。篇目既明，則九十七卷與九十二卷本之《後漢書》又如何索解？范文瀾舉王先謙《後漢書集解‧述略》為證：「隋所分者，唐又間取而合之，是以卷數不同，實則此書歷代相承，紀傳具在，蓋無亡佚。」[25]引證清楚，理亦自明。其次，是考其體例流傳。如言《魏書》：「附傳可分二類：一為記有國之帝王，附其繼嗣於傳，此仿《史記》世家之體，尚無大誤；二為記士大夫之眷屬，則繁蕪甚矣。附傳之人，有為其人之祖或父者，有為附傳之人之祖或父或遠至族曾孫者，又有異姓多人附於一人之傳後者（如《裴叔業傳》），又有異姓之人附傳，復附其妻或宗族者，《北齊書‧魏收傳》謂收修史時，凡同修者祖宗姻戚，多被書錄，飾以美言，則信乎其為穢史矣。」[26]詳述附傳之體例與分類，並證是書何以稱作穢史之

然范文瀾仍鈔錄日本國東京帝國大學授予柯劭忞博士學位之審查報告原文，以見是書之特色與價值，並於文中稱柯劭忞為柯先生，以示對北大師長之敬重，更可窺見史家治學之風範。

24 上引均見於范文瀾撰：《正史考略》；《范文瀾全集》第二卷，頁 36。

25 范文瀾撰：《正史考略》；《范文瀾全集》第二卷，頁 37。

26 范文瀾撰：《正史考略》；《范文瀾全集》第二卷，頁 79。

緣由；又考《隋書‧經籍志》：「此志編次無法，迹經學源流，每多舛誤（如以二十八篇為伏生口傳，而不知伏生自有書教齊魯間，以〈詩序〉為衛宏所潤益，而不知傳自毛亨。以《小戴禮記》有〈月令〉、〈明堂位〉、〈樂記〉三篇為馬融所增益，而不知劉向《別錄‧禮記》已載此三篇），在十志中為最下。蓋唐人重詞章而疏經術，其端已見於此，固不能紹劉向、班固之絕業耳。然後漢以下之藝文，藉是志以考見源流，辨別真偽，亦不以小疵為病矣。」[27]點明《隋志》於編次上不能顯經學流變的情況，在資料取捨上亦有謬失，然而此一缺憾實未能減損魏徵藉由著錄書目，以小序敘述各別體裁源流，因而涵括學術源流的歷史，奠立日後目錄學基礎的地位。約而言之，范文瀾於《正史考略》中，博采前儒著述，或為分析之憑藉，如言《北史》則本於趙翼《廿二史箚記》與《陔餘叢考》，比較是書與舊史間之增損異同達四十四處；[28]或為立論的準繩，書中多採劉知幾《史通》、趙翼《陔餘叢考》以及錢大昕《考異》諸說，條列區分，而能暢言己意，綴文成篇，並奠立日後撰成《中國通史》之基礎。

　　西元 1931 年日軍發動九一八事變，隨後占領瀋陽，並擴及東北全境，次年 3 月偽滿洲國成立，以溥儀為傀儡皇帝，至此，中國處於分裂割據的局面。西元 1936 年 7 月，上海開明書店出版范文瀾《大丈夫》一書，卷首有凡例說明著作旨意，云：「一個國家要是政治腐敗，民窮財盡，本身既非崩潰不可，外患自然乘虛侵入」，又云：「本書選錄古人的標準，道德與事業並重，而著

---

27 范文瀾撰：《正史考略》；《范文瀾全集》第二卷，頁 103。
28 主要就《北史》與《魏書》、《北史》與《北齊書》、《北史》與《周書》、《北史》與《隋書》共四項加以比較。詳參范文瀾撰：《正史考略》；《范文瀾全集》第二卷，頁 91-99。

重點更在道德一方面，因為事業成敗，大部份是受環境支配的；道德的責任，任何人卻都可以負擔起來。」[29]可見此書之編撰，乃藉由古代擔負道德責任的大丈夫，將其抗拒夷狄外族侵略的事蹟，引為當前時局險惡中人群之龜鑑，全書共舉漢張騫至明黃道周凡二十五人之事蹟，除取材正史外，亦援及野史筆記，然而稽核審慎，絕無憑臆虛造之弊，又採文辭淺顯的方式行文，如在〈岳飛〉文中描述秦檜夫婦：「一日，檜獨坐書室食柑，手爪刻劃柑皮，反覆玩弄，似有深思。王氏窺見笑道：『老漢好沒決斷，要知捉虎容易放虎難啊！』檜計決，請高宗下詔賜飛死。」[30]平凡數語，便點出兩人心境轉折，更見秦妻王氏之陰毒。又於敘述人物事略之後，附加近似史家論贊的評論或詠嘆，如〈張巡許遠〉文末評曰：「當國家危急存亡的時候，烈士行動，關係何等重大啊！讀西洋古史到高綏基國被羅馬國圍困，熔神像作刀兵，截婦人髮作弓弦，全城死滅，不舉降旗，幾千年後還使讀者慷慨起敬，甚至有人說這是西洋民族特具有的毅力剛性，其實中國歷史上何嘗沒有相同的事跡，我們東方民族不要自己喪氣。」[31]由中西歷史析言民族精神，正是范文瀾所欲傳達的理念，其自言此書可為家庭間選作兒童教材，於中學校採取為課外用書，均著眼於此一民族氣節的提倡，亦是作者著述立說的貢獻。

　　西元 1932 年范文瀾受聘為北平大學女子文理學院國文系教授兼主任，並於次年（即西元 1933 年）出任院長，十月由北平樸社出版范文瀾的另一部重要著作《群經概論》，封面題有「范文瀾所論第一種」，乃范氏於京津各大學先後講述經學課程時所積

---

29 范文瀾撰：《大丈夫》；《范文瀾全集》第六卷，頁 168-169。
30 范文瀾撰：《大丈夫》；《范文瀾全集》第六卷，頁 241。
31 范文瀾撰：《大丈夫》；《范文瀾全集》第六卷，頁 225。

累而成之研究成果。是書凡分十三章，除首章釋「經」之名稱與
數目，兼及唐人正義與今古文家法外，其餘就十三經中各經之名
義與起源，篇目次第與傳授，甚而歷代注疏與異文考證等，條分
縷析，設論精詳，書中每徵引黃侃、陳伯弢、劉師培等北大師長
之語，則必稱師、先生，甚而立為一節，注明出自某先生，如首
章言今古文之爭，則引陳伯弢先生〈今古文家法〉，又第五章言
《周禮》，則引〈周禮行於春秋時證〉，並稱陳師伯弢「凡列六
十證，詳博閎大，非他經師所能言」[32]；第九章並舉劉申叔〈周
官左氏相通考〉、黃季剛〈三傳平議〉，以言《春秋》三傳同異，
范氏所錄當時北大諸先生之講論，除可與先生行世的文集互相參
校輯補外，亦能窺見所承師法，於當時中西文化激盪之際，彌足
珍貴。

　　此書之撰寫，於民國經學發展中，頗堪注意。范文瀾師承章
太炎、劉師培，其中對經學的觀念與主張，必有所承襲與影響。
章太炎以六藝皆史的觀點，主張治經要實事求是，視六經為古史
文獻，則上世人事汙隆，猶大略可知[33]；劉師培治經尤重古訓，
以為今文家多以經術飾吏治，詳于禮制，喜言灾異五行；古文家

---

32 范文瀾撰：《群經概論》；《范文瀾全集》第一卷，頁 140。

33 章太炎於〈清儒〉中云：「治經恒以誦法討論為劑。誦法者，以其義束身，
　而有隆殺；討論者，以其事觀世，有其隆之，無或殺也。西京之儒，其誦法
　既陋隘，事不周浹而比次之，是故齲差失實，猶以師說效用于王官，制法決
　事，茲益害也。、杜、賈、馬、鄭之倫作，即知『博國不在敦古』；博其別
　記，稽其法度，核其名實，論其群眾以觀世，而六藝復返于史，秘祝之病不
　漬于今。其源流清濁之所處，風化芳臭氣澤之所及，則昭然察矣。」見章太
　炎撰：《檢論》；《章氏叢書》下冊（台北：世界書局，1982 年 4 月），頁
　561。是知兩漢儒者治經之差異，在於東漢治古文經者，能以實事求是的方
　式合其法度名實、回復六藝為古史之面目，而無西漢今文學耽於秘祝迷信之
　病，甚而齲差失實，而有瑰意眇辭之弊害。章氏據此力主六經皆史，以為東
　漢古文學之價值遠在西漢今文學之上，於當時學界頗具影響。

詳于訓詁，窮究聲音文字之源，各有所長，不可偏廢。撰《經學教科書》，特以前冊闡述源流，後冊詮釋大義，其中所引各書，必詳注出處，若有私見，附以自注，更可見其折衷之意。[34]范文瀾於思想上沿襲章太炎古文學派的師法，主張六經皆史。云：「經本是古代史料。《尚書》、《春秋》、《三禮》、（《周禮》、《儀禮》、《禮記》）記載『言』『行』『制』（制度），顯然是史。《易經》是卜筮書，《詩經》是歌詩集，都包含著豐富的歷史材料。所以章學誠說：『六經皆史』（《文史通義》）。……經作為古史來研究，問題自能得到適當的解答。」[35]《群經概論》一書之體例，除首章釋經之名稱與定義外，其餘則一改劉師培將經學派別分為四期的作法[36]，另就十三經中各本經書設立專章，

---

34 劉師培云：「然漢儒去古未遠，說有本源，故漢學明則經詁亦明。欲明漢學，當治近儒說經之書。蓋漢學者，《六經》之譯也；近儒者，又漢儒之譯也。若夫六朝、隋唐之注疏，兩宋、元、明之經說，其可供參考之資者，亦頗不乏，是在擇而用之耳。」見劉師培撰，陳居淵注《經學教科書‧序例》（上海：上海古籍出版社，2006 年 7 月），頁 3。是以劉氏於《經學教科書》中，特以近儒之《易》、《書》、《詩》、《春秋》、《禮》、《論》、《孟》、《學》、《庸》、《孝經》、《爾雅》分立課次，並就近人立論加以品評，如言《易》：「若錢澄之、李光地、蘇宿、查慎行之書，則崇宋黜漢，率多臆測之談」；言《春秋》：「順、康之交，說《春秋》者，仍仿宋儒空言之例。如方苞、俞汝言之書是也。毛奇齡作《春秋傳》，又作《春秋簡書刊誤》、《春秋屬辭比事記》，以經文為綱，然穿鑿無家法」，俱為此例。

35 范文瀾撰：《范文瀾歷史論文選集》（北京：中國社會科學出版社，1979 年 4 月），頁 266-267。

36 劉師培云：「經學派別不同，大抵兩漢為一派，三國至隋、唐為一派，宋、元、明為一派，近儒別為一派。今所編各課，亦分經學為四期，而每期之中，經學之流派，必分析詳明，以備參考。」又：「經學派別既分為四期，而每期之中，首《易經》，次《書經》，次《詩經》，次《春秋經》，次《禮經》，次《論語》、《孟子》、《學》、《庸》附焉，次《孝經》，《爾雅》附焉。蓋《班志》於六藝之末復附列《論語》、《孝經》，今用其例。唯《樂》失傳，後儒無專書，不能與《禮經》並列耳。」見劉師培撰，陳居淵注：《經學教科書‧序例》，頁 4。

並視其內容大要與重要觀點析分若干節，有短如《孝經》作兩節、《春秋及三傳》則達二十四節之數，實無一定，唯其立論傳承劉師培折衷今古文家之說，而能本諸客觀。如考《詩序》的作者自范蔚宗《後漢書‧衛宏傳》有：「九江謝曼卿善《毛詩》，宏從受學，作《毛詩》序，善得風雅之旨，於今傳於世」，其後來唐宋儒者詰難與批評者眾，范文瀾錄清葉夢得之說，以衛宏《詩序》有「專取諸書之文而為之者」、「雜取諸書所說而重複互見者」、「委曲婉轉附經而成其書」三種體例[37]，推知《詩序》非成其手，並引朱彝尊：「按詩之有序，不特《毛傳》為然，說《韓詩》、《魯詩》者亦莫不有序。……而論者多謂序作于衛宏。夫《毛詩》雖後出，亦在漢武時，必有序而後可授受，《韓》、《魯》皆有序，《毛詩》豈獨無序，直至東漢之世，俟宏之序以為序乎？」[38]范文瀾以為朱氏之語足以破攻序者之惑，並於文末記云：「諸若此類，則當博稽眾家之說，以求其是，眾家之說，亦有未善，則以意逆志可耳，闕疑可耳。正不必挾恐見破之私心也」，此一著作的態度，當如章學誠：「是非褒貶，第欲其平，論贊不妨附入；但不可作意軒輊，亦不得故恣弔詭。其有是非顯然，不待推論，及傳文已極抑揚，更無不盡之情者，不必勉強作撰，充備其數。」[39]論學之謹嚴，於此可見。

三、馬克斯史學理論的完成期

西元一九三六年八月，范文瀾應河南大學文學院院長蕭一山

---

37 范文瀾撰：《群經概論》；《范文瀾全集》第一卷，頁 91-92。
38 《范文瀾全集》第一卷，頁 93。
39 見清‧章學誠撰〈答甄秀才論修志第二書〉；《文史通義‧方志略例》（台北：華世出版社，1980 年 9 月），頁 482。

之邀，離開北平至河南大學任教，[40]主講中國上古史、文學史、經學史和《文心雕龍》等，自編上古史、文學史講義。次年對日抗戰爆發，與嵇文甫、王闌西、姚雪垠創辦《風雨》周刊，鼓吹抗日圖強的想法；[41]又主編《經世》雜誌，刊登抗日與批評國民黨之文章，[42]並在河南大學舉辦抗敵工作訓練班，[43]編寫《游擊戰術》作為參考資料。[44]西元一九三八年六月因日軍占領開封，隨

---

40 范元維曾就其父選擇河南作為移居地點有所說明：「一、河南地處內地，短期不會淪入日寇手中；二、父親的叔父曾在河南作過官（舊河北道的道尹，官轄新鄉、安陽一帶），熟人較多；三、當時河南大學（即今河南師範大學）校長劉秀洪是剛從美國回來的留學生，既無聲望，又無一幫子人幫他撐門面，他因而急於想從北平招聘一些比較具有經驗的教師以加強河南大學的陣容，這樣一經嵇文甫先生介紹，劉馬上就同意接受父親到河南大學擔任教師。」見范元維撰：〈我的父親范文瀾在河南的一段經歷〉；《范文瀾全集》第十卷，頁 512。

41 案《風雨》周刊乃由中共河南省委直接籌辦，當時省委領導人如朱理治、劉子久、危拱之均曾親自撰稿，後引起國民黨的嫉視，該周刊自西元 1937 年 9 月 12 日出版第一期，至開封淪陷後（西元 1938 年 6 月）被迫停刊，約發行 30 期。

42 范元維云：「為了減輕《風雨》周刊所受的壓力，父親聯合幾個同仁創辦了《經世》雜誌，繼續刊登批評國民黨當局和宣傳抗日的文章。不過據我的印象，《經世》所登文章學術味很濃，不為一般讀者所歡迎，在群眾中影響遠沒有《風雨》廣泛，出了四、五期便停刊了。」見范元維撰：〈我的父親范文瀾在河南的一段經歷〉；《范文瀾全集》第十卷，頁 513。

43 范文瀾自云：「在河南大學教著書，蘆溝橋大炮響了。儘管你老先生繫掩雙耳，卻掩不住敵人的大炮口，終於不得不承認中日戰爭的事實。……河大當局以及一般朋友們幫助我，教我辦短期的訓練班。不久成立了一個河南大學抗敵工作訓練班，青年們投考的踴躍，學習的熱心，使我確信中國決不會亡，抗戰必然勝利。訓練班主要課目是中國問題（嵇文甫先生擔任）與游擊戰術（馬致遠同志擔任），這兩位台柱子撐起訓練班的金字招牌，聲名很好，在青年群中起著頗大的影響。」引自尹俊忠撰：〈范文瀾在河南大學期間的革命活動〉；《河南大學學報》，1985 年第 3 期。

44 案此書於西元 1937 年 11 月由《經世》半月刊開封分社題作「經世小叢書之一」出版，並由蕭一山題寫書名。全書分作「游擊戰術基本原則」、「游擊隊政治工作講授提綱」、「戰爭動員問題講授提綱」、「民族解放戰爭的戰略」、「怎樣發動游擊戰」等五大部份，另有附錄收錄六篇文章。

河南大學轉移至南陽、鎮平等地，後應第五戰區李宗仁邀請，參加抗敵工作委員會，在信陽、桐柏一帶參與新四軍抗日游擊隊的活動。次年重新加入中國共產黨，並於西元一九四〇年一月抵達延安[45]，任馬列學院歷史研究室主任，主持編寫《中國通史簡編》，是書歷經多次的重版與修訂，[46]於中國史學的發展具有重要的意義。[47]

---

45 嵇道之（嵇文甫之子）回憶道：「1939 年秋，范老密赴延安，在西峽口我家住了一夜，至陝西商縣龍駒寨，因檢查站查出范老帶一本《聯共黨史》，而將范老扣留兩個月。當時范老說自己是河南大學教授，轉赴在陝南城固的西北大學的。這樣就打電報給在西北大學當文學院院長的蕭一山及在河南大學當文學院院長的先父。二人都回電作保，范老這才平安抵達延安。」見嵇道之撰：〈歷史的安排 ── 嵇文甫與范文瀾、曹靖華、馮玉祥〉；《河南大學學報》，1995 年第 1 期。

46 《中國通史簡編》的版本主要有：一是新華書店本。先是西元 1941 年 9 月由延安新華書店出版上冊，內容由上古至五代，卷首有范文瀾〈序〉，署名中國歷史研究會，次年 12 月出版中冊，內容述至鴉片戰爭始，無下冊。西元 1943 年 10 月，新華書店將上、中冊分成六冊出版，卷首沿用舊序，無新版說明，西元 1947 年 9 月,華北新華書店將 1946 年范文瀾著《中國近代史》上編第一分冊併入 1945 年之再版本，另成第七冊、第八冊，並於第七冊卷首由范氏撰〈附記〉：「華北新華書店印行《中國通史簡編》，分成六冊，頗便閱讀。茲將本書作為簡編第七、八冊，『附錄』移至第七冊後面，其餘概不變動。」西元 1948 年 9 月華北新華書店又將此書重新排版，分作兩冊，上冊卷首保有 1941 年之舊序。西元 1949 年北京新華書店據此改成上、中、下三冊加以重印。二是上海希望書店本。上海希望書店於 1947 年 3 月據延安新華書店本重印，為免國民黨政府查禁，書名改作《中國通史簡明教程》，署名「范文瀾著」，為首次在國統區出版。三是上海新知書店本。1947 年 7 月，上海新知書店據延安新華書店本合編為一卷，書名仍作《中國通史簡編》，署名「中國歷史研究會編，范文瀾主編」。四是上海華東人民本。上海華東人民出版社於 1950 年 11 月據 1949 年北京新華書店本合為一卷重排，內容俱舊。五是河北教育本。2000 年 12 月河北教育出版社據 1948 年新華書店重排本重新校補，分成上、下兩卷出版，併入《范文瀾全集》之第七、八兩卷。

47 陳其泰即云：「范文瀾以他二十五年心血澆灌，成功地撰成的通史著作，在唯物史觀的運用上達到了闡述人類社會的普遍規律與中國歷史的特殊規律

　　《中國通史簡編》的編寫首先反映出自五四運動以降，馬克斯主義唯物史觀傳入中國後在史學發展所造成的重大影響。周策縱曾就此一時期加以分析：

> 「五四時期」早年的主要左派分子是理想的和民主社會主義者、無政府主義者、基爾特社會主義者、和工團主義者。後來，又出現各種馬克斯主義者和共產主義者。一九一九年和一九二〇年間新知識分子趨于提倡一般的社會主義的理想，而沒有在觀念上作精細的區分；但是除了他們全都攻擊私有財產制之外，這些集團彼此之間的差別很大。[48]

　　實際上也有左派分子亦同時具備知識份子與共產主義者的多重身份，他們面對的正如余英時所謂「除中國文化之舊而取西方文化之新」[49]，此一文化自覺在未能精細的分辨中，便隱然在攻擊私有財產制度中尋得改變的契機。如范文瀾便云：「我在五四運動前後，硬抱著幾本經書、《漢書》、《說文》、《文選》，誦習師說，孜孜不倦，自以為這是學術正統，文學嫡傳，看不起那時流行的白話文、新學說，把自己拋棄在大時代之外。後來才

二者結合的更高層次，規模宏大，內容豐富，因而當之無愧地成為 20 世紀中國史學發展的重要里程碑。」見陳其泰撰：《范文瀾學術思想評傳》（北京：北京圖書館，2000 年 12 月），頁 413。羅炳良則以為：「在 50 年代後期又開展了批判胡適和資產階級學術思想運動。由於批判的目標是胡適提出的『大膽假設，小心求證』治史觀點和方法，同時在史論關係問題的討論中也必然涉及到對乾嘉史學的評價，以致研究者尋根溯源，與乾嘉史學聯繫起來，開始用馬克思主義思想理論武器研究乾嘉史學。這一時期成就最大的是范文瀾和侯外廬。」見羅炳良撰：《十八世紀中國史學的理論成就》（北京：北京師範大學出版社，2000 年 11 月），頁 17。

48 見周策縱撰、鍾玲譯：〈五四運動的發展 ── 觀念上和政治上的分裂〉；周策縱等撰：《五四與中國》（台北：時報文化出版社，1979 年 5 月），頁 186。

49 見余英時撰〈五四文化的精神反省〉，同上註，頁 415。

知道錯了！錯了！劍及履及般急起直追，感謝時代不拋棄任何一個願意前進的人，我算是跟上時代了」[50]，又：「五四運動以後，中國歷史學獲得了馬克思主義的指導，開始表現劃時代的大發展，成為服務於人民革命的一個力量。」[51]此段不僅可見范文瀾揚棄以國學為主的舊有文化，繼之以馬克斯主義為內涵的史學新觀念，並且將歷史之詮釋與政治立場相結合，[52]因而在史學的討論中往往流於進退失據之情況。[53]

---

50 范文瀾撰：〈偉大的五四運動〉；《范文瀾歷史論文選集》（北京：中國社科院，1979 年 4 月），頁 207。

51 范文瀾撰〈歷史研究必須厚今薄古〉，同上註，頁 224。

52 陳其泰曾引《毛澤東書信選集》而有所說明：「革命領袖毛澤東一直重視范文瀾的史學成就，給予高度評價。早在 1941 年，范文瀾在延安中央黨校講《中國經學史的演變》，毛澤東親臨聽講，並寫信讚揚，稱范文瀾的講演內容和寫出的提綱對於革命事業大有益處，『因為目前大地主資產階級的復古反動十分猖獗，目前思想鬥爭的第一位任務是反對這種反動。』並鼓勵說：『你的歷史工作繼續下去，對這一鬥爭必有大的影響。』建國後，毛澤東曾指出《中國通史簡編》資料多，讓人願意看下去。在文革那種極其嚴重的局勢下，毛澤東於 1968 年 7 月，還派人給范文瀾傳話，說中國需要一部通史。在沒有新的寫法以前，要他按照自己的觀點、體系，把《中國通史簡編》寫完。」見陳其泰撰《史學與民族精神》（北京：學苑出版社，1999 年 8 月），頁 552。

53 章群以為：「深入一層考察，由於中國政黨性質的複雜性，導致在史學討論中，對於農民戰爭史，無法得一結論。譬如說，農民戰爭是否真是反封建的本質？是否建立過政權？如果是，又何必等待中國共產黨出現呢？如果否，說農民戰爭必待有了共產黨的領導才能成功，那麼，請問，歷史上所有的農民戰爭，還能稱為階級鬥爭嗎？還是雖然失敗了，仍是階級鬥爭？如果這樣，又怎能稱為歷史發展的動力呢？還是失敗之中，仍有其極積作用的一面？這是一個進退失據的問題……。」詳見章群撰：《中共早期的歷史研究工作》（台北：學海出版社，2000 年 9 月），頁 24。以上古史，分期問題為例，范文瀾主張西周是封建社會，然而在詮釋上卻又不同於李亞農，呂振羽或岑仲勉等人，逯耀東就此評論：「中共的歷史工作者，必須根據馬克思和他的門徒們的經典著作作為現成的版型，杜撰剪裁史事以與它適合。由於根據的指導原則不一，所以有不同的解釋。……於是中共的歷史工作者便各執一端，解釋中國上古的歷史，而形成歷史研究的混亂的現象。」詳參逯耀東撰：《中共史學的發展與演變》（台北：時報文化出版社，1979 年 11 月），頁 159。

　　《中國通史簡編》的撰述動機，在於「從廣泛史料中選擇真實材料，組成一部簡明扼要的，通俗生動的，揭露統治階罪惡的，顯示社會發展法則的中國通史」[54]，故在行文上以白話論述為主，偶有四六對仗的情形，於每章最末常有簡短之結論，藉以傳達作者近於論贊的批評或表述。其次，在敘事手法上，多以比較的方式揭示歷史發展之進程、人物個性的特徵與文化內蘊之特點，使讀者更能瞭解歷史本身代表的涵意與價值。[55]復就內容而言，依時代歷程共區分成「原始公社到中央集權的民族國家底成立 —— 遠古至秦統一」、「民族統一的中央集權的封建國立後對外擴張到外族的內侵 —— 秦漢至南北朝」、「封建制度社會螺旋式的繼續發展到西洋資本主義的侵入 —— 隋統一至清鴉片戰爭」三個階段，[56]揭示中國人民反抗外族入侵，因而形成歷史發展的主體，一改傳統史學以帝王為中心的敘述模式。此外，對各斷代的特色亦多著墨，如言春秋則有〈養士制度〉一節，言隋唐以來文化則設〈文學史略說〉，以為從秦漢至五四之間，中國文化即以經學、文學為主要支脈，不可闕而不論。又書中對古代的科學、經濟與思想文化論述較詳，日後范文瀾撰寫之《中國通史簡編》修訂本

54　范文瀾撰：《中國通史簡編‧序》；《范文瀾全集》第七卷，頁4。

55　王秀清曾就此一史學比較的方法有較多的討論，如言歷史發展之進程，則以《簡編》中有漢、唐兩代同屬盛世，隋、秦均屬短命王朝的論述加以驗證；言人個性的特徵，如同屬唐代文人之李白、王維、杜甫具各不同之政治見解與思想淵源；至於文化內蘊之特點，《簡編》中有夏、商、周三代，或儒、墨學說之比較，可見范氏精細的論述。詳參王秀清撰〈范文瀾對史學比較方法的成功運用〉；《學術研究》，2003年第11期，頁99-104。

56　案《中國通史簡編》修訂本於分期上有所更動，共分成「原始公社到中央集權的封建國家底成立 —— 遠古至秦統一」、「漢族中央集權的封建統一國家底成立到經濟基地擴展的大帝國出現 —— 秦漢至隋統一」、「封建經濟基地擴展的帝國底出現到軍事封建的大帝國底建立 —— 隋至元」，二本最大的差別在於修訂本將南北朝改劃入「隋至元」階段。

便在此基礎上多所增益，[57]而成書略晚於《簡編》之《中國近代史》亦沿襲《簡編》之思想模式，並不斷修訂其論述的角度與範圍，[58]終成為以馬克斯唯物主義所撰述的中國史學主要著作之一。

　　綜觀范文瀾之學術歷程，一是古典文學的養成時期，乃因自幼即入私塾學習傳統的文史課程，後因鴉片戰爭後傳統教育因西化而多所改變，是以中學時的新式教育對其思想頗具啟迪，及至進入北京大學文科中文門，親炙黃季剛、陳漢章等著名教授，一則奠立其深厚的國學根柢，而有躡跡乾嘉老輩的志向，二則中西文化的融合與衝突，使其跳脫墨守成規之儒學窠臼，[59]而逐漸接

---

57 案西元 1950 年范文瀾決定重寫《簡編》，至 1965 年方完成修訂本之撰寫。至於兩本間的差異，詳參朱瑞熙、劉仁達、徐曰彪：〈范文瀾〉；《中國史學家評傳》下冊（河南：中州古籍出版社，1985 年 4 月），頁 1480-1481。

58 《中國近代史》的出版較《中國通史簡編》晚了五年。《中國通史簡編》只出版上、中兩冊，原計劃下冊編寫近代史部份，卻因 1943 年范文瀾應黨中央號召主編政治史而中斷。此政治史的編寫以五四運動為界分作上下兩編，上編寫至義和團運動便因抗戰勝利離開延安而中輟寫作，此部份書稿題作〈中國近代史上編第一分冊〉，1946 年由新華書店出版，1947 年 9 月華北新華書店重印《中國通史簡編》時併作第七、八兩冊，合為一書刊行。但因體例頗不一致，後仍題為《中國近代史上編第一分冊》單獨出版，其間發行的八年間，共刊印九版，修訂四次，至 1954 年的第九版，將書名改成《中國近代史》上冊。是知《中國近代史》原是《中國通史簡編》計劃的一部份，故雖存有立論之同異（如言封建社會皆主張源自西周、言國家與民族則《簡編》稱中國多指中原漢族地區，《近代史》則擴大為漢族與當時國境內容少數族的共同祖國），但仍本於馬克斯唯物主義的思想主軸。劉大年即云：「前一部書試圖用科學觀點對整個中國古代歷史作一番概述，它的印數累計達數百萬冊，成了一代又一代讀者必備的歷史讀物。後一部書用新的歷史觀點給系統地研究中國近代史開了一個頭，它的某些看法長期影響到學術界。它們的問世，過去了四十多年、五十年，至今提起中國最早的馬克斯主義的中國通史和近代史著作，人們仍然要首先舉出這兩部書。這種情形，近乎絕無僅有。」見劉大年撰：〈光大范文瀾的科學業績〉；《近代史研究》，1994年第 1 期。

59 范文瀾曾言其大學生活「學得些頭腦頑固，一切都立在腐舊方面」、「曾跟古文經學家搖過旗，曾跟五四選學妖孽吶過喊，現在想來，真是覺得慚愧」，

觸馬克斯唯物主義的理論，[60]其次是國學專著的撰述時期，由於任教大學多需編撰講義，故所著《文心雕龍注》、《正史考略》委由北平文化學社出版，《諸子略義》交由北京大學文科排印，《水經注寫景文鈔》與《群經概論》由北平樸社印行，[61]於學術之地位日益重要。其闡文論義謹守師法，於資料之取捨及論證的歸納，多本諸乾嘉學派實事求是、廣參互證的治學風範。然而，民國八年五四運動以後，以誓保國土，洗刷國恥的民族運動日益風靡，具有傳統文人中經世致用思想的范文瀾，選擇投身共產黨作為積極入世的另一種人生起點，[62]民國十五年他加入共產黨，

陳其泰編：《范文瀾學術思想評傳》，頁 17。另據蔡美彪回憶：「范文瀾還曾向我說起，當時北大的學生良莠不齊。他當時住在景山東街北大西齋宿舍，一排排的平房，中間隔成小間，彼此不隔音。他經常讀書到深夜，隔壁的同學卻常在夜間打麻將牌。」見蔡美彪：〈舊國學傳人新史學宗師 —— 范文瀾〉；蕭超然主編：《巍巍上庠，百年星辰 —— 名人與北大》，頁 426。

60 蔡元培任北大校長時，建立革新與自由的學風，形成各種學派兼融並蓄、互為爭鳴的情況。當時如馬客士（馬克斯）主義研究會、社會主義研究會、馬克思學說研究會等相繼成立，而范文瀾的老師劉師培亦曾於西元 1908 年《天義》報第 16-19 號合刊中有〈共產黨宣言〉之〈譯文序〉，云：「欲明歐美資本制之發達，不可不研究斯編，復以古今社會變更均由階級之相競，則對於史學發明之功甚巨，討論史編亦不得不奉為圭臬。」對於日後范文瀾篤信馬克斯主義具有一定之影響。

61 據南開大學保留至今的《文科學程綱要》（1925-1926），記載范文瀾的授課內容：（一）史觀的中國文學　以文學史為主體，附選取歷代詩文名著以資例證，俾學生於各時代文學狀況，得有明白具體之概念。　課本：自編。（二）文論名著　擬讀《文心雕龍》、《通史》、《文史通義》三種。《文心雕龍》為重要，尤宜先讀。　課本：《文心雕龍講疏》。（三）國學要略　分《群經概論》、《正史考略》、《諸子略》三部，其目的使學生明悉經史諸子的源流得失，考證不嫌稍詳，條理務求昭晰，為探研高深者示途徑焉。　課本：自編。以上見《南開大學校史資料選》（天津：南開大學出版社，1989 年），頁 195。

62 范文瀾：「過了不多時候，有一位共產黨員因同鄉關係來找我談話，我們一見如故，談得很痛快，我發表一大套烏託邦的幻想，不能自圓其說的時候，還提出不少幼稚的疑問。我這位同鄉耐心給我解釋，並且借我一本共產主義

邐後數年，迭歷國民黨的多方追捕；而執教上庠的教授身份，除傳道授業、商量舊學外，也就隱然成為革命所需的別種面目。最後，是馬克斯史學理論的完成期，基於馬克斯唯物主義的論述主軸，對於中國歷史發展的看法，強調任何學術與思想須反應出社會物質生產的基礎，不僅受社會經濟結構及其發展變化的制約，其自身也具有承繼與遞嬗關係，由《中國通史簡編》至《中國近代史》之編訂，甚而中共建國後主持多項大型的學術研究與點校計劃，[63]莫不在此基礎上，使馬克斯主義之史學理論更臻完備。終范文瀾一生，實為大時代動亂下讀書人隱與仕的抉擇，更為近代中國具體而微的縮影，對於范氏之評價，正如其所撰寫之歷史，當留待歷史的淘洗中見其價值。

ABC 看，我讀了以後才知道革命不是快意高談，而是偉大艱苦的實際行動，回頭看『追蹤乾嘉老輩』那個『大志』，實在不但不大而且是渺乎小哉了。我毫不猶豫地放棄老營寨，願意在新時代前面繳械投降。」見范文瀾：〈從煩惱到快樂〉；晉冀魯豫《新華日報》之〈新華副刊〉，1944 年 5 月 28 日。

63 如籌建中國科學院近代史研究所、編輯《中國近代史資料叢刊》、點校《資治通鑑》、編纂《西藏地方歷史資料選輯》等，俱為此例。詳參未著撰人：〈范文瀾〉；《中國社科院 —— 學術大師治學錄》（北京：中國社科院出版社，1999 年 9 月），頁 155-157。

第三章 《文心雕龍注》的成書與刊印

第一節 成書背景

　　自十九世紀西方勢力進入中國，便揭開百年來民族苦難與血淚交織的歷史扉頁。西潮的衝擊不僅使傳統文化面臨崩潰，政治與社會制度亦面臨解體之命運，內憂外患的壓迫促使知識份子尋求救亡圖存或安身立命的法則，因而透過籌辦雜誌、製造論爭以形成政治與文化的運動。范文瀾於民國二年進入北大就讀，至民國廿一年《文心雕龍注》下冊完竣止，其間廿年在政治上迭歷清廷遜位後民國成立、袁世凱獨裁專制與軍閥割據、共產黨成立以及九一八事變爆發；在學術上則有陳獨秀創辦《新青年》、胡適提倡新文化運動以及五四運動的發生，對於以知識份子自居的范氏產生極大之影響，而其選擇埋首注書的作法，相較於日後積極以共黨成員為馬列主義奔走，實有重大轉折。以下就三處說明《文心雕龍注》之成書背景：

一、政治經濟的遽變

　　民國肇建，中國由君主專制轉為民主政體，孫中山於《臨時政府公報》宣告臨時政府乃「盡掃專制之流毒，確定共和，以達

革命宗旨，完成革命之志願」，然而革命志士雖有理想熱忱，卻缺乏民主政治運行的藝術與經驗，是以袁世凱挾其勢力，竊居臨時總統職位，帝制自為，[1]爾後眾叛親離，情勢日益險峻，是以黯然下野。[2]其後軍閥割據，有張勳復辟，南北戰爭等，內亂方興未艾。外交上有日本欲擴張其遠東利益，極欲染指中國，英、法、俄在華則享有特權。民國八年巴黎和會召開，將山東租借予日本，並迫使中國接受不平等條約，五月四日，由北京大學學生號召十三個大專學校發動三千學子齊聚天安門，群情激憤，北京當局採高壓手段，風潮擴大，是為五四運動。[3]范文瀾指出：「五四運動

---

1 袁世凱被推舉為臨時總統後，曾對段芝貴說：「作事須看風行船，今日民氣囂浮，不妨暫任總統，他日有機會不為總統時，則為皇帝，亦不為晚，如必拘在數日內，則身敗名裂矣。」後又授意憲法顧問古德諾發表一篇〈共和與君主論〉，結論為如果不引起中國人民與外國的反對，繼統法圓滿確立，君主立憲制的發展俱備，君主制較共和制於中國為宜。凡此種種，袁氏稱帝之心昭然若揭。詳參郭廷以撰：《近代中國史綱》下冊（香港：中文大學出版社，1980年），頁450-457。

2 范文瀾撰有〈袁世凱再版〉一文，就下野一事以對比的寫法將蔣介石喻為袁世凱。如「袁世凱想做皇帝，決心消滅以孫中山為首的進步黨派和人士」，而蔣介石「想做買辦封建的法西斯主義的獨裁者，決心消滅中國共產黨及其他贊成民主的黨派和人士」；又「袁世凱大權在握，滿清遺老宋育仁看得眼紅，要求宣統復辟，袁下令驅逐，但自己卻與清室保持親善關係」，而蔣介石「大權在握，副總裁汪精衛看得眼紅，投奔日寇，組織南京偽政府，蔣表示斥責，但自己卻並不打斷而且暗中歡迎日寇屢次伸來的和平（誘降）觸角。」以上共計十條，可見范氏厭惡國民黨蔣介石的情況，亦足見范氏對袁世凱執政一事的熟稔與厭煩。詳范文瀾撰：《論文》；《范文瀾全集》（石家庄：河北教育出版社，2002年，11月），第十卷，頁116-119。

3 時就讀北大的楊亮功曾與表兄蔡曉舟相約編輯《五四》一書，為記載五四運動最早的資料。他在重序《五四》一書時寫道：「五四運動自民國八年五月四日天安門遊行趙家樓縱火起，至六月十日北京政府釋放被捕學生，並明令准曹汝霖、陸宗輿、章宗祥辭職止，為時一個月零十日左右。此一運動初由北京幾個大學發動，蔓延至全國各省市各級學校暨各工商人民團體。其傳播之速，範圍之廣，可以說是史無前例。風潮既定，表兄蔡曉舟謂予曰：『此次風潮，關係國家前途、民心士氣至鉅。』信如康南海在其電文中所說：『誠

是中國歷史上真正光榮，真正偉大，真正劃時代的一次大運動。從這個運動開始，中國人民昂然站立起來，向帝國主義、封建主義猛烈作戰，把那堆積如山的臭穢物逐漸掃除出去，使歷史變成人民自己的歷史，舊中國變成人民自己的新中國。」[4]原本由政治發端的民族運動，卻演變成學術與思想上之革命。[5]兩年後中國共產黨成立，與國民黨形成聯合又競爭的態勢，北伐後內戰又起，而日本強占東北，九一八事變後全民對日抗戰展開，中國依舊深陷內憂外患之局面。而自民國成立後國內的經濟與財政，益顯困難。[6]各地軍閥強徵稅捐，用以增加軍備，中央政府私簽外債，藉

自宋大學生陳東歐陽澈以來希有之盛舉也。』不可沒有記載，以廣其傳。」詳參楊亮功、蔡曉舟同編：《五四》（台北：傳記文學出版社，1982 年 9 月），頁 1。

4 語見〈偉大的五四運動〉；《范文瀾全集》第十卷，頁 115。

5 周策縱云：「五四運動的影響很廣。它促使學生運動和勞工抬頭、國民黨改組、中國共產黨及其它政治、社會集團誕生。反軍閥主義和反帝國主義得到發展。新的白話文學從此建立，而群眾的普及教育也因此大為推廣。中國的出版業，和民眾輿論的力量都大有進展。此外，這運動還加強了舊家庭制度的沒落，和女權運動的興起。而五四運動的至鉅影響還是：儒教的無上權威和傳統的倫理觀念遭受到基本致命的打擊，而輸入的西方思想則大受推崇。」引自周策縱撰，鍾玲譯：〈五四運動的定義〉；周策縱等撰《五四與中國》（台北：時報文化出版社，1979 年 5 月），頁 18。

6 賈士毅云：「清廷財政，原本集權，自庚子賠款成立以後，因支出浩鉅，不得不責成各省籌款還債，各省為恪遵功令，乃不擇手段，大事搜刮，馴致捐稅繁興，中央亦置而不問，此其結果，地方權力，日漸坐大，一自民國成立，各省財政乃有獨立之勢。袁氏當政，為見好於各省督軍，免除田賦解款，地方當局乃益變本加厲，甚且扣留中央稅款，寖成割據之局。當時中央財源，以關鹽二稅為主，有時竟以北方諸鐵路收入及崇文門稅關，為財政唯一之來源，然收支猶若不能相抵，乃出諸舉借外債之一途，藉以彌補虧空。」見所撰〈五十年來之中國財政〉；周開慶編：《五十年來之中國經濟》（台北：華文書局，1968 年 7 月），頁 81。又袁世凱為應付帝制活動和鎮壓雲南起義，竟挪用中國、交通兩行儲備基金，並通過兩行濫發紙幣。對袁世凱絕望的商民競相湧到中、交兩行兌換紙幣，擠兌風潮席捲全國。1916 年 5 月 16 日袁世凱政府下令中、交兩行停兌，致使全國物價暴漲，工商停滯，商民損失巨大。

以打擊異己，維繫政權，[7]尚須應付列強需索，實無法從事經濟建設，[8]市井小民生活困頓，更增加內政的紛擾。

二、新舊文化的衝突

清末民初之際，中國外受帝國主義的壓迫，內值中西思想之衝突，知識份子欲完全揚棄傳統之價值體系，而全盤接受西方的價值觀念，實有其困難。民國四年至十五年間，由陳獨秀創辦之《新青年》，一方面沿襲清末維新派人士鼓吹之革命思想，[9]另一

上為政治影響甚至損害經濟的例證。詳參唐克敏撰：〈袁世凱與中國資本主義〉；丁日初主編《近代中國》第四輯（上海：上海社科院出版社，1994年5月），頁 329。

7 據郭廷以的統計，僅一九一七年九月至一九一八年六月，北京政府的收入約七千餘萬元，必須的支出約一萬萬餘元，應付的外債為二千四百餘萬元，不敷三千餘萬元。南北戰爭開始後，募集公債困難，各省軍隊增加，截留中央稅款，北京收入大減，不敷年達五千餘萬元。又一九一七年八月至一九一八年七月，歷任財政總長梁啟超、王克敏、曹汝霖向日本銀行團代表橫濱正金銀行共借三千萬日元，作為第二次善後借款的墊款；段祺瑞所借日款亦達二億六千餘萬日元，半數用於贖還內外債，餘多用於內戰。見郭廷以撰：《近代中國史綱》下冊，頁 473-475。

8 梁啟超論賠款財源時說：「政府自開罪外國敗衂後，其賠款則使民間擔負之，甚矣！民之可哀也。」故表列出有湖北、湖南、廣東、四川、浙江、江蘇、安徽、江西、福建、山東、河南、廣西共十二省藉由加鹽稅、印紙稅、阿片稅、煙酒糖稅、房捐、增地稅等名目籌措財源。見梁啟超撰：《飲冰室文集》卷四（台北：新興書局，1967年），頁 256。

9 以康有為、梁啟超為主的維新運動，主張以參與政權的立憲制取代君主專制制度，認為「變法之本在育人才，人才之興在開學校，學校之立在變科舉，而一切要其大成，在於變官制。」（見〈變法通議·論變法不知本原之害〉；《時務報》第三冊）以梁啟超主編之《時務報》、《新民叢報》而言，便重視立文著說、翻譯西學以及強調開啟民智的西方思想啟蒙工作，其口號是張之洞提倡的「中學為體，西學為用」，而訴諸筆端之新文體，便形成文體的變革與文學內容的革新，錢玄同〈寄陳獨秀〉：「梁任公先生實為近來創造新文學之一人。雖其政論諸作，因時變遷，不能得國人全體之贊同，即其文

方面透過報刊雜誌介紹新學的傳統，展開全面的思想革新運動。[10]
陳獨秀〈新青年宣言〉：「我們相信世界各國政治上道德上經濟
上的因襲的舊觀念中，有許多阻礙進化而且不合情理的部份。我
們想求社會進化，不得不打破天經地義、自古如斯的成見；決計
一面拋棄此等舊觀念，一面綜合前代賢哲當代賢哲和我們自己所
想的，創造政治上道德上經濟的新觀念，樹立新時代的精神，適
應新社會的環境。」[11]在此基礎下之文學革命，自然反對以儒家
為主的中國傳統思想文化，認定科學為西方強盛之根源，而成為
科學與現實主義之支持者。民國六年，胡適發表〈文學改良芻議〉
於《新青年》雜誌，是為文學革命首篇之正式宣言，自此文學議
題成為知識份子注意之焦點。降及五四運動發生後，新文學經由
衝擊而蔚為風潮，[12]民國九年由鄭振鐸、耿濟之於北平籌辦文學

章，亦未能盡脫帖括蹊徑，然輸入日本文之句法，以新名詞及俗語入文，視
　戲曲小說與論記之文平等（梁先生之作新民說、新羅馬傳奇、新中國未來記，
　皆用全力為之，未嘗分輕重於其間也。）此皆其識力過人處。鄙意論現代文
　學之革新，必數及梁先生。」（見胡適：〈文學改良芻議〉附錄二；《胡適
　文存》第一集（台北：洛陽圖書公司，出版年不詳），頁 27。）

10 陳國祥以為：「新青年雜誌強調的中西思文化差異之點可歸納為三項，這三
　方面正是他們大力宣揚的新思潮。一個是個人自由與民主政治，一個是科
　學，一個是現實主義及功利主義（這兩種主義日後包羅到胡適宣揚的實驗主
　義中。）由於強調個人獨立自主的自由主義，他們大力提倡個人解放，尤其
　是從傳統思想文化的束縛中解脫出來，同時宣揚歐美民主立憲政治和自由民
　主的價值觀念。」見陳國祥撰：〈主導五四時代的新青年雜誌〉；周策縱等
　著《五四與中國》，頁 516。

11 收錄自陳平原主編：《獨秀文存選》（貴陽：貴州教育出版社，2005 年 4
　月），頁 109。

12 據吳文棋統計：「在五四時期，白話報紙風起雲湧。各地學生團體的小報紙，
　形式略仿陳獨秀所主編的《每週評論》，至少有四百種。白話的雜誌也出了
　不少，如《少年中國》、《解放與改造》、《新中國》等……，性質與《新
　青年》有些相近，所登載的文章大都是介紹西洋文化、攻擊封建思想。還有
　許多日報的副刊也都改登白話的作品，較為重要的，北方有《晨報副刊》，

研究會，並經商務董事長張元濟同意，改組由商務出版之《小說月報》，以發表新文學作品為主，自此強調真的文學正是反映時代的文學，贏得多數作家與青年的擁護，然而以林紓為代表之守舊派亦不甘示弱，民國十一年有梅光迪、胡先驌、吳宓等辦理《學衡》雜誌，民國十四年章士釗主辦《甲寅週刊》，以為新文化運動「陷青年於大阱，頹國本於無形」，隱然成為舊文學最後的堡壘。正如胡適所言：「章士釗一派是從嚴復，章炳麟兩派變化出來的，他們注重論理，注重文法，既能謹嚴，又頗能委婉，頗可以補救梁派的缺點。甲寅派的政論文在民國初年幾乎成一個重要文派。但這一派的文字，既不容易做，又不能通俗，在實用的方面，仍舊不能不歸於失敗。」[13]胡適的遠見在於面對動盪的時代，文學必然反映出時代之面目，而兼具西方實證訓練與深厚國學根柢的胡適，企圖於二者之間揉和而指出未來一路，中國的學術與文化確將另成面目。

三、北大教育的啓蒙

清光緒三十一年（西元 1905 年），張之洞奏請廢除科舉以興學校，行之千餘年的科舉制度一夕盡廢。[14]西元 1907 年後實施新

南方有《民國日報》的〈覺悟〉、《時事新報》的〈學燈〉，對於社會發生了很大的影響。」見吳文祺撰：〈五四運動與文學革命〉；周策縱等著《五四與中國》，頁 612。

13　胡適撰：〈五十年來中國之文學〉；《胡適文存》第二集，頁 182。

14　欒梅健對此論之甚詳：「早在一九〇五年我國科舉制度正式廢除之前，就有了不少關於新的學校教育制度的倡議和新式學校的創辦，只不過是在數量上沒有科舉廢除之後那樣迅速增加而已。一八五六年，中國第一位最早受過美國高等學校教育的容閎，就已經向太平天國的領袖們提出效法西洋『頒定各級教育制度』的建議，並獲得了太平天國領袖們的贊同。一八九五年，天津

式的西方教育制度，十年內約有一千萬人曾經或正在接受各種方式的新式教育，[15]是以與傳統思想意識逐漸背道而馳，其中清廷以官費考選人才遠赴歐、美、日各國留學，主要學習政治、法律、軍事等領域，日後歸國亦形成改革中國的主要力量；[16]此外，民國成立後教育部重訂學制，銳意改革，[17]並多注意大學的籌設，[18]

道臺盛宣懷奏請滿清政府辦理天津西學學堂。該學堂分頭等和二等兩級，其中頭等相當於大學，是我國最早的中西兼學、西洋化的普通學校，二等學堂相當於中學，是我國最早的西洋化的中學。一八九七年，盛宣懷又在上海創辦南洋公學外院，成為我國最早的一所近代新式小學。除官辦學校之外，在此前後還出現了一定數量的基督教教會學校、天主教教會學校和私立學校。到了一九○三年，我國誕生了第一個經政府正式頒布後曾在全國範圍內實際推行的學制，即『癸卯學制』。它共分三段七級，長達二十九年。第一段為初等教育，分蒙養院、初等小學和高等小學三級，共十三年。第二段為中等教育，設中學堂一級共五年。第三段為高等教育，分為高等學堂或大學預備科三年，分科大學堂三年到四年，通儒院五年，共三級十一到十二年。『癸卯學制』對我國近代學校教育制度的組織形式發生了深遠的影響，清末民初的新學校教育制度主要都是以此為據。從此，二十世紀的中國社會在人才培養與選拔方式上有了一條與古代科舉制度完全不同的道路，它造就了大批的知識階層並規定了知識分子的成才途徑。」引自欒梅健撰：《二十世紀中國文學發生論》（台北：業強出版社，1992 年 4 月），頁 164。

15 引自周策縱撰，鍾玲譯：〈五四運動的背景和歷史意義〉；周策縱等著《五四與中國》，頁 30-31。

16 國人留學始自容閎，於道光二十一年進瑪禮遜學校，隨校長勃朗赴美，後畢業於耶魯。同治十一年至光緒元年間，政府選派 120 人赴美習軍事、航海、造船等，甲午戰後由於政府提倡，至光緒三十二年中國留學生約一萬五千人，其中八千人領有官費。民國初年的留學政策悉依清制，民國三年至十五年，經政府公佈的官費名額：留歐美共 358 名，留日有 1045 名，成長極多。以清華在美國的學生為例，民國十年有 440 年，十二年 470 人，十八年改為國立清華大學，是年全體畢業生赴美。詳參汪一駒著、梅寅生譯：《中國知識份子與西方》（新竹：楓城出版社，1978 年 12 月），頁 107-135。

17 民國二年一月一日在南京成立中華民國臨時政府，孫中山就任臨時大總統，由蔡元培任教育總長。二月公佈〈普通教育暫行辦法〉，七月由蔡元培在北京召開臨時教育會，於開幕演說中稱此次會議是全國教育改革的起點，主要的改革內容有三：一是公佈新的教育宗旨，二是制定了新的學制，三是頒佈了〈大學令〉和〈專門學校令〉。詳參曲士培撰：《中國大學教育發展史》（山西：山西教育出版社，1993 年 7 月），頁 369-375。

其中以前身為京師大學堂的國立北京大學最為重要。京師大學堂本應維新派康有為的意見而籌設，以中體西用的理論為原則，是以新舊兼學，政藝並重，中西課程並立，為培養知識份子極為重要的場所。北京大學沿襲此一基礎，面對紛至沓來的文化衝突與對立時，自有其兼容並蓄的方法，進而形成自由的學風。時任校長的蔡元培云：

> 我素信學術上的派別是相對的，不是絕對的；所以每一種學科的教員，即使主張不同，若都是「言之成理、持之有故」的，就讓他們並存，令學生有自由選擇的餘地。最明白的，是胡適之君與錢玄同君等，絕對的提倡白話文學；而劉申叔、黃季剛諸君，仍極端維護文言的文學。那時候就讓他們並存。[19]

此一新舊文學並存形成衝突之焦點，於文科的中國文學系尤烈。[20]民國八年初，劉師培、黃侃在北京大學主辦《國故月刊》，以昌明中國固有之學術為宗旨，後年章太炎主編《華國月刊》，發刊辭曰：「輓近世亂已亟，而人心之傄詭，學術之陵替，尤莫

---

18 據陳景磐統計：西元 1921 年之前，中國有國立大學一所，省立大學有山西、北洋大學兩所，私立大學只有武昌中華大學、北京中國大學與朝陽大學，天津南開學校大學部、廈門大學五所，而基督教大學則有十五所。見陳景磐撰：《中國近代教育史》（北京：人民教育出版社，1983 年），頁 264-265。

19 見蔡元培撰：《蔡元培自述》（台北：傳記文學出版社，1967 年 9 月），頁 12-13。

20 陳平原云：「蔡元培出任北大校長後，變化最大的是文科。大批學有所長並致力於文化更新的志士，被延聘入校任教，對於整頓校政和學風起了關鍵作用。陳獨秀、李大釗、高一涵、周作人、李石曾、章士釗、黃節、胡適、吳梅、劉半農、楊昌濟、劉師培、何炳松、王星拱、程演生、劉叔雅等，都是在蔡氏主持校政後進入北大的。……長校後的一系列舉措，明顯地傾向於新派。除延聘具有新思想的教員（主要是文科）外，更包括組織學會、創辦刊物，以及支持學生的社會活動，這些舉措，無不吹皺一池春水。」見陳平原撰：《老北大的故事》（台北：立緒出版社，2001 年 10 月），頁 266-267。

甚於今日」[21]，皆欲與《新青年》、《新潮》雜誌分庭抗禮。稍晚於范文瀾入學預科的楊亮功回憶：

> 黃季剛先生教文學概論，以《文心雕龍》為教本，著有《文心雕龍札記》。他抨擊白話文不遺餘力，每次上課，必定對白話文痛罵一番，然後才開始講課。五十分鐘上課時間，大約有三十分鐘要用在罵白話文上面。他罵的對象為胡適之、沈尹默、錢玄同幾位先生。但是黃先生除了罵人外，講起課來卻深具吸引力。[22]

范文瀾為《文心雕龍》作注源自黃侃《札記》啟發，於徵引業師之語亦謹守師法，然而以章太炎、黃侃為代表之國粹學派，曾使范文瀾於匯萃新舊文化勢力的北大，選擇躝跡於舊學之後，其於〈憶魯迅先生〉一文寫道：

> 《新青年》的時代過了，接著是《語絲》、《現代評論》爭霸時期。我那時候受老師宿儒的影響，想把漢學的訓詁考據和宋學的性命義理融成一片，希望做個溝通漢宋的學者，對那些新思潮，認為沒有多大道理。因此，心理上同當時所謂新人物疏遠起來。但是經過頗長時期之後，我覺得老師宿儒，雖然學問方面有可以佩服的地方，行為卻不必看與議論符合。[23]

五四運動所形成的文學革命與文化自覺，使得范文瀾仍然步上當時知識份子救亡圖存的理想之中，民國十四年六月五日，他參與天津人民五卅愛國反帝大示威活動，十月出版首部著作《文

---

21 據台北文海出版社景印民國十年九月創刊之《華國月刊》一卷一期，頁1。

22 見楊亮功撰：〈五年北大讀書生活〉；蔣永敬，李雲漢，許師慎編《楊亮功先生年譜》（台北：聯經出版社，1988年10月），頁56。

23 范文瀾撰：《文集》；《范文瀾全集》第十卷，頁18。

心雕龍講疏》，似乎預示其學術生涯的轉折裏，已然考量更多的政治因素。

<h1 style="text-align:center">第二節　撰述動機</h1>

范文瀾所撰《文心雕龍注》，實本於《文心雕龍講疏》。案《講疏》脫稿於民國十二年，於民國十四年十月由天津新懋印書局出版，據書前自序，其撰述動機有三：一是謹遵師教。〈序〉云：

> 曩歲遊京師，從蘄州黃季剛先生治詞章之學。黃先生授以《文心雕龍札記》二十餘篇，精義妙旨，啟發無遺。退而深惟曰：《文心》五十篇，而先生授我者僅半，殆反三之微意也。用是耿耿，常不敢忘，今茲此編之成，蓋亦遵師教耳。[24]

黃季剛於西元 1914 年至 1919 年間執教北京大學，除首開風氣以《文心雕龍》課及上庠學子，又作《札記》三十一篇，[25]側

---

24 引自范文瀾撰：《文心雕龍講疏》（天津：新懋印書局，1925 年 10 月），頁 3。

25 《文心雕龍札記》原是黃侃任教北大的授課講義，黃侃先生哲嗣黃念田於 1959 年記中華書局排印《札記》時跋云：「先君以公元 1914 年至 1919 年間任教於北京大學，用《文心雕龍》等書課及門諸子，所為《札記》三十一篇，即成於是時。1919 年後，還教武昌高等師範學校凡七載，復將《札記》印作講章。1935 年秋，先君逝於南京，前中央大學所辦《文藝叢刊》擬出紀念專號，乃檢篋中所藏武昌高等師範所印講章，錄出〈原道〉以下十一篇畀之。〈神思〉以下二十篇，則先君 1927 年居北京時已付北京文化學社刊行。二十餘年以來，《文藝叢刊》及文化學社所印之本皆不易得，海內之欲讀是書者，時以重印為囑。爰將 1927 年及 1935 年兩次印行各篇都為一集，重加勘校，並斷句讀，交中華書局上海編輯所出版。」見黃季剛撰：《文心雕龍札記》（上海：中華書局上海編輯所，1962 年 9 月），頁 235。

重內容之注解與闡釋，糾補前人偏重校勘、評點等範疇，開創近世研究中國古典文論的先聲。[26]黃季剛之治學，有「往往卓礫出人慮外，及按之故籍，成證確然，未曾從意以為奇巧」[27]，於《札記》序云：「愚所解釋，大抵因緣舍人舊義，加以推衍，其劉所未言，方下己意」[28]，足見其立論之嚴謹。范文瀾於 1914 年由北大預科升入文科中文門（後改作國學門）本科，適巧親炙黃季剛教授《文心》，於是書之精義妙旨頗有深受啟發，躡跡於後的想法。梁啟超以為《講疏》：「徵證詳覈，考據精審，於訓詁義理，多所發明，薈萃通人之說，而折衷之，使義無不明，句無不達。」[29]實本於師法。其二，是講釋後學，筆之於書。〈序〉云：

> 予任南開學校教職，殆將兩載，見其生徒好學若飢渴，孜孜無怠意，心焉樂之。亟謀所以屬其欲望者。會諸生時持《文心雕龍》來問難，為之講釋徵引，惟恐惑迷，口說不休，則筆之於書；一年以還，竟成巨帙。以類編輯，因而名之曰《文心雕龍講疏》。[30]

為使南開諸生研習《文心》時能索解文義，故講釋文辭，徵

---

26 黃季剛之弟子李曰剛云：「民國鼎革之前，清代學士大夫多以讀經之法讀《文心》，大別不外校勘、評解二途，於彥和之文論思想甚少闡發。黃氏《札記》適完稿於人文薈萃之北大，復於中西文化劇烈交綏之時，因此《札記》初出，即震驚文壇，從而令學術思想界對《文心雕龍》之實用價值、研究角度，均作革命性之調整，故季剛不僅是彥和之功臣，尤為我國近代文學批評之先驅。」見李曰剛撰：《文心雕龍斠詮》下冊（台北：國立編譯館中華叢書編審委員會，1982 年 5 月），頁 2515。

27 章太炎語。見〈中央大學文藝叢刊黃季剛先生遺著專號〉序；《量守廬學記》（北京：三聯書店，1985 年 8 月），頁 8。

28 黃季剛：〈講文心雕龍大旨〉；收錄於黃季剛撰：《文心雕龍札記》（北京：中華書局，2006 年 5 月），頁 4。

29 引自范文瀾撰：《文心雕龍講疏》（天津：新懋印書局，1925 年 10 月），頁 2。

30 范文瀾撰：《文心雕龍講疏》，頁 3。

引資料，為免口說無據，失之不明，故筆之於書，便於查考。而
資料選取的標準，在於「凡古今人文辭，可與《文心》相發明印
徵者，耳目所及，悉採入錄。雖《楚辭》、《文選》、《史》、
《漢》所載，亦間取之，為便講解計也。」[31]其中特別舉出酌採
《楚辭》、《文選》、《史記》、《漢書》內容，實有別業師黃
侃《札記》之撰述體例。案《講疏》序中即逐錄《札記》略例：

> 孫君《札迻》，有校《文心》之語，並皆精美，茲悉取之，
> 以入錄。今人李詳審言有《黃注補正》，時有善言，間或
> 疏漏；茲亦採取而別白之。〈序志〉云：「選文以定篇。」
> 然則諸篇所舉舊文，悉是彥和所取以為程式者，惜多有殘
> 佚；今凡可見者，並皆繕錄，以備稽考。惟除《楚辭》《文
> 選》《史記》《漢書》所載。其未舉篇名但舉人名者，亦
> 擇其佳篇，隨宜逐寫。若有彥和所不載，而私意以為可作
> 楷橥者，偶為抄撮，以便講談，非敢謂愚所去取盡當也。[32]

　　黃侃不加繕錄四書的原因，恐因其為國學基本書目之故。然
范文瀾編撰《講疏》，值戰亂方熾之際，若擇要加以援引，實有
助後學於書籍窘迫之時，能收沿波討源之效。以〈辨騷〉篇：「昔
漢武愛《騷》，而淮南作〈傳〉，以為〈國風〉好色而不淫，〈小
雅〉怨誹而不亂」為例，《札記》云：「案〈國風〉好色而不淫
已下至與日月爭光可也數語，今見《史記‧屈原傳》，知史公作
傳，即取《離騷》傳序之文。」《講疏》則注之較詳：「《漢書‧
淮南王傳》：『安入朝，上使為《離騷》傳，旦受詔，日食時上。』
《史記‧屈原列傳》：『〈國風〉好色而不淫，〈小雅〉怨誹而
不亂，若《離騷》者，可謂兼之矣。上稱帝嚳，下道齊桓，中述

---

31 范文瀾撰：《文心雕龍講疏》，頁4。
32 范文瀾撰：《文心雕龍講疏》，頁3-4。

湯武，以刺世事，明道德之廣崇，治亂之條貫，靡不畢見。其文約，其辭微，其志潔，其行廉，其稱文小而其指極大，舉類邇而見義遠，其志潔故其稱物芳；其行廉故死而不容自疏。濯淖汙泥之中，蟬蛻於濁穢以浮游塵垢之外，不獲世之滋垢，皭然泥而不滓也。推此志也，雖與日月爭光可也！』即取安《離騷傳》之文。」[33]可見范文瀾徵引《史記》、《漢書》說解文義，乃以詳盡為首要。至民國十八年據《講疏》增訂而成之《文心雕龍注》，更可見其增加援引《史》、《漢》之情形，如〈書記〉篇：「觀史遷之報任安」句，《札記》與《講疏》俱注：「見《漢書·司馬遷傳》及《文選》」，至《文心雕龍注》則迻錄司馬遷〈報任少卿書〉，並據《漢書·司馬遷傳》加它人成說予以說解。[34]由上可知，范文瀾實受業師黃侃撰《札記》「以便講談」之影響，所謂「徵釋徵引，惟恐迷惑」即本於此。而黃侃僅略舉篇目如《楚辭》、《文選》、《史記》、《漢書》等，正是范文瀾初所沿襲，日後多有發揮之處。

　　其三，是舊有注本，紕繆弘多。《文心雕龍》自明代弘治至萬曆年間，歷經刊刻多次，其中以梅慶生《音注》本與王惟儉《訓

---

33 范文瀾撰：《文心雕龍講疏》，頁 47。

34 《漢書·司馬遷傳》：「遷既被刑之後，為中書令，尊寵任職。故人益州刺史任安予遷書，責以古賢臣之義，遷報之。」《漢書》載此書，以少卿足下起句，《文選》起句作「太史公牛馬走司馬遷再拜言，少卿足下。」俞正燮《癸巳類稿》十一〈太史公釋名義〉曰「太史公者，署官；牛馬走司馬遷者，如秦刻石云『丞相』，又云『臣斯』也。李善注云『太史公，遷父談也，走，猶僕也。言己為太史公掌牛馬之僕，自謙之辭也。』如此，此則丞相臣為丞相之臣，是陪臣矣。且與任書，何涉於父；稱父則當曰太史公子，乃謙為父僕，此將救敔（說文敔擊頭也。）之不給也。」朱琦《文選集釋》「案吳仁傑云，牛當作先，字之誤也。《淮南書》曰：越王勾踐親執戈為吳王先馬走。」茲依《文選》所載迻錄，《漢書》本傳有刪節，附識於下。見范文瀾撰《文心雕龍注》（台北：臺灣開明書店，1958 年 4 月台一版），頁 46。

誌》本影響最巨，清乾隆年間黃叔琳集前人校注之成果，進而引經據典，糾補前人訛誤與缺漏，[35]成為清中葉以降最為通行之本。[36]然而流傳日久，罣漏至多，《講疏》云：

> 舊有黃叔琳《校注》本。治學之士，相沿誦習，迄今流傳有餘年，可謂盛矣。惟黃書初行，即多譏難，紀曉嵐云：「此書校本，實出先生；其注及評，則先生客某甲所為。先生時為山東布政使，案牘紛繁，未暇徧閱，遂以付之姚平山；晚年悔之，已不可及矣。」[37]

又序《注》云：

> 黃注流傳已久，惜頗有紕繆，未饜人心。轟松巖謂此注及評，出先生客某甲之手，晚年悔之已不可及。今此重注，非敢妄冀奪席，聊以補苴昔賢遺漏云爾。[38]

范文瀾序《講疏》與《注》中關於黃叔琳《輯注》作者乙事，實本於紀曉嵐語，惟加節引未見全豹。[39]吳蘭修跋《輯注》云：

---

35 黃叔琳云：「劉舍人《文心雕龍》一書，蓋藝苑之秘寶也。觀其苞羅群籍，多所折衷，於凡文章利病，抉摘靡遺；綴文之士，苟欲希風前秀，未有可舍此而別求津逮者。若其使事遣言，紛綸葳蕤，罕能切究。明代梅子庚氏為之疏通證明，什僅四三耳。略而弗詳，則創始之難也。又句字相沿既久，別風淮雨，往往有之；雖子庚自謂校正功，五倍於楊用修氏；然中間脫訛，故自不乏，似猶未得為完善之本。余生平雅好是書，偶以暇日，承子庚之綿蕞，旁稽博攷；益以友朋見聞，兼用眾本比對，正其句字。人事牽率，更歷寒暑，乃得就緒；覆閱之下，差覺詳盡矣。」見清‧黃叔琳撰：《文心雕龍注‧序》；楊家駱主編《文心雕龍注等六種》（台北：世界書局，1986 年 10 月），頁 1。

36 楊明照以為黃叔琳《輯註本》：「刊誤正譌，徵事數典，皆優於王氏《訓故》、梅氏《音註》遠甚，清中葉以來最為通行之本也。」見楊明照撰：《增訂文心雕龍校注》下冊，（北京：中華書局，2000 年 8 月），頁 1026-1027

37 范文瀾撰：《文心雕龍講疏》，頁 3。

38 范文瀾撰：《文心雕龍注‧例言二》（北京：人民文學出版社，1958 年 9 月），頁 4。

39 紀曉嵐評《輯注》時於黃〈序〉之後，附引黃叔琳門弟子轟松巖云：「此注

「《文心雕龍》十卷，黃崑圃侍郎本紀文達公所評也。是書自至
正乙未刻於嘉禾，至明末刻於常熟，凡六本，此為黃侍郎手校而
門下客補注，時侍郎官山東布政使，不暇推勘而遽刻之，尋自悔
也。今按文達舉正凡二十餘事，其稱引參錯者不與焉，固知通儒
不出此矣。」是知《輯注》以黃叔琳校本為主，後經門人往復注
訂並經刻工刊行，其間出於眾手，誤謬實多。故范文瀾據黃叔琳
《輯注》本，採酌孫仲容手錄顧千里、黃堯圃合校本，譚復堂校
本，鈴木虎雄〈校勘記〉與趙萬里校《唐人殘寫本》，又有孫蜀
丞校注三種相資，[40]另撰新疏，遂成《文心雕龍注》一書。

不出先生之手，舊人皆知之，然或以為出盧紹弓，則未確。紹弓館先生家，
在乾隆庚午辛未間，戊午歲方遊京師，未至山東也。」見道光十三年《兩廣
節署本》卷首。紀昀以為此某非指盧文弨至明。案盧文弨字紹弓，為清代著
名之藏書家與版本學家，所刊《抱經堂匯刻書十五種》最為精審，又撰《群
書拾補》、《抱經堂文集》等。據《清初黃崑圃先生叔琳年譜》載乾隆十六
年十二月《硯北雜錄》云：「公博聞彊記，於書無所不窺，至年耄目昏猶依
藉日光，手不釋卷。每風雨晦暝之辰，則令諸孫雄誦於側，其有關於經濟學
術者隨手摘錄，積久盈篋，適盧君文弨主家塾，屬令分類編輯，至是書成。」
乾隆辛未即指乾隆十六年，此即有人將編輯《硯北雜錄》之盧文弨推論為《輯
注》作者之原因。溫光華以為：「是知將『客某甲』臆推盧文弨，蓋即著眼
於盧氏以校勘之長，主崑圃先生家塾併為一事也。然就先生引據所駁，及
《年譜》所載盧文弨主黃氏家塾事，時年不符，故知其附會誤植之可能居多，
不宜信以為真。」見溫光華撰：《文心雕龍黃注紀評研究》；《台灣師範大
學國文研究所集刊》，第 42 號，頁 12。又紀昀與盧文弨、聶松巖交情至深，
據賀治起、吳慶榮編《紀曉嵐年譜》（北京：書目文獻出版社，1993 年 6
月）載乾隆十四年：「是年紀昀在京師，為應禮部試，與錢大昕、盧文弨及
從兄紀昭等，結為文社，商榷制義。」另乾隆十七年：「是年，聶際茂（松
巖）應宋蒙泉之請遊京師，紀昀一見，獨心賞焉，館之于家。」紀昀時年未
及三十，不至於乾隆十四年與盧文弨共組文社，次年便未知盧氏居於何處？
而聶松巖既與二人相善，又拜於黃叔琳門下，其說應較可信。

40 此三種校本為《唐人殘寫本》、明鈔本《太平御覽》及《太平御覽》。詳見
　　《文心雕龍注・例言一》，頁 4。

第三節　刊行流傳

　　近世瑞安孫仲容《札迻》、興化李審言《黃注補正》、蘄春黃季剛《札記》先後迭出，於義理之抒發，文字之疏通，多有稱善。自范文瀾初撰《文心雕龍講疏》，詳瞻宏博，學者稱便，後五年范氏據此補苴增訂，作《文心雕龍注》，至今學者視作《文心雕龍》研究的基礎，具有劃時代之貢獻。[41]其間刊行多次，流傳日廣，實有可說。

　　《文心雕龍講疏》於民國十四年十月由天津新懋印書局印刷發行，[42]全書共五百零六頁，近三十萬言。在體例上採先文後注的方式，即先將篇章析作若干段，於每段正文之後，將該段需注解處依數字編號列序說解，若須徵引他人成說或抒發己見，或須附錄相關文字，則統一置於注釋之後。首頁有梁啟超撰於民國十三年十一月的〈序〉，次有范文瀾作於民國十二年之原〈序〉，

41　牟世金云：「自范注問世以後，無論中日學者，都以之為《文心雕龍》研究的基礎。」見牟世金撰：〈文心雕龍的范注補正〉；《社會科學戰線》1984年第 4 期；日本學者戶田浩曉亦云：「范注雖本黃叔琳《注》及黃侃《札記》等書，但卻在內容上更為充實，也略嫌繁冗的批評著作，不可否認是《文心雕龍》注釋史上劃時代的作品。」見戶田浩曉撰：〈文心雕龍小史〉；王元化選編《日本研究「文心雕龍」論文集》（山東：齊魯書社，1983 年 4 月），頁 24。

42　據蔡美彪的說法，天津東馬路新懋印書局是天津地下黨印刷文件的機關。范文瀾曾提及，為掩護黨的活動，就把他的講義拿去印了。為避免當局追究新懋印書局與南開的關係，版權頁著作者署名「華北大學編輯員范文瀾」，唯考自〈序〉及梁啟超所撰〈序言〉，知仍是任教南開時的著作。見蔡美彪撰：〈范文瀾在天津的革命與學術生涯〉；《歷史教學》，2001 年第 1 期，頁 43。

後殿以黃校本原〈序〉與〈南史本傳〉。正文前有〈文心雕龍講疏目錄〉，知全書共分上、下兩篇，上篇撰有提要，計分六組共二十五篇，[43]並臚列圖表便於說解。按此圖頗能窺見范氏對《文心》之看法，其取〈原道〉「道沿聖以垂文，聖因文而明道，旁通而無滯，日用而不匱」，是以圖中首列〈原道〉，次列〈徵聖〉，三列〈宗經〉，又因〈正緯〉：「經顯，聖訓也；緯隱，神教也」，故將〈正緯〉視作〈徵聖〉之旁出；另據《漢書‧藝文志》：「合其要歸，亦六經之支與流裔」，是以將〈諸子〉列作〈宗經〉的支裔。並以〈宗經〉為中心，下攝《易》、《書》、《詩》、《禮》、《春秋》五經，以下依《文心》前二十五篇之性質附於五經之中，另於《詩》類別立〈辨騷〉、〈詮賦〉、〈雜文〉、〈諧隱〉諸篇，闡明文學遞嬗之跡。下篇亦有提要與圖示，共分成五組計十九篇，[44]以〈總術〉：「才之能通，必資曉術，自非圓鑒區域，大判條例，豈能控引情源，制勝文苑？」故首列〈總術〉，下析〈情志〉、〈事義〉、〈辭采〉、〈宮商〉四門，以其皆文術之故。又舉〈序志〉：「崇替於〈時序〉，褒貶於〈才略〉，怊悵

43 此六組共廿五篇之範圍為：第一組　文章之樞紐：有〈原道〉、〈徵聖〉、〈宗經〉、〈正緯〉、〈辨騷〉、〈諸子〉六篇；第二組　自《易》衍出之文：〈論說〉一篇；第三組　自《書》衍出之文：有〈詔策〉、〈章表〉、〈奏啟〉、〈議對〉、〈書記〉五篇；第四組　自《詩》衍出之文，有〈明詩〉、〈樂府〉、〈詮賦〉、〈頌贊〉、〈雜文〉、〈諧隱〉六篇；第五組　自《禮》衍出之文：有〈祝盟〉、〈銘箴〉、〈誄碑〉、〈封禪〉、〈哀弔〉五篇；第六組　自《春秋》衍出之文：有〈史傳〉、〈檄移〉兩篇。

44 此五組除第一組為四類綱領，非指篇目外，餘下四組俱攝《文心》各篇，為：第一組　總術：有情志、事義、辭采、宮商四類；第二組　情志：有〈神思〉、〈體性〉、〈通變〉、〈養氣〉、〈風骨〉、〈定勢〉、〈物色〉七篇；第三組　事義：有〈鎔裁〉、〈附會〉二篇；第四組　辭采：計〈章句〉、〈麗辭〉、〈練字〉、〈情采〉、〈隱秀〉、〈事類〉、〈比興〉、〈夸飾〉、〈指瑕〉九篇；第五組　宮商：〈聲律〉一篇，共計十九篇。

於〈知音〉，耿介於〈程器〉，長懷〈序志〉，以馭群篇」，由於所列諸篇非關文術，故假定「雜篇」之名，自為一組。[45] 上述見解均以圖表分析與說明，進而釐清抽象之文學內容，實為范氏詮解古典文論極具創意的方式，奠定日後在《文心雕龍注》中，進一步建立更完整的理論系統。

民國十八年九月北平文化學社將《講疏》更名為《文心雕龍注》後發行上、中兩冊，民國二十年續刊下冊。是書封面題作「范文瀾所論第四種」，封底版權頁有作者「仲澐」篆字小章一枚，分甲、乙兩種定價。上冊闕原置於《講疏》首頁之梁啟超〈序〉，其後依序為〈南書劉勰傳〉，〈范文瀾所論第四種「文心雕龍注」例言〉、〈黃校本原序〉與〈文心雕龍元校姓氏〉，以上共計七頁。後有〈文心雕龍上篇提要〉，內容同於《講疏》，又殿以〈目錄〉一篇，始自卷一〈原道〉終於卷十〈序志〉，上冊所錄俱為《文心雕龍》本文。中、下兩冊皆為范氏注文，較之《講疏》，更為詳贍。[46] 民國二十五年七月上海開明書店刊行《文心雕龍注》七冊，裝幀仿古書包背裝，大字半葉十行，每行三十一字，小字半葉十四行，每行四十一字，惟可因排版需要減省或更動。白口，左右單欄，版心上方有仿宋體「文心雕龍注」五字，單魚尾下依內容標註卷數、篇名與頁數，下方書口有「開明書店印」字樣。

---

45 此為第六組，范文瀾視作雜篇，故合上述文術論十九篇成二十篇，實則包括〈時序〉、〈才略〉、〈知音〉、〈程器〉、〈序志〉共五篇。

46 王運熙曾比較《講疏》與《注》之差別，云：「除去《文心》原文不計，約二十萬字，而後來的《文心雕龍注》則除去《文心》原文有四十多萬字，比起《講疏》來，注釋（包括附錄）字數要增加一倍多，主要是注釋的條數和內容的增加。如〈史傳〉、〈諸子〉兩篇，《講疏》注文各有四十多條，已頗詳贍，《注》復各增至五十多條。」見王運熙撰：《文心雕龍探索》（上海：上海古籍出版社，2005年4月），頁316。

以連史紙線裝精印，外加成都製木夾板，印數不多。[47]篇首有篆體「文心雕龍注」五字，右上角有「范文瀾纂」、左下角有「開明書店印行」。較諸文化學社本，則首頁〈南史劉勰傳〉改作〈梁書劉勰傳〉，將〈黃校本原序〉、〈文心雕龍元校姓氏〉兩篇提至其後，並去後者「文心雕龍」四字改作「元校姓氏」，原稱〈范文瀾第四種「文心雕龍注」例言〉，改稱〈例言〉；刪去〈文心雕龍上、下篇提要〉，新增〈鈴木虎雄黃叔琳本「文心雕龍」校勘記〉。至於目錄，則改變文化學社本「注中引文成篇者，附目於各篇下」，另殿以〈文心雕龍注徵引篇目〉，助於學者查閱。書末附章錫琛作於民國二十五年六月之〈校記〉。[48]於正文與注釋的編排上，並非《講疏》中以段為單位，採段後加注的形式，亦不同於文化學社本於《文心》五十篇之後一併加注的情況，改採以單篇正文後統一注釋的作法，除保留篇章之完整性便於理解文義外，亦使正文與注釋間之區隔更加分明可讀，日後《文心雕龍注》之刊行多本於此本。

　　西元 1958 年 9 月，北京人民文學出版社據開明本重印出版三

---

47 案當時於開明書店所作的廣告詞有：「裝幀古雅大方，每部定價三十二元。茲為優待讀者起見，自元月二十日至二月十九日，發售特價一個月。在特價期內向上海、南京、杭州三地之開明書店購買本書，一律照八折計算。其他各地之開明書店，特價日期另定。此書印數不多，欲購從速。」

48 章錫琛，字雪村，筆名方可，高勞，浙江紹興人，生於西元 1889 年，卒於1969 年。1920 至 1925 年間任職上海商務印書館，編輯《婦女雜誌》，發表〈新性道德是什麼〉提倡婦女與婚姻自由，與商務印書館編譯所所長王雲五意見不合，後辭職以示抗議，1926 年 7 月創辦開明書店，任總經理。此一〈校記〉有：「余友范君仲澐，博綜群書，為之疏證。取材之富，考訂之精，前無古人，詢彥和之功臣矣。」以友相稱，備極推崇。此年章氏亦協助魯迅出版瞿秋白的譯文集《海上述林》，而范文瀾與魯迅亦極相善。後台灣開明書店於台灣出版之《文心雕龍注》，則保留〈校記〉，隱去其名，復更動文字若干；文中「余友范君仲澐」，亦改作「本店編者」。

千冊，書名作《文心雕龍註》，引為《中國古典文學理論批評叢刊》之一，分上、下兩冊發行。書前有編輯部新增之〈出版說明〉。此說明除肯定《文心雕龍》為古典文論中最具系統之著作，亦指出駢儷行文的形式卻使讀者產生閱讀的困難，是以范文瀾於注釋中發表前人未發之文學見解，同時對舊註加以訂正與修改，實為補正此一困難的正確作法。然而吾人以為劉勰身處齊梁，採駢體行文正是時運交移、質文代變的結果，斷不可以今日通行之白話文言強以律古，而視作時代侷限抑或造成閱讀困難的原因；至於後人學有創見，亦應合乎彥和擒筆之用心，不宜妄自成說，此為編輯者撰〈說明〉時宜加斟酌之處。此本至西元 1961 年 7 月徵得作者同意，逐一檢對訂正，收錄於郭紹虞、羅根澤主編之《中國古典文學理論批評專著選輯》，書前〈出版說明〉多依舊本，然已刪去對劉勰《文心雕龍》深具侷限性的批評，立場較為客觀。此一人民文學本《文心雕龍註》日後重印三次，影響至鉅，其中於西元 1978 年湖北第六次刷印本之〈出版說明〉有：「自宋人創為詩話以後，詩話之類的形式就成了中國古典文學理論著作的主要寫作形式。在這個意義上，《文心雕龍》這樣的著作又是後無繼響的。」從詩話角度詮釋《文心》在文學批評史上之地位，而非拘於寫作時採行的文體，亦可窺見學術界研究之轉變。

　　香港商務印書館於西元 1960 年 7 月據人民文學本重印發行，唯省略〈出版說明〉，後重印多次皆同此本。臺灣開明書店於西元 1958 年 4 月發行臺一版，分成精裝一冊及平裝三冊兩種，版式沿自開明書店七冊本，惟首頁「范文瀾纂」四字闕；1970 年台北明倫出版社影香港商務本作《文心雕龍註增訂本》，逐漸成為研究范注最為常用的版本。以上可知，范文瀾初於西元 1925 年撰《文心雕龍講疏》，後經增補修訂於 1929 年由北平文化學社出版《文

心雕龍注》，其後有 1936 年之開明書局本，臺灣開明書店本即源於此；有 1958 年之人民文學本，後徵得作者同意多次修訂，最為詳備；有西元 1960 年之香港商務本，臺北明倫本即影同此本。上述諸本至今皆重刷多次，除〈出版說明〉與版式外，內容差別至微。

　　民末清初的文學歷程，一則保有內部以國粹學派如林紓、章太炎與黃季剛等論者維繫之文化傳統，二則面對外來文化藉由軍事外交所造成的政治與觀念上之變革，透過西方雜誌期刊的引入，文學運動的推行與富國強兵的政治目的，因而使幾千年來以文言為主的敘事模式與載道之教化本質產生重大改變。於傳統和西潮之間，多是百家爭鳴般各抒己見，或是嚴辭論爭，或是曲意阿從，即令以中學為體，西學為用的折衷論點，亦未能力挽時代動盪下之文化狂瀾。范文瀾多次處於文化衝突之中，一是原本就讀私塾，以傳統國學為學習基礎，卻又在清末盡廢科舉後轉入新式學堂；二是入學中西文化衝突最烈之北京大學，躋身知識份子之林，既面對師長言教與身教之垂示，而有整理國故之想法；又有救亡圖存創造新中國之念頭，其間接觸馬克斯主義更使其一開眼界。民國八年之五四運動，沿續新文化的浪潮，最後選擇加入共黨以成就其政治與文化上的理想，是以撰寫於民國十二年至二十一年間之《文心雕龍注》，成為范文瀾學術生涯最為單純也最具價值之國學著作。

　　范文瀾注解《文心雕龍》由《講疏》至《注》，其間每有增補。如〈哀弔〉篇中《講疏》有注二十條，至《注》增至二十九條；〈事類〉篇則《講疏》有十五處加注，而《注》增為二十一處。又有增加徵引篇目，如〈章表〉篇中《講疏》僅附有〈張駿請討石虎李期表〉，而《注》增加孔融〈薦禰衡表〉、諸葛亮〈出

師表〉、黃式三〈讀蜀志諸葛亮傳〉、黃以周〈默記敘〉、曹植
〈求通親親表〉、羊祜〈讓表〉、庾亮〈議表〉、劉琨〈勸進表〉
共八篇；又〈才略〉篇中《講疏》原無篇目徵引，至《注》多樂
毅〈報燕王書〉、桓譚〈仙賦〉、趙壹〈窮鳥賦詩二首〉、張華
〈鷦鷯賦〉、左思〈詠史詩〉、摯虞〈思遊賦序〉、夏侯〈湛周
詩〉凡七篇。又有兩書同時作注，而《注》多有增加，如〈徵聖〉
篇：「夫鑒周日月，妙極機神」條下《講疏》注：「《易·上繫
辭》：『唯幾也，故能成天下之務；唯神也，故不疾而速不行而
至』，案幾，幾微也；神，神妙也。」《注》作：「《易·上繫
辭》：『陰陽之義配日月。』鑒周日月，猶言窮極陰陽之道，機
當作幾。《易·上繫辭》：『唯幾也，故能成天下之務；唯神也，
故不疾而速，不行而至。』韓康伯注云：『適動微之會曰幾。』」
又〈雜文〉篇言及：「枚乘摛豔，首製七發」，於釋「七」之文
體源流，《講疏》僅據任昉〈文章緣起〉與章學誠《文史通義》
言之，而《注》另增《藝文類聚》、孫德謙《六朝麗指》、《楚
辭·大招》、俞樾《文體通釋敘》，並加案語：「俞說名七之故，
甚是。」則立論有據，尤能辨明文義。以上俱見范文瀾積累十年
之功，於《文心雕龍》反覆索求，勤於補正原注，其不僅合於謹
遵師教、講釋後學的本旨，亦使後代學人深受啟發。

第四章　《文心雕龍注》的體例與優點

　　范文瀾注《文心》，以黃《注》紀《評》為藍本，復能融鑄經集，翔集子史傳注，匯集前人說解評校，撰成《文心雕龍注》，體例允稱詳備。今檢其體例，初以版本校勘為首務，以正其字句；次標注釋方法，分引文標目與細則兩類，綱舉目張。至於優點，亦詳乎此，茲分述如下。

第一節　體　　例

一、校　　勘

　　《文心雕龍》傳世至今，唐寫僅剩殘卷，宋槧無所留存，雖有類書如李昉《太平御覽》、潘自牧《紀纂淵海》、王應麟《玉海》等徵以立言，亦屬片斷；[1]元至正乙未嘉禾本堪稱完善，為日

1　鄭樵《通志・藝文略・文史》載有《文心雕龍》十卷，梁劉勰撰，又有辛處信注《文心雕龍》十卷，今皆未存。其它宋槧書籍中以《太平御覽》引用最多。據林其錟、陳鳳金以商務印書館 1935 年上海涵芬樓影印中華學藝社借照日本帝室圖書寮、京都東福寺、東京岩崎氏靜嘉堂文庫藏宋刊本之影宋本《太平御覽》輯校，共得引文四十三則，逾九千八百字，占《文心》全書四分之一。詳參林其錟、陳鳳金撰：《文心雕龍集校合編》（台北：暨南出版社，2002 年 6 月），頁 13。

後明清諸家所據。[2]明刻以弘治甲子年間刻於吳門之馮允中本為最早，而王惟儉《訓故》、楊升庵《批點》，初闢蹊徑，別具面目，又梅慶生博稽精考，補遺刊衍，所撰《音註》十卷，得還《文心》舊觀。[3]降及清黃叔琳承往賢綿蕆，加諸益友切磋，成《文心雕龍輯注》，其刊誤正訛，徵事數典，最為通行。後姚培謙、陳鱣、紀昀多有校評，至道光十三年黃叔琳〈輯注〉與紀〈評〉合刻，初刊於南廣節署，宣統三年李詳以補其罅漏，正其遺失，另撰《補注》，至民國范文瀾以黃叔琳校本為善，重集前人說解評校，補

---

2 楊明照云：「卷首有錢惟善序，字畫秀雅，猶有宋槧遺風。海內僅存之最早刻本也。」見楊明照撰：《增訂文心雕龍校注》（北京：中華書局，2000 年 8 月），頁 1014-1015。王元化則透過楊明照以養素堂為底本，採用元至正本為對校本之一，而有以下之看法：「在校出的異文中，有四分之三左右較底本為優。二、與唐寫本殘卷本相比，在同樣的篇幅內，元至正本的異文有一卷與唐寫本完全一致。三、弘治甲子吳門本、嘉靖庚子新安本、嘉端癸卯新安本、萬曆己卯張之象本、萬曆壬午《兩京遺編》本等，與元至正本，出入甚少。由此可推出它們大抵屬於同一版本系統。以上三點，說明此一刻本在校定《文心雕龍》原文方面所具有的資料價值，彌足珍重。」見 1984 年上海古籍出版社據上海圖書館藏元刻本影印，〈前言〉。林其錟則進一步指出：「元至正本不僅是現存最早的一部《文心雕龍》單刻本，同時也是明清諸多版本的祖本，實際形成了元至正 —— 弘治本 —— 汪一元私淑軒本 —— 何焯校本 —— 黃叔琳輯注本的版本系列，其中還派生了諸如佘誨本、何允中《漢魏叢書》本（筆者按當為《廣漢魏叢書》）、王謨《漢魏叢書》本（筆者按應指《增訂漢魏叢書》）等等，由此可見此本的地位與影響。」文見林其錟、陳鳳金撰：《文心雕龍集校合編》，頁 16。

3 范文瀾《文心雕龍注》引「鈴木虎雄黃叔琳文心雕龍校勘記」所用書目有此刻，作「楊升庵先生批點文心雕龍十卷」，下云：「即梅慶生音註本，天啟壬戌（二年，西曆 1622），金陵聚錦堂刊，京都帝國大學所藏，余所稱梅本者，即此書也。」此一梅慶生音註本，據詹鍈云：「這個本子有兩種：一為金陵聚錦堂本，一為古吳陳長卿本。卷首有天啟壬戌宋轂重寫隸書顧啟元〈文心雕龍批評音注序〉。卷一前葉板心下欄前後有『天啟二年梅子庚第六次校定藏板』等字樣。這兩種板刻流傳較廣，許多是後來用舊板印刷的。」見詹鍈撰：《文心雕龍義證》上冊（上海：上海古籍出版社，1989 年 8 月），頁 22。

苴昔賢遺漏，別撰新《注》。綜覽《文心》版本，或有寫、刻、評、校諸本，或出自叢書、節選，異本殊多。[4]故欲明是書本旨，首重校勘。〈練字〉篇云：「簡蠹帛裂，三寫易字，或以音訛，或以文變」，是以依義棄奇，端正文字，實乃聖人所慎。清·盧文弨云：「古人校理圖籍，非徒自適，將以嘉惠來學」[5]，其重要若此。茲本諸陳垣所著《校勘學釋例》有對校、本校、理校、他校四例，[6]說明如下。

（一）對校法

即以同書之祖本或別本對讀，遇不同之處則注於其旁。劉向〈別錄〉所謂「一人讀書，若怨家相對者」，即此法也。范文瀾於《注》例言云：

> 《文心雕龍》以黃叔琳校本為最善。今即依據黃本，再參以孫仲容先生手錄顧千里、黃堯圃合校本，譚復堂先生校本，鈴木虎雄先生校勘記，及友人趙君萬里校唐人殘寫本，畏友孫君蜀丞尤助我宏多（孫君所校有唐人殘寫本、明鈔本《太平御覽》及《太平御覽》三種），書此識感。

范文瀾所據版本中，黃叔琳校本實出自明萬曆王惟儉〈訓故〉與梅慶生〈音注〉本，原刻為清乾隆六年養素堂本，唯范《注》

---

4 據王更生統計《文心雕龍》有手鈔本九種，單刻本十八種，評註本十三種，校本二十種，選本十二種，綜合各項，於唐、宋、明、清之間，傳本可得而言者有七十二種，此不包括諸如類書、詩話等援引之例。詳參王更生撰：《重修增訂文心雕龍研究》（台北：文史哲出版社，1979年5月），頁132。

5 盧文弨：《群書拾補》；王雲五主編《國學基本叢書》（台北：台灣商務印書館，1967年3月），頁2。

6 詳見陳垣撰：《校勘學釋例》（台北：台灣學生書局，1971年3月），頁144-149。以下所引同此本。

全書引此本極少，恐其間接引自中華書局《四部備要》本之故；[7]
顧廣圻、黃堯圃合校本據李慈銘《越縵堂日記》：「顧黃二氏據
元刊，弘治活字本、嘉靖汪一元本，朱墨合校，足為是書第一善
本」，餘杭譚中義藏有顧黃合校本十卷，孫仲容假此本傳錄，見
存孫氏《札迻》。至於譚復堂校本實是顧黃合斠本之傳校本，系
出同源，而日人鈴木氏〈文心雕龍校勘記〉所舉除誤作宋槧外，
以燉煌本（即〈唐寫本〉）最古，[8]孫蜀丞、趙萬里所校唐人殘寫
本，即同於此本。是知范文瀾以現存最早之燉煌（唐）寫本，作
為對校之主要版本。先是據〈唐寫本〉校正今本誤字：有直抒己
意定其是非者，如〈哀弔〉篇：「雖有通才，迷方告控」條下云：
「告，〈唐寫本〉作失，是。迷方失控，謂如華過韻緩，化而為
賦之類」；〈雜文〉篇：「偉矣前修，學堅多飽」條下云：「多，
〈唐寫本〉作才，是。」次有徵諸它說以定是非者，如〈徵聖〉
篇：「此事蹟貴文之徵」條下云：「蹟，〈唐寫本〉作績，是。
《爾雅·釋詁》：「績，功也」；又〈詮賦〉篇：「然賦也者，

---

7 楊明照考證范《注》云：「如〈風骨〉篇『乃其骨髓峻也』句的『峻』作『畯』，
〈通變〉篇『臭味晞陽而異品矣』句的『晞』作『睎』，〈序志〉篇『大哉
聖人之難見也』句的『也』作『哉』（文化學社版、開明書店版、人民文學
出版社版皆然）。不僅與黃叔琳養素堂不同，而且都是錯了的。只有常見的
《四部備要》本才作『畯』作『睎』作『哉』（翰墨園本雖早已誤此三字，
但此本及養素堂本范老都未見過，這是由其曾誤十四處黃評為紀評推知的），
而《備要》本書牌上標榜的是『據原刻本校刊』，大概范老誤信為真，也在
『例言』上聲稱是『依據黃本』，實際是《四部備要》本。」詳參楊明照撰：
〈文心雕龍有重注必要〉；曹順慶編：《文心同雕集》（四川：成都出版社，
1990 年 6 月），頁 2。
8 鈴木虎雄於〈校勘所用書目〉列有宋本《文心雕龍》與阮華山宋槧本兩種，
前者注明為「清何焯本所用者，未見」，後者標注有「明末常熟錢允治所得
者，其書晚出。諸家疑其依託，未見。允治所鈔四百餘字，見四部叢刊刻嘉
靖本卷尾。」張立齋辨之甚明，以為乃援引與依託之故，非有宋槧。詳參張
立齋撰：《文心雕龍註訂》（台北：正中書局，1967 年 1 月），頁 2-3。

受命於詩人，拓字於《楚辭》」條下云：「〈唐寫本〉作『然則賦也者』，是。黃疑拓作括，非是。〈唐寫本〉正作拓。」並舉它說證之：「紀評曰：『拓字不誤，開拓之義也。顏延年〈宋郊祀歌〉：『奄受敷錫，宅中拓宇。』李善注引《漢書》虞詡曰：『先帝開拓土宇。』案李注引范曄《後漢書‧虞詡傳》，紀評誤脫後字」；又如〈祝盟〉篇：「至於張老成室，致善於歌哭之禱」條下云：「〈唐寫本〉成作賀，善作美，是。《禮記‧檀弓下》：『晉獻文子成室，（趙武作室成，晉君獻之謂賀也。）晉大夫發焉。（諸大夫亦發禮以往。）張老曰：美哉輪焉！美哉奐焉！歌於斯，哭於斯，聚國族於斯！』君子謂之善頌善禱。」復次，有直接引自趙萬里校本：〈徵聖〉篇：「是以子政論文，必徵於聖；稚圭勸學，必宗於經」，范注：「〈唐寫本〉作『是以論文必徵於聖，窺聖必宗於經。』趙君萬里曰：『案〈唐寫本〉是也，〈黃本〉依楊校，政上補子字，必宗於經句上，補稚圭勸學四字，臆說非是』」；又〈明詩〉篇：「昔葛天氏樂辭云：玄鳥在曲」，范注：「趙君萬里曰：『〈唐寫本〉天字氏字云字均無。案此文疑當作昔葛天樂辭，玄鳥在曲，方與下文黃帝〈雲門〉，理不空綺，相對成文。今本衍氏字云字，〈唐本〉奪天字，均有誤，然終以〈唐本〉近是。』案趙說是也。」俱為此例。

（二）本校法

即以本書前後互證而抉摘同異，以見其中誤謬。劉向〈別錄〉所謂：「一人讀書，校其上下，得謬誤」似之。有據相同詞句校勘：如〈封禪〉篇：「典引所敘，雅有懿乎」條下范注：「〈紀評〉云：『乎當作采。』案紀說是，本書〈雜文〉篇：『班固〈賓戲〉，含懿采之華。』亦以懿采評班文。〈時序〉篇亦有鴻風懿

采之文。」又〈定勢〉篇：「枉轡學步，力止襄陵」條下范注：「作壽陵是。本書〈雜文〉篇：『可謂壽陵匍匐，非復邯鄲之步。』正作壽陵不誤。」又如〈諸子〉篇：「適辨一理為論」條下范注：「適，疑當作述。〈論說〉篇云：『述經述理曰論。』」又〈附會〉篇：「夫文變多方」條下范注：「案《御覽》五八五引多方作無方，與〈汪本〉同，本書〈通變〉篇：『變文之數無方。』文與此正同，疑作無方是。」則於他校外，亦援引本校為例。有據相同句式或對文校勘：〈詔策〉篇：「《周禮》曰師氏詔王為輕命」條下范注引盧文弨《抱經堂文集》與孫詒讓《札迻》後有案語：「案此句與上『《詩》云有命自天，明命為重也』對文，當依〈梅本〉作《周禮》曰師氏詔王，明詔為輕也。輕字下命字衍文，當刪。」又如〈體性〉篇：「才性異區，文辭繁詭」條下范注：「文辭，當作文體，與上句才性相對成文。」即本諸此法。

（三）理校法

即因無古本可據，或數本互異時因而無所適從，須由主觀判斷求得確證。陳垣以為：「最高妙者此法，最危險者亦此法」，並且「非有確證，不敢藉口理校而憑臆見也。」所謂確證，有得之字句語法者：如〈正緯〉篇：「神理更繁，其偽二矣」條下范注：「〈唐寫本〉無兩字也。尋繹語氣兩也字似不可刪。」此處乃藉句中語氣舒緩故不以《唐寫本》為據。又〈誄碑〉篇文末贊辭：「石墨鐫華，頹影豈忒」條下范注：「案〈唐寫本〉作戢，是，本贊純用緝韻，若作忒則失韻。」乃由句末韻腳推知〈唐寫本〉不誤。又如〈練字〉篇：「雖文不必有，而體例不無」條下范注：「似當作而體非必無，雖未詳其理由，然本諸音節句法甚

明。」[9]其次，有得之於對文化與歷史之理解者：〈附會〉篇：「夫才量學文，宜正體製」條下范注：「才量學文，量疑當作優，或係傳寫之誤，殆由學優則仕意化成此語。」[10]又〈辨騷〉篇：「觀茲四事，同於風雅者也」條下范注：「《詩》無典誥之體。彥和云：『觀茲四事，同於〈風〉、〈雅〉』，似宜云：『同於《書》、《詩》。』」[11]又如〈祝盟〉篇：「既總碩儒之儀，亦參方士之術，謂如武帝命諸儒及方士議封禪，公玉帶上黃帝時〈明堂圖〉之類。」上述皆本諸范文瀾採內校法為之，雖不免多有失校，亦見此法危險之難。

9　張立齋云：「范意以非字偶上不字，而不知上句必有，而下句不有，有字犯重，而音節不勁。上言不有，下對不無，句法協律，范注殊非。」見張立齋撰：《文心雕龍考異》（台北：正中書局，1974 年 11 月），頁 288。又《文心雕龍註訂》：「不無者，言可存其一例也。范注非。」引同注 8，頁 387。王更生云：「按『例』字不誤，其文章甚顯，不知范氏何據云然。所謂『體例不無』者，即綜言上列四條，綴字屬篇，必須練擇之意，若改作『非』，則下承之『若值而莫悟，則非精解』，便失去根據，故知范校不可從。」見王更生撰：《文心雕龍范注駁正》（台北：華正書局，1979 年 11 月），頁 52-53。今查〈元至正本〉作「而體例不無」，范改無據。

10　王更生云：「按：楊明照《舉正》云：學優則仕一文，與此語意各別，何嘗由其化成？疑原作量才學文，傳寫者誤倒耳。」又「宋本《御覽》五八五作『才童』，〈體性〉篇：『故童子雕琢，必先雅製』，語意與此同，作『才童』是也。范《註》疑當作『才優』固非，楊氏疑作『量才』也校之未諦。」引見王更生撰：《文心雕龍范注駁正》，頁 53。

11　王更生云：「按：張立齋《註訂》云：〈風〉、〈雅〉概而言之也。《離騷》本《詩》之別裁。同於〈風〉、〈雅〉者，不違詩人之志，而同於詩人之旨也，故曰同。斯波六郎〈范註補正〉亦云：案如范說，下文『故論其典誥則如彼』之『典誥』，亦應改為『《書》、《詩》』。如以彥和之『風雅』與彼之『典誥』互文而言，此『〈風〉、〈雅〉』不應改。且『典誥之體』者，言其文體得《尚書》、〈堯〉、〈舜〉二典和〈大禹謨〉及湯誥之體要，非體裁之謂，范氏擬改『典誥為《詩》、《書》』，毫無根據，非是。」引見王更生撰：《文心雕龍范注駁正》，頁 40。另查《唐寫本》作「同乎〈風〉、〈雅〉」，《元至正本》作「同于〈風〉、〈雅〉」，知范注妄改。

（四）他校法

即以他書校本書。指除本書異本外，用選本、類書、古注及他書引用本書文字據以校勘。有採自類書者：〈附會〉篇：「事義為骨髓」條下范注：「案《御覽》五八五引骨髓作骨鯁，是。本書〈辨騷〉篇：『骨鯁所樹，肌膚所附。』亦是以骨鯁與肌膚對言」，又「夫文變多方」條下范注：「案《御覽》五八五引多方作無方，與〈汪本〉同，本書〈通變〉篇：『變文之數無方。』文與此正同，疑作無方為是。」又〈詔策〉篇：「暨明帝崇學」條下范文瀾分述明、章二帝俱有雅詔間出的情況，而有「《御覽》帝作章，是也」之論斷。[12]案范注全書引《太平御覽》凡十一處，除三處用以校勘外，[13]餘多用以闡釋文意，[14]蓋類書撰集經傳，隨類相從，雖有省覽之便，引為校讎卻宜深慎。[15]又有徵引評注者：如〈史傳〉篇：「析理居正，唯素臣乎」條下范注：「紀評曰：

---

12 范注：「明帝，如永平二年〈詔驃騎將軍三公〉及〈幸辟雍行養禮詔〉；章帝，如建初四年〈使諸儒共正經義詔〉，〈令選高材生受古學詔〉，皆所謂雅詔間出者。」見范文瀾：《文心雕龍注·詔策》注二十二，頁367。

13 此十一處當不列入范文瀾大量轉引孫蜀丞所校明鈔本《太平御覽》及《太平御覽》之校語。其中三處從語意及句式明顯為范氏親據《御覽》作為他校之依據，然而此又與其多轉引孫氏校語頗為扞格不入，亦足以推知范氏所據底本之駁雜不一，抑或著錄時張冠李戴之情況。

14 如〈詮賦〉篇中言「皋朔已下，品物畢圖」，范文瀾據《御覽》三百五十有：「朔〈對驃騎難〉。品物畢圖，謂皋朔輒受詔賦宮館奇獸異物也。」又〈書記〉篇於「牒者，葉也」下范注：「《御覽》六百六引云：牒者葉也。如葉在枝也。短簡為牒，議事未定，故短牒諮謀。牒之尤密謂之籤。」

15 如盧文弨據《太平御覽》卷八七九校《晏子春秋·內篇諫上》：「寡人欲少賦斂以祠靈山，可乎？」其中改祠作招。考宋本《御覽》作「祠」不誤，此乃同引類書仍有版本是否善本的問題。清人朱蓉生云：「國朝人於校勘之學最精，而亦往往喜援他書以改本文。不知古人同述一事，同引一書，字句多有異同。非如今之校勘家，一字不敢竄易也。今人動以此律彼，專輒改訂，使古書皆失真面目，此甚陋習，不可從。」詳參朱蓉生撰：《無邪堂答問》（北京：中華書局，2000年12月），頁94-95。

陶詩有『聞多素心人』句，所謂有心人也。似不必改作素臣。」
並下斷語：「案紀說是也。素心猶言公心耳。本書〈養氣〉篇『聖
賢之素心。』是彥和用素心之證。《文選·陶徵士誄》『長實素
心。』亦作素心。」另〈封禪〉篇：「雅有懿乎」條下范注：「紀
評云：『乎當作采。』案紀說是，本書〈雜文〉篇：『班固〈賓
戲〉，含懿采之華。』亦以懿采評班文。〈時序〉篇亦有鴻風懿
采之文。」以下俱以紀〈評〉為校勘所資；或援用黃侃《札記》，
如〈聲律〉篇：「商徵響高，宮羽聲下」條下范注云：「案此二
句有訛字。當云宮商響高，徵羽聲下。《周語》曰：『大不踰宮，
細不踰羽。』《禮記·月令》鄭注云：『凡聲尊卑取象五行，數
多者濁，數少者清。』案宮數八十一，商數七十二，角數六十四，
徵數五十四，羽數四十八（詳見〈律歷志〉。）是宮商為濁，徵羽
為清，角清濁中。彥和此文為誤無疑。」另〈比興〉篇：「攢雜
詠歌，如川之渙」條下范注：「《札記》曰：『渙字失韻。當作
澹，字形相近而誤。澹淡，水貌也。』」俱為此例；或引自鈴木
虎雄〈校勘記〉，如〈論說〉篇：「並煩情入機」條下范注：「〈校
勘記〉：『煩字可疑。案當作順，〈檄移〉篇順誤作煩，可以互
證，又〈封禪〉篇文理順序，順元誤作煩，是亦一證矣。』」又
〈史傳〉篇：「至於晉代之書，繁乎著作」條下范注：「〈校勘
記〉：『繁當作繫，字誤也。諸本作繫。』」所引至明。案范文
瀾於他校法中評注一類徵引最少，[16]除〈隱秀〉篇因「明人最善

---

16 范注引黃叔琳《輯注》凡二十三處，僅〈聲律〉篇：「良由內聽難為聽也」
條下范引《輯注》：「由字下王損仲本有『外聽易為口而』六字」，范文瀾
據以推斷「口或是巧字」外，餘多用作文義解釋與闡發，因此李詳為補正黃
叔琳《輯注》所作《補正》，於范注中被徵引達二十處，如〈奏啟〉篇：「王
觀教學」條下范注引《補正》：「《太平御覽》九百六引魏名臣奏有郎中黃
觀上書云云，黃字不當輒改。」案此為李詳對黃叔琳從《魏志》改黃作王以
為不當，范文瀾備為一說而已。

作偽，此篇之不可信，已無疑義」[17]，因而刪去偽文，並以附錄方式羅列黃叔琳《輯注》、紀昀《評》、盧文弨〈書後〉作為考證之資外，[18]仍本諸於《唐寫本》、宋本《御覽》，並採酌趙萬里《校本》及鈴木虎雄〈校勘記〉為校勘主要依據。

二、注　釋

范文瀾《注》以黃叔琳《輯注》為基礎，博稽詳考，補遺刊衍，自云：「今此重注，非敢妄冀奪席，聊以補苴昔賢遺漏云爾。」

---

17 范文瀾語，《文心雕龍注》卷八，頁 634-635。

18 此三處引文擇要錄於其下，以便說明：黃叔琳云：「〈隱秀〉篇自『始正而末奇』至『朔風動秋草』朔字，元至正乙未刻於嘉禾者，即闕此葉，此後諸刻仍之，胡孝轅朱鬱儀皆不見完書。錢功甫得阮華山宋槧本鈔補，後歸虞山，而傳錄於外甚少。康熙庚辰，何心友從吳興賈人得一舊本，適有鈔補〈隱秀〉篇全文；辛巳，義門過隱湖，從汲古閣架上，見馮己蒼所傳功甫本，記其闕字以歸。如疎放豪逸四字，顯然為不學者以意增加也。」此段對《文心雕龍》元刻本至明錢功甫以前的各種版本中，俱殘〈隱秀〉篇四百餘字，至錢功甫據阮華山宋刊本補足一事說之甚詳。紀昀云：「癸巳三月，以《永樂大典》所收舊本校勘，凡阮本所補，悉無之，然而知其真出偽撰」；又盧文弨：「就長安市覓得此本，紙墨俱不精，吳（筆者按：伊仲）所錄〈隱秀〉篇之缺文及勝國諸人增刪改正之處，此本具有之。然他人所改俱著其姓，唯梅子庚獨否，不幾攘其美以為己有耶！」案范文瀾本黃侃於《札記》中有〈隱秀〉一篇，對此補亡之文，因其出辭膚淺，無所甄明，除就文中波起辭間一節，多所辨正，又另作新篇，以備搴採，足證黃侃重視若此。然范《注》引《札記》多達六十四處，竟未錄此篇於附錄，僅酌取其中《歲寒堂詩話》一段徵明今本之偽，頗為奇怪。又黃侃論〈隱秀〉篇之作偽，或受紀昀之啟發，紀昀云：「此一頁詞殊不類，究屬可疑。『嘔心吐膽』似撦玉溪《李賀小傳》『嘔出心肝』語。『鍛歲煉年』，似撦《六一詩話》周樸『月煆季煉』語。……且〈隱秀〉三段，皆論詩而不論文，亦非此書之體，似乎明人偽託，不如從元本缺之。」然而范文瀾具錄紀昀之語，卻未就本師所言「彥和之宗旨，即千古之定論」略作表明，既錄紀昀之語，又未說明出處為《四庫全書總目提要》卷一九五《文心雕龍》提要，使人誤作紀評《文心》之語，體例之蕪雜，或可窺知。

[19]其補苴遺漏之法，實具體例，茲就引文標目與注釋細則言之。

（一）引文標目

范文瀾云：「凡有徵引，必詳記著書人姓氏及書名卷數」[20]，細究其標名之例有（以下注文多從略）：

1.兼標作者與書（篇）名之例：如：

〈原道〉篇：「仰觀吐曜，俯察含章」

　　　　　「曜」字注引劉熙《釋名·釋天篇》文。

〈詮賦〉篇：「此揚子所以追悔於雕蟲，貽誚於霧縠者也。」

　　　　　注引揚雄《法言·吾子篇》文。

〈論說〉篇：「而陸氏直稱說，煒曄以謏誑」

　　　　　注引「陸機〈文賦〉」文。

〈養氣〉篇：「雖非胎息之邁術」

　　　　　注引「李詳《黃注補正》」文。

2.兼標書名篇名之例：如：

〈徵聖〉篇：「陶鑄性情，功在上哲」

　　　　　注分引自《荀子·性惡篇》與《法言·學行篇》文。

〈宗經〉篇：「並窮高以樹表，極遠以啟疆，所以百家騰躍，終入環內者也」

　　　　　四句注引《禮記·樂記》、《易·上繫辭》與《漢書·藝文志》文明其旨意。

〈正緯〉篇：「尹敏戲其深瑕」

　　　　　注引《後漢書·儒林尹敏傳》文

---

19 范文瀾撰：《文心雕龍注》例言二，頁5。
20 范文瀾撰：《文心雕龍注》例言四，頁4。

〈頌讚〉篇：「昔帝嚳之世，咸墨為頌」

　　　　　注引「《呂氏春秋・仲夏紀古樂篇》」文。

3.僅標書名，不標篇名

　〈雜文〉篇：「或曲操弄引」

　　　　　注引自「《文體通釋》」文。謹案：清・王兆芳撰。王氏生卒年不詳，字漱，江南通州人，與俞樾（1821-1907）相善。

　〈詔策〉篇：「周穆命郊父受敕憲」

　　　　　注引「《穆天子傳》」文。謹案：撰者不詳，晉・郭璞為之注。

　〈通變〉篇：「黃歌斷竹，質之至也」

　　　　　注引「《吳越春秋》」文。謹案：東漢・趙曄（約活動於 25-56 間）撰。趙氏字長君，會稽山陰人。

　〈章句〉篇：「將令數句之外，得一字之助矣」

　　　　　注引「《六朝麗指》」文。謹案：清・孫德謙（1869-1935）撰。孫氏字受之，一字壽芝，號益庵，晚號益堪居士，浙江仁和人。

4.僅標書名與卷次，不標篇名

　〈辨騷〉篇：「四家舉以方經，而孟堅謂不合傳」

　　　　　注引「《困學紀聞》卷六」文。謹案：宋・王應麟（1223-1296）撰。王氏字伯厚，一字厚齋，號深寧，慶元府人。

　〈祝盟〉篇：「耕彼南畝，四海俱有」

　　　　　注引「《札迻》十二引顧廣圻校云」文。謹案：清・孫詒讓（1848-1908）撰。孫氏字仲頌，一

> 作中容，號籀廎，晚年別署荀廷，學者稱籀公，浙江瑞安人。

〈聲律〉篇：「左礙而尋右，末滯而討前」

　　注引「《文鏡秘府論》四」文。謹案：〔日〕遍照金剛（774-835）撰，亦稱弘法大師。

〈事類〉篇：「夫薑桂同地，辛在本性」

　　注引「《韓詩外傳》七」文。據傳為東漢・韓嬰（約西元前 200-120）所撰。

5.僅標作者名，不標書（篇）名之例：

〈封禪〉篇：「而日新其采者，必超前轍焉」

　　注引「黃叔琳曰」文。謹案：即所撰《文心雕龍輯注》。

〈明詩〉篇：「逮楚國諷怨，則離騷為刺」

　　注引「郝懿行曰」文。謹案：錄自郝氏批注黃叔琳《輯注》二百二十餘則之一。

〈體性〉篇：「豈非自然之恒質，才氣之大略哉」

　　注引「紀評曰」文。謹案：即清・紀昀評《文心雕龍》，與黃叔琳《輯注》合刊。

〈樂府〉篇：「然杜夔調律，音奏舒雅」

　　注引「黃先生曰」文。謹案：即據本師黃季剛所撰《文心雕龍札記》。

（二）注釋之例

1.對句兩詞並釋之例：由於《文心》以駢偶行文，尤重對仗，范文瀾就此特點，有對句兩詞俱加注釋的情況。

〈原道〉篇：「庖犧畫其始，仲尼翼其終。」

首句注引《易‧下繫辭》、末句注引《史記‧
孔子世家》文釋之。

〈論說〉篇：「伊尹以論味隆殷，太公以辨釣興周。」

首句「伊尹說湯」注云：「見《呂氏春秋‧本
味篇》，文繁不錄。」舉清‧嚴可均《全上古
三代文‧卷一》明之。末句注引《史記‧齊太
公世家》文釋之。

〈祝盟〉篇：「六宗既禋，三望咸秩。」

首句注引《尚書‧舜典》，末句注引《春秋經》
文釋之。

〈議對〉篇：「及趙靈胡服，而季父爭論；商鞅變法，而甘
龍交辨。」

「趙靈胡服」注引《史記‧趙世家》，而「商
鞅變法」注引《史記‧商君列傳》文釋之。

2.引文兼附注疏之例：范注對於引文有注疏者，輒附引於後，以
證斯文。

〈徵聖〉篇：「夫子文章，可得而聞。」

注引《論語‧公冶長篇》：「子貢曰，夫子之
文章，可得而聞也。」後即引邢昺疏曰：「子
貢言夫子之述作威儀禮法，有文彩，形質著
明，可以耳聽目視，依循學習，故可得而聞也。」

〈宗經〉篇：「故繫稱旨遠辭文，言中事隱。」

注引《易‧下繫辭》云：「其旨遠，其辭文，
其言曲而中，其事肆而隱。」後引韓康伯注：
「變化無恆，不可為典要，故言曲而中也。其
事肆而隱者，事顯而理微也。」又引孔穎達正

　　　義：「其旨遠者，近道此事，遠明彼事，是其
　　　旨意深遠。其辭文者，不直言所論之事，乃以
　　　義理明之，是其辭文飾也。」

〈諧隱〉篇：「芮良夫之詩云：自有肺腸，俾氏卒狂。」
　　　注引《毛詩・大雅・桑柔序》：「〈桑柔〉，
　　　芮伯刺厲王也。」後引孔穎達正義：「文元年
　　　《左傳》引此曰：周芮良夫之詩曰：大風有隧。
　　　且〈周書〉有〈芮良夫〉之篇，知字良夫也。」
　　　又舉鄭玄箋：「自有肺腸，行其心中之所欲，
　　　乃使民盡迷惑也。」

3.引文前後加以訓詁之例：范注對文中艱深之語或隱晦之詞，有
　引字書以明其訓詁之義，多置於引文前後。

〈銘箴〉篇：「箴者，所以攻疾防患，喻鍼石也。」
　　　注引：《說文》竹部：「箴，綴衣箴也。從竹，
　　　咸聲。」又釋「綴衣」，另舉《說文》金部：
　　　「鍼，所以縫也。從金，咸聲。」故曰：「箴
　　　與鍼通。鍼俗作針。」

〈風骨〉篇：「詩總六義，風冠其首，斯乃化感之本源，志
　　　氣之符契也。」
　　　注云：「本篇以風為名，而篇中多言氣。」范
　　　氏引《廣雅・釋言》：「風，氣也。」又舉《莊
　　　子・齊物論》：「大塊噫氣，其名為風」、《詩・
　　　大序》：「風以動之」釋之，而有「氣指其未
　　　動，風指其已動」之結論。

〈書記〉篇：「券者，束也。」
　　　「券」字注引《說文》：「券，契也。券別之書

以刀契其旁，故曰契券。」又分舉《釋名·釋
書契》、《周禮》、《漢書》以證之。

4.引文前後加以按語之例：范注於引文之外，另有意見須加以補
述，輒於注文前後加上按語。加於引文之後者，如：

〈定勢〉篇：「譬激水不漪。」

注引《文選·吳都賦》：「刷盪漪瀾」。劉注：
「漪瀾，水波也」後，另加按語云：「《爾雅·
釋水》有漪字，未訓為水波，〈吳都賦〉蓋誤
也。」

〈聲律〉篇：「古之教歌，先揆以法，使疾呼中宮，徐呼中
徵。」

注引黃侃《札記》中轉引《韓非子·外儲說右
上》文：「夫教歌者，使先呼而詘之，其聲反
清徵者乃教之。一曰，教歌者先揆以法，疾呼
中宮，徐呼中徵，疾不中宮，徐不中徵，不可
謂教。」另加按語云：「案韓非子之言，乃驗
聲之術，彥和引用以為聲音自然之準，意與《韓
子》微異。」

加於引文之前者，如：

〈奏啟〉篇：「自漢置八儀，密奏陰陽。」

注中先加按語云：「八儀，疑當作八能。」後
再引《後漢書·續禮儀志》與章懷注引〈樂叶
圖徵〉文以證。

〈隱秀〉篇：「非研慮之所求。」

「求」字下注加按語云：「案果疑課字壞文，
本書〈才略〉篇：『多役才而不課學。』即與

此同義。」後再引陸機〈文賦〉：「課虛無以
責有，叩寂寞而求音」證謝氏臆改，非是。

5.同注兼採又說之例：范注對所引事典若有異說，則兼採「又說」，
以示慎重。

〈章表〉篇：「然則敷奏以言，則章表之義也。」

注首引《說文》：「奏，進也。」又據《論衡·
對作》篇：「上書謂之奏」與《釋名·釋書契》：
「奏，鄒也，鄒，狹小之言也。」合上述諸說
有「臣下自謙，故云狹小之言」的推斷。

〈誄碑〉篇：「碑者，埤也。」

注首引《說文》石部：「碑，豎石也，從石卑
聲。」又據《釋名·釋典藝》：「碑，被也。
此本王莽時所設也。施其轆轤，以繩被其上，
以引棺也。臣子追述君父之功美以書其上，後
人因焉，故建於道陌之頭顯見之處，名其文，
就謂之碑也。」故合上述諸說云：「埤裨二字，
皆有增益之義，然裨訓接益也，埤訓增也，用
埤字較適。」

〈章句〉篇：「夫設情有宅，置言有位。」

注首引《說文》：「宅，所託也。」又引《國
語·魯語》上：「宅，章之次也。」後合此二
義有：「章明情志，必有所寄而次序顯晰」之
斷語。

6.兩注會通互見之例：范注對《文心》前後篇相關詞語，多有援
引《文心》諸篇內證，務求互見會通，省卻重注之冗煩。

〈樂府〉篇：「葛天八闋，爰乃皇時。」

> 注引：「見〈明詩〉篇注。」

〈史傳〉篇：「及安國立例，仍鄧氏之規焉。」

> 注引〈才略〉篇云：「孫盛準的所擬，志乎典訓」蓋取法鄧粲也。

〈諸子〉篇：「適辨一理為論。」

> 注引：「適，疑當作述。〈論說〉篇云：『述經敘理曰論。』」

7.徵引某說釋義之例：范注於引文釋義外，有援引它說相證者，亦有直接引它說釋義者。援引它說相證者如：

〈原道〉篇：「益稷陳謨，亦垂敷奏之風。」

> 注引：《堯典》：「敷奏以言」與《偽孔傳》：「敷，陳；奏，進也。諸侯四朝各使陳進治禮之言。」後引黃侃《札記》云：「案彥和以元首載歌，益稷陳謨，屬之文章，則文章不用禮文之廣誼」證之。

〈總術〉篇：「視之則錦繪，聽之則絲簧，味之則甘腴，佩之則芬芳。」

> 注云：「視之則錦繪，辭采也；聽之則絲簧，宮商也；味之則甘腴，事義也；佩之則芬芳，情志也。」後又引黃叔琳《輯注》：「四者兼之為難，可視可聽，而不可味尤不堪嗅者，品之下也」證之。

直接引它說釋義者如：

〈神思〉篇：「若夫駿發之士，心總要術，敏在慮前，應機立斷；覃思之人，情饒歧路，鑒在疑後，研慮方定。」

　　　　注引黃侃《札記》云：「此言文有遲速，關乎
　　　　體性，然亦舉其大概而已。世固有為文常速，
　　　　忽窘於數行。為文每遲，偶利於一首。此由機
　　　　有通滯，亦緣能有短長。機滯者駃難求通，能
　　　　長者早有所豫，是故遲速之狀，非可以一理齊
　　　　也。」

　〈養氣〉篇：「至如仲任置硯以綜述。」

　　　　注引李詳《黃注補正》：「《北堂書鈔‧著述
　　　　篇》，謝承《後漢書》『王充貧無書，往市中
　　　　省所賣書，一見便憶。門牆屋柱，皆施筆硯而
　　　　著《論衡》。』」

8.未標明引文之例：范注以引書引文為通例，然亦有不引某書某
　篇之文者。此例或可揭示出處，或證陳文義，或標舉例證。揭
　示出處者如：

　〈明詩〉篇：「嚴馬之徒，屬辭無方。」

　　　　注云：《漢書‧藝文志‧屈原賦類》有〈莊夫
　　　　子賦〉二十四篇，（莊夫子即嚴忌）〈司馬相
　　　　如〉賦二十九篇。彥和謂其「屬辭無方」，蓋
　　　　二人亦作詩也，《玉台新詠》卷九載司馬相如
　　　　〈琴歌〉二首，出後人附會，不復錄。

　〈議對〉篇：「鼂錯對策，蔚為舉首。」

　　　　「對策」注引《漢書‧文帝紀》與《補注》引
　　　　周昌壽云云，又據《漢書‧鼂錯傳》：「詔有
　　　　司舉賢良文學士。對策者百餘人，唯錯為高
　　　　第。由是遷中大夫。」後范注：「對策文載本
　　　　傳，文繁不錄。」

證陳文義如：

〈練字〉篇：「今一字詭異，則群句震驚。」

　　　　　注云：「《顏氏家訓・文章篇》沈約謂文章當
　　　　　從三易，其二為易識字，蓋恐一字詭異震驚群
　　　　　句字。」

〈才略〉篇：「漢室陸賈，首案奇采，賦孟春而選典誥，其
　　　　　辯之富矣。」

　　　　　注云：「《漢志》陸賈賦三篇，當有篇名〈孟
　　　　　春〉者，彥和時尚存，今則無考矣。」

標舉例證如：

〈詮賦〉篇：「宋玉風釣。」

　　　　　注云：「宋玉賦自《楚詞》、《文選》所載外，
　　　　　有〈諷〉、〈笛〉、〈釣〉、〈大言〉、〈小
　　　　　言〉五篇，皆在《古文苑》。張惠言以為皆五
　　　　　代宋人聚斂假託為之。《文選》有〈風賦〉當
　　　　　可信。」

〈夸飾〉篇：「至如氣貌山海，體勢宮殿，嵯峨揭業，熠耀
　　　　　焜煌之狀，光采煒煒而欲然，聲貌岌岌其將動
　　　　　矣。莫不因夸以成狀，沿飾而得奇也。」

　　　　　注云：「謂如孫興公〈遊天台山賦〉、木玄虛
　　　　　〈海賦〉、郭景純〈江賦〉、王文考〈魯靈光
　　　　　殿賦〉、何平叔〈景福殿賦〉之類，並見《文
　　　　　選》。」

9.對注文加以補正之例：

　　由於歷來學者觀點不一，抑或疏漏難免，故於引證其說時，
不免適時加以補正。

〈樂府〉篇：「有娀謠乎飛燕，始為北聲。」

注云：《呂氏春秋·季夏紀·音初篇》：「……燕遺二卵北飛遂不反。二女作歌，一終曰：『燕燕往飛。』實始作為北音。」（《邶風》有〈燕燕〉）其後范文瀾斷云：「案呂氏之說，不見經傳，附會顯然，或者謂〈國風〉託之以製題，殆信古太甚之失也。」

〈檄移〉篇：「張儀檄楚，書以尺二。」

注引：〈史記·張儀列傳〉後又引〈索隱〉：「王劭按《春秋後語》云：『丈二尺檄。』」范文瀾辨之曰：「案丈是長之誤。二尺誤倒。許慎云：『檄，二尺書也』，當作尺二書也。」

〈通變〉篇：「黃歌斷竹，質之至也。」

注引李詳《黃注補正》：「……若昔人讀黃絹，幼婦，外孫，虀臼，成二言四句，此實妙解文章之味。。又古文八字用四韻者，《老子》：『知足不辱，知止不殆』；《韓非》：『名正物定，名倚物徙』是也。」范文瀾評曰：『案李引似非。〈斷竹歌〉雖僅八字，而寫事凡四：斷竹一事，續竹二事，飛土三事，遂宍四事，正如黃娟隱絕字，幼婦隱妙字，上下文各不相關者類似。李引所舉《老子》《韓非》二例，似與此不同。』

第二節　優　點

范注成書刊行後，即以其校勘與注釋之特出，廣開注釋生面，引為近代龍學研究的奠基之作，[21]其優點可分下列五點言之：

一、釋文引證，詳實可稽

范注行世以前，以黃《注》紀《評》最為通行，[22]此合刊本之釋文方式，乃將黃叔琳注文置於各篇最末，注文較正文低一格，採雙行小字，至於紀昀批語則採單行小字置於眉端，各篇自為起訖，不相連屬。民國四年至十四年間如掃葉山房、文瑞樓與海左書局刊行之石印本，其體例率多依此。民國十四年由天津新懋印書局發行之《文心雕龍講疏》，則一改當時慣行之上評後注的體例，將黃《注》紀《評》以隨文徵引、考評之方式，編以數字序

---

21 張文勛云：「《文心雕龍注》不僅在三四十年代已獲得學術界的好評，到五六十年代，更是研究者們的主要參考書，影響日益擴大。它在《文心雕龍》研究史上的功績是為人所公認的。……范文瀾《文心雕龍注》是近代龍學研究的奠基之作，研究者莫不以此書為基礎……。」見張文勛：《文心雕龍研究史》（昆明：雲南大學出版社，2001 年 6 月），頁 109。

22 黃叔琳深感梅慶生《音註》多有未備，遂「旁稽博考，益以友朋見聞，兼用眾本比對，正其字句」，隨手訓釋，增注十之五六。是書自清雍正九年（1731）夏纂修，先後與弟子如顧進（尊光）、金甡（兩叔）等共同參訂，後囑姚培謙（平山）予以付梓，至乾隆六年（1741）方正式刊行，一時為世所重，翻刻者甚夥。清乾隆辛卯卅六年（1771），紀昀取黃叔琳《輯注》加以點評，多有評騭匡正之灼見。清道光癸巳十三年（1833）冬，涿州盧坤（靜之）職兩廣都署，命嘉應吳蘭修（石華）將黃叔琳《輯注》與紀昀評本，以朱墨套色合刻刊行，即為今日所見之清道光十三年兩廣節署本，通行最廣。

號，視為注釋之一環，即范氏於〈例言〉所稱：「有關正文者，逐條列舉，庶備參閱」，學者只須於正文難解處按號碼求索，必可本義自見。其後於民國十八年更名刊行之文化學社本、民國二十五年刊行之開明書店本《文心雕龍注》，雖存有體例編排的差別，[23]然而合黃《注》紀《評》為　一體之作法，除使正文與注釋各自分明可讀，亦兼顧《文心》正文之完整性，洵為釋文之一大創新。

　　次就引證言，范文瀾於《注》中例言云：書凡徵引，必詳記著書人姓氏及書名卷數，使學者勞形案牘之際，可免讎校查引之勞。其徵引之法，或引書相證：如〈詮賦〉篇「雖讀千賦」條下范注第三十四云：「桓譚《新論》：余素好文，見子雲工為賦，欲從之學。子雲曰：能讀千賦，則善為之矣。」其後另注「自《藝文類聚》五十六引。亦見《北堂書鈔》一百二。」又〈誄碑〉篇：「摯疑成篇」條下范注分引姚範《援鶉堂筆記》四十與孫詒讓《札迻》十二文，以證此句疑有脫誤，俱為此例。或全文迻錄，引為注文：如〈正緯〉篇中言緯書流傳，分別迻錄胡應麟《四部正譌》、徐養原〈緯候不起於哀平辨〉（見嚴杰《經義叢鈔》之文，以釋讖緯性質與起源）；〈明詩〉篇中論五言流變，范注第十九條下引蘇武詩四首與〈答李陵詩〉，分別加注「自此以下附錄馮默庵云云，皆從丁福保《全漢詩》迻錄」、「見《古文苑》及《藝文類聚》」，至為謹嚴。以上除見信而有徵外，學者亦可按注討源，於《文心》文義之探賾，多有裨益。

---

23 在體例上，新懋書局本《講疏》以段為單位，將各篇析作若干段，每段加以注釋或附錄，至文化書社本則上冊統一為《文心》文本，中、下兩冊全作注釋，至開明書店本改採各篇正文後統一加注之方式，今日通行之人民文學本亦襲於此。以上俱將黃《注》紀《評》置於注釋之下，依序編號，便於檢閱。

二、廣徵博採，重視新說

　　明·原一魁序《兩京遺編》云：「陶冶萬彙，組織千秋，則勰亦六朝之高品也。」[24]知是書取材浩博，辭約旨遠，學者欲識劉勰持論，須藉精譯詳注，方能入手，此即彥和「注解為書，所以明正事理」之謂。范文瀾於《注》中例言云：「古人文章，每多訓詁深茂，不附注釋，頗難讀解」，故於四部之中，徵諸經史傳注，翔集子集諸說，藉以明正文理，又因習染師承，而有採酌本師之語。然而於此之外，范文瀾於廣徵諸說中，復能重視新說。首先，是參以鈴木虎雄〈校勘記〉。鈴木一文完稿於昭和三年（即民國十七年，西元 1928 年），范文瀾於民國二十五年（1936）上海開明書店重新刊行《文心雕龍注》時據以補入，可見其重視鈴木〈校勘記〉並立加援引的情況，並於書首「例言」後，殿以鈴木虎雄之〈鈴木虎雄黃叔琳本文心雕龍校勘記〉，並迻錄「校勘所用書目」一節，共分成「舊籍著錄而已亡佚者」、「鈔校注解專本」、「引用及摘錄校論諸本」三類，范文瀾之所以轉錄此書目，當說明鈴木氏校勘之根據，[25]於引用時能夠有理可徵，如〈哀弔〉

24　見王雲五主編《明刊本兩京遺編》第二十二冊（台北：台灣商務印書館，1969年 5 月），頁 3。

25　鈴木虎雄據以校勘之版本，乃以黃叔琳輯註附載紀昀評本、以及養素堂板黃氏原本為主，此與范文瀾所據版本相同。其中宋元舊刻無由窺見，至於明刻本亦未及採蒐。今觀鈴木氏校勘記，於「舊籍著錄而已亡佚者」中著錄之七種舊籍，俱標注云：「並俱亡佚，今不得復見」。於「鈔校注解諸專本」中，標示未見者即有宋本文心雕龍、明永樂大典所引本、明弘治本、吳本（歙本、浙本）、楊慎批點文心雕龍十卷、王惟儉本、何焯校本、黃叔琳節鈔本、吳伊仲校本、黃丕烈校元至正刊本、馮舒顧廣圻校本。以上共計十一種，占此部份所引鈔校注解諸本二十六種近二分之一。據此可知鈴木氏之《校勘記》多有蒐羅未備、備而未見之情況。

篇:「蓋不淚之悼」句中「蓋不」二字注引《校勘記》云:「《御
覽》《燉本》作下流,可從。下流,指卑者而言。〈指瑕〉篇曰:
『施之下流』,《雕龍》下流之義可知。」覆按書目,知《御覽》
係日本安政乙卯(1855)江都嘉多邨氏仿宋槧校刻聚珍版,藏於
京都帝國大學,《燉本》為燉煌莫高窟出土本,蓋係唐末鈔本。
又〈史傳〉篇:「繁乎著作」句中「繁」字下注引《校勘記》云:
「繁當作緐,字誤也。諸本作緐。」而諸本則據書目可知。雖不
免有不合著述體例的批評,[26]卻有庶備參閱之方便。其次,是援
用李詳(《文心雕龍補注》[27]。所謂補注,乃在補黃注罅漏,正
其遺失。據《補注》序云,是書成於丙辰仲春,並祈海內君子「善
治是書者,若能為余張目,則於瑞安孫氏之外(孫氏《札迻》內
有《文心雕龍》一種,研究字句,體準高郵王氏,與余書異),
未嘗不可別樹一幟云。」[28]范文瀾研味《補注》,多有取備,如
〈養氣〉篇:「至如仲任置硯以綜述」條下注引李詳《黃注補正》

---

26 王更生云:「鈴木〈校勘記〉不過是其參考的五種資料之一而已,沒有必要
  在參考其〈校勘記〉外,又迻錄這位日本學者的緒言與校勘所用書目,即令
  是轉錄,緒言之後,亦不必再附其所用書目。」又云:「由於范氏對前人作
  品著錄的缺乏原則性,尤其只錄日本學者,不錄國內學者的事實,證明了范
  氏從事著述的觀點,至少在當時,其獨立意識和國家思想有了偏差的傾向。
  再說校勘所用書目,是鈴木先生校勘黃本所用者,與范註何預?既無關係,
  而范氏竟連累累牘,詳細開列其書目,來裝點自家的門面,這不倫不類的情形,
  實在最不合著述的體例。」引見王更生撰:《文心雕龍范註駁正》(台北:
  華正書局,1979年11月),頁17。
27 《文心雕龍注》之前,有《文心雕龍黃注補正》一書,此《黃注補正》成於
  宣統紀元三年(1911),係李詳以盧敏蕭公所刊紀氏評本為底本,凡紀昀所
  評者皆未屬入。其後李詳舊友唐元素為其門人鄭堯臣重刊黃本,徵李詳舊
  說,因而稍加理董,附入紀氏及瑞安孫詒讓之說,統名曰《補注》,以示有
  所檢括。詳參李詳撰:《李審言文集》上冊(江蘇:江蘇古籍出版社,1989
  年3月),頁216。
28 李詳撰:《李審言文集》上冊,頁215。

云：「《北堂書鈔·著述篇》，謝承《後漢書》：『王充貧無書，往市中省所賣書，一見便憶。門牆屋柱，皆施筆硯而著《論衡》」，是知王充著書之原由；又〈啟奏〉篇：「王觀教學」條下注引李詳《黃注補正》云：「《太平御覽》九百六引〈魏名臣奏〉有郎中黃觀上書云云，黃字不當輒改」，按王觀原作黃觀，范文瀾從《魏志》、《札迻》與《御覽》改，仍於注中備入李說，以見異同，使學者可擇善而從，俱是重視新說之例。

三、考訂舊文，以釋疑義

　　范文瀾詳考增注，或據唐寫元刊以正版本，或引類書如《御覽》、《類聚》正其字句，至於參採學者校本，徵引四部諸說，莫不以考訂舊文為先。有考其典故出處者：如〈祝盟〉篇有「東方朔有罵鬼之書」一句，范文瀾先引黃叔琳《輯注》：「王延壽〈夢賦〉序云：『臣遂得東方朔與臣作罵鬼之書』」文，其後斷云：「案黃說甚是。東方朔罵鬼之書，今不可考，惟延壽〈夢賦〉尚存（《古文苑》卷六）。蓋亦罵鬼之流也。」並附王延壽〈夢賦〉文，又據《後漢書·文苑傳》釋王延壽其人，知范氏除考證典故來源外，亦揭示資料出處，俾便學者檢閱。又如〈銘箴〉篇：「昔帝軒刻輿几以弼違」句，范文瀾分舉《漢書·藝文志》《後漢書·朱穆傳注》、《路史·疏仡紀》以釋「輿九」一詞，即指黃帝巾几之法，並加以考證：「諸書均作巾几，無作輿几者。留存《事始》：『《文心》曰，軒轅輿几，與弼不逮，即為箴也。』留存唐人，引《文心》作輿几，是彥和本作輿几，別有所本也。」足證范氏於典故之諸多記載中，能擇優抉取，至為謹嚴。次有考其句意文字者：如〈誄碑〉篇有「而摯疑成篇」句，黃叔琳以為

脫誤，范文瀾據姚範《援鶉堂筆記》四十與孫詒讓《札迻》十二證明此句不誤，黃說非是，因而句義可明。[29]又〈辨騷〉篇：「故才高者菀其鴻裁」條下「菀」字注云：「菀訓鬱，訓蘊，是自動詞，下列三句『獵』『銜』『拾』三字皆他動詞，語氣不順，疑菀即捥之假字，《集韻》捥取也。」知才高者能取鎔屈宋大義，用以自鑄新辭，斷非淺薄，則彥和本義可知。

四、補亡輯佚，俾便省覽

范文瀾以《文心》為論文之書，實則探求作意，究極微旨，故於〈例言〉中稱：「古來聖哲，至多善言，隨宜錄入，可資發明」，而為補闕所資；又劉勰所引篇章，除亡佚者本不可得，「若其文見存，無論習見罕遇，悉為抄入，便省覽也。」[30]據書前〈文心雕龍注徵引篇目〉可知，所附錄之文達三百五十六篇，以〈書記〉為例，注達六十三條，附錄計十五篇，除廣徵善言發明彥和本旨外，又可省卻學者翻檢之勞。此外，范文瀾於徵引資料時亦有輯佚之功，如〈書記〉篇：「牒者，葉也。短簡編牒，如葉在枝，溫舒截蒲，即其事也」，范注引《御覽》六百六云：「牒者葉也。如葉在枝也。短簡為牒，議事未定，故短牒諮謀。牒之尤密謂之籤。」引文與現存《文心》內文頗有出入，知類書保有佚文，而藉此轉引得使學者參照。又如〈指瑕〉篇首段引管仲「無

---

29 摯虞於〈文章流別論〉中，疑《漢書·元后傳》所載，即為〈元后誄〉之全說。又《唐寫本》「摯」作「執」，不合「摯虞」之義，亦不為范文瀾所取。今考元至正本、明楊升庵批點曹學佺評本、明楊升庵批點金陵聚錦堂本俱作「摯」，范氏不誤。

30 上引例言俱見范文瀾《文心雕龍注》，唯仍有因卷帙累積，或冗繁已甚，如〈兩京賦〉、〈三都賦〉、《楚辭》眾篇、馬融〈廣成〉、陸機〈辨亡〉之類，於全書中但計出處，不復逐錄的情況。

翼而飛者聲也；無根而固者情也。然則聲不假翼，其飛甚易；情不待根，其固匪難；以之垂文，可不慎歟！古來文才，異世爭馳；或逸才以爽迅，或精思以纖密，而慮動難圓，鮮無瑕病」文，范注云：「《金樓子‧立言篇》下引彥和此文，自管仲有言至不其嘻乎，茲依《金樓子》校之，文才作文士。無『或逸才以爽迅，或精思以纖密』二句。難圓作難固，俊作隽，頗疑作可擬。豈其當乎作不其嘻乎。」據《金樓子》引文推知《文心》佚文，並據以校錄，實有輯佚之功。此外，〈麗辭〉篇：「孟陽〈七哀〉云，漢祖想枌榆，光武思白水，此正對之類也。」范文瀾考云：「〈上林〉〈神女〉〈登樓〉三賦均載《文選》。張載〈七哀〉詩二首載《文選》二十三，無此二句，蓋別有一首用水字韻，昭明不採，故亡逸也。」此乃由《文心》內文推論〈枌榆〉〈白水〉二詩遲至齊梁方才失傳，對詩史之研究亦見助益。

五、表列圖示，揭示要旨

　　劉勰既以《文心》為樹德建言之作，其彌綸群言，闡明為文用心之本旨，自應為諸家詮評所明示。然彥和行文駢儷，義旨奧深，若未能綱舉目張，實難切中旨趣，故藉圖示之法，作為通盤之整理與歸納，有揭示源流意旨者：如〈樂府〉篇引郭茂倩《樂府詩集》作十二類，每類皆敘說源流，除略作刪節外，並列表加以說明，[31]最為詳細；又〈神思〉篇於釋神思一詞中，范文瀾云：

31　此表將樂府分成兩類，一為入樂，有官樂與常樂兩種，前者分成郊廟、燕射、鼓吹、橫吹、舞曲五種，後者有相和、清商、琴曲、雜曲、近代曲五種，二為不入樂，有新樂府與歌謠兩種。每種俱作解釋，以見源由。詳范文瀾撰：《文心雕龍注‧樂府》注三十八。

「孫梅《四六叢話》謂彥和此書，總括大凡，妙抉其心，五十篇之內，百代之精華備矣。」[32]故將下篇二十篇列表於次，除可知是書組織之靡密外，亦可見〈神思〉居於下篇之關鍵地位，而由〈總術〉篇統其成，至於單篇之外，尚可繫聯篇章間之相互依存變化之理，最為特出。又有闡明全書結構者：如范文瀾釋首篇「原道」一詞時，以為文原於道，須識其本而非逐其末，故云：「《文心》上篇凡二十五篇，排比至有倫序，列表如下」，按此表以原道為本源，而後衍為徵聖，又據以形成宗經，范文瀾云：「道沿聖以垂文，聖因文而明道，文體繁變，皆出於經。」由此產生文類，文筆雜與筆類三種體類，每類下攝前二十五篇內論及之文體，每種文體皆以《文心》內文加以定義，使人望而知意。又使諸子與宗經並列，以見「鬻惟文友，李實孔師，聖賢並世，經子異流」之初衷，使范注除解釋《文心》大義外，亦藉表列圖示抒發其理解所得。

范文瀾以黃叔琳《輯注》為最善，除作為論述之根據外，於版本中首重《唐寫本》，並徵諸宋本《御覽》、趙萬里《校本》與鈴木虎雄《校勘記》以為讎校，並藉由如陳垣所示之對校、本校、他校、理校諸法，態度精審，務求有據。而其特色相較前人，於資料之援引上，更顯詳實廣博與有理可稽，於理論之闡發上，則善用表列而能別立新說，對清末民初以校注為主之《文心雕龍》研究，不僅另闢以注為論之蹊徑，於民國以後之龍學研究，在學術史中亦逐漸獲得重視。

---

32 范文瀾撰：《文心雕龍注·神思》注一，頁 495。

第五章　范文瀾徵引文獻的探討

　　范文瀾於《講疏》序云：「竊本〈略例〉之義，稍拓其境宇，凡古今人文辭，可與《文心》相發明印徵者，耳目所及，悉探入錄。」[1]是以於《文心》各篇之下抄有諸家論文，作為講文談義之津梁。至《注》則改以匯聚成篇，稱作〈文心雕龍注徵引篇目〉，置於書前，雖說是徵引篇目，實則近於引文附錄，非全書所引用之所有資料目錄，故欲藉此窺知范氏詮解時所據的文獻資料，尤見其難。是以筆者另編〈范注徵引書目索引〉，置於本論文最末，其體例詳見文前〈凡例〉，並就文中資料歸納出徵引自經史傳注、取法於子集諸說，援用其它研究成果三項，立其大較，並取范《注》內容為證，以闡明其淵源。

第一節　徵引自經史傳注

　　劉勰撰《文心雕龍》據〈序志〉篇有：「蓋〈文心〉之作也，本乎道，師乎聖，體乎經，酌乎緯，變乎騷，文之樞紐，亦云極矣。」是知彥和寫作內容，乃取法自先聖，體驗於經典，酌取於騷辭，而成為立論的主軸；清·章學誠云：「六經皆史也。古人

---

1 范文瀾撰：《文心雕龍講疏·序》（天津：新懋書局，1925 年 10 月），頁 4。

不著書；古人未嘗離事而言理，六經皆先王之政典也。」[2]則經典、史料同源，難以二分。是以范文瀾欲釋彥和撰文本旨，必藉經史傳注條析文理，方能暢明旨趣。

一、經部傳注

（一）　《易經》

如〈原道〉篇：「山川煥綺，以鋪理地之形」條下范《注》：「《易上繫辭》：『仰以觀於天文，俯以察於地理。』《正義》：『天有懸象而成文章，故稱文也；地有山川原隰，各有條理，故稱理也。』」按此據孔穎達《正義》以言，卻未解「煥」、「鋪」二字之義。《論語·泰伯》：「煥乎其有文章。」〈集解〉：「煥，明也。」《小爾雅·釋詁》：「鋪，敷，布也」，知山川原隰鋪布於方地，具有煥明的文采，方為彥和本義。

又〈宗經〉篇：故「《繫》稱旨遠辭文，言中事隱」范《注》：「《易下繫辭》：『其旨遠，其辭文，其言曲而中，其事肆而隱。』韓康伯注：『變化無恆，不可為典要，故其言曲而中也。其事肆而隱者，事顯而理微也。』《正義》曰：『其旨遠者，近道此事，遠明彼事，是其旨意深遠。其辭文者，不直言所論之事，乃以義理明之，是其辭文飾也。』」此分引韓康伯《注》、孔穎達《正義》明之。考同篇有：「故論、說、辭、序，則《易》統其首」。《顏氏家訓·文章》篇：「夫文章者原本五經：詔、命、策、檄，生於《書》者也；序、述、論、議，生於《易》者也」，《札記》：「論說辭序，則《易》其統。謂〈繫辭〉、〈說卦〉、〈序卦〉

---

2 清·章學誠撰：《文史通義》（台北：華世出版社，1980年9月），頁1。

諸篇為此數體之原也。尋其實質，則此類皆論理之文。」是知論理須旨遠辭文，言中事隱，方能切合經典本義。

（二）《書經》

如〈頌讚〉篇：「昔虞舜之祀，樂正重讚，蓋唱發之辭也」條下范《注》：「《尚書·大傳》：『舜為賓客，禹為主人。樂正進贊曰：尚考大室之義，唐為虞賓，至今衍於四海，成禹之變，垂於萬世之後。於時卿雲聚，俊乂集，百工相和而歌〈慶雲〉。』」今考《尚書·大傳》鄭玄注云：「樂正，樂官之長，《周禮》曰大司樂」，又據羅常培筆述劉師培《文心雕龍講錄二種》有：「樂正重贊。見《尚書·大傳》。此為贊字見於古書之最早者。當為贊禮之贊，有助字之義，猶言相禮也。彥和以為唱發之辭，恐不盡然。」知此為虞舜禪讓之祀典中，樂官贊禮時高聲宣唱之辭。

又〈詔策〉篇：「虞重納言，周貴喉舌」條下范《注》：「《尚書·舜典》：『命龍作納言。』《詩·大雅·烝民》：『出納王命，王之喉舌。』」孔穎達《正義》云：「納言，喉舌之官，聽下言納於上，受上言宣於下，必以信。」鄭玄箋《毛傳》云：「出王命者，王口所自言承而施之也。納王命者，時之所宜，復於王也。其行之也，皆奉順其意，如王口喉舌親所言也。以布政於畿外，天下諸侯，莫不發應。」可佐范注引說。

（三）《詩經》

如〈明詩〉篇：「是以在心為志，發言為詩，舒文載實，其在茲乎？」條下范《注》：「《詩大序》：『詩者，志之所之也。在心為志，發言為詩。』《正義》曰：『詩者，人志意之所之適也。雖有所適，猶未發口，蘊藏在心，謂之為志，發見於言，乃名為詩。言作詩者，所以舒心志憤懣，而卒成於歌詠，故〈虞書〉

謂之詩言志也。包管萬慮，其名曰心，感物而動，乃呼為志。志之所適，外物感焉。言悅豫之志，則和樂興而頌聲作，憂愁之志，則哀傷起而怨刺生。」」按孔穎達《疏》云：「包管萬慮，其名曰心，感物而動，乃呼為志。志之所適，外物感焉。言悅豫之志，則和樂興而頌聲作；憂愁之志，則哀傷起而怨刺生。」《漢志》云：「哀樂之情感，歌詠聲發。此之謂也。」〈物色〉篇云：「是以詩人感物，聯類不窮。流連萬象之際，沈吟視聽之區；寫氣圖貌，既隨物以宛轉；屬采附聲，亦與心而徘徊。」俱與正文相應。

次如〈樂府〉篇：「詩為樂心，聲為樂體，樂體在聲，瞽師務調其器；樂心在詩，君子宜正其文」條下范《注》：「《毛詩‧大序‧正義》曰：『詩是樂之心，樂為詩之聲，故詩樂同其功也。』又曰：『原夫作樂之始，樂寫人音。人音有小大高下之殊，樂器有宮徵商羽之異。依人音而制樂，託樂器以寫人，是樂本效人，非人效樂。但樂曲既定，規矩先成，後人作詩，模摩舊法，此聲成文謂之音。若據樂初之時，則人能成文，始入於樂。若據制樂之後，則人之作詩，先須成樂之文，乃成為音。聲能寫情，情皆可見，聽音而知治亂，觀樂而曉盛衰，故神瞽有以知其趣也。』」此彥和留意詩、歌二者相資的情況，並以《詩經》風、雅為矩矱，達到感化人心之目的。劉師培〈論文雜記〉言之最詳：「上古之時，六藝之中，《詩》、《樂》並列，而詩有入樂、不入樂之分。誠以音樂之道，感人至深，故移風易俗，莫善於樂。及墨子作〈非樂〉篇，習俗相沿，降及秦、漢，《樂經》遂亡。然漢設樂府之官，而依永和聲，猶不失前王之旨。」

又〈比興〉篇：「至如麻衣如雪，兩驂如舞，若斯之類，皆比類者也」條下范《注》：「《詩‧曹風‧蜉蝣》：『蜉蝣掘閱，麻衣如雪。』〈傳〉曰：『如雪，言鮮絜。』《詩‧鄭風‧大叔

于田》：『大叔于田，乘乘馬，執轡如組，兩驂如舞。』《正義》曰：『兩驂之馬，與兩服馬和諧，如人舞者之中於樂節也。』此所舉兩例，皆取事以比形狀，與上所云比義者略殊。」劉勰以為「比者，附也」，即切類以指事，所謂寫物以附意，颺言以切事者也。切類指事者，若「麻衣如雪」便是；寫物附意者，如「兩驂如舞」，即為此例，可見例證確然，未有略殊。

（四）《禮》

如〈哀弔〉篇：「夫弔雖古義，而華辭未造」條下范《注》：「《禮記・雜記》：『弔者東面致命曰，寡君聞君之喪，寡君使某，如何不淑！』〈曲禮〉：『知生者弔，知死者傷。』鄭注曰：『說者有弔辭云，皇天降災，子遭罹之，如何不淑！』〈曾子問〉：『父喪稱父，母喪稱母。』鄭注云：『父，使人弔之辭云，某子聞某之喪，某子使某，如何不淑！母則若云，宋蕩伯姬聞姜氏之喪，伯姬使某，如何不淑！』此問終之辭也。」范氏引郝義行：「未造，疑末造之言為」，鈴木虎雄校云：「案『未』，『末』字之訛」。按〈雜文〉篇：「文章之枝派，暇豫之末造」，末造本指衰世，引作細微末節，與此義近。

又〈書記〉篇：「又子服敬叔進弔書于滕君，固知行人挈辭，多被翰墨」條下范《注》：「《禮記・檀弓》：『滕成公之喪，使子叔敬叔弔，進書，子服惠伯為介。』鄭注：『進書，奉君弔書。』此文子服敬叔應改為子叔敬叔。子為男子通稱，叔是其氏，敬叔其謚也。子服惠伯是副使，非奉君弔書者。」此為范氏據鄭〈注〉改。按子叔敬叔即魯大夫叔弓，謚敬子，范改是。此外，〈祝盟〉篇因涉及祝、盟之起源、名義及其演變與作法，必稽考關於《禮》之典籍方能明白，故本篇多徵引《周禮》、《禮記》、

《大戴禮記》、《儀禮》等，亦可見范《注》重視《禮》經之情況。[3]

（五）《左傳》

如〈徵聖〉篇：「宋置折俎，以多文舉禮」條下范《注》：「《左傳·襄公二十七年》：『宋人享趙文子，司馬置折俎，禮也。仲尼使舉是禮也，以為多文辭。』杜注：『折俎體解節折，升之於俎，合卿享宴之禮。』《正義》曰：『此文甚略，本意難知。蓋於此享也，賓主多有言辭，時人跡而記之；仲尼以為此享

---

3 如〈祝盟篇〉：「犧盛惟馨，本於明德，祝史陳信，資乎文辭」條下范氏引：「《周禮·春官》：『大祝掌六祝之辭，以事鬼神示，祈福祥，求永貞：一曰順祝，（順祝，順豐年也，謂順民意而求豐年。）二曰年祝，（年祝，求多福歷年得正命也。）三曰吉祝，（吉祝，祈福祥也。）四曰化祝，（化祝，弭災兵也。）五曰瑞祝，（瑞祝，逆時雨寧風旱也。）六曰筴祝。（筴祝，遠罪疾。）作六辭以通上下親疏遠近：一曰祠，（祠者，交接之辭。）二曰命，（命，謂盟誓之辭。）三曰誥，（如盤庚將遷於殷，誥其世臣卿大夫，道其先祖之善功。）四曰會，（會，謂會同盟誓之辭。）五曰禱，（禱，賀慶言福祚之辭。）六曰誄。（誄，謂積累生時德行，以錫之命，主為其辭也。』彥和以祝盟連稱，蓋本於此，祝辭多種，此先從順祝年祝首辭耳。」又「土反其宅，水歸其壑，昆蟲無作，草木歸其澤。則上皇祝文，爰在茲矣」條下引：「《禮記·郊特牲》：『伊耆氏始為蜡。（伊耆氏即神農，或云帝堯也。）蜡也者，索也。歲十二月合眾萬物而索饗之也。』注云：『饗者，祭其神也。萬物有功加於民者，神使為之也。祭之以報焉。』土反其宅四句，鄭云：『此蜡祝辭也。』」；「是以庶物咸生，陳於天地之郊；旁作穆穆，唱於迎日之拜」條下范氏引：「《大戴禮記·公冠篇》：『皇皇上天，照臨下土；集地之靈，降甘風雨；庶物群生，各得其所，靡今靡古。維予一人某敬拜皇天之祜。（〈祭天辭〉）薄薄之土，承天之神；興甘風雨，庶卉百穀，莫不茂者，既安且寧。維予一人某敬拜下土之靈。（〈祭地辭〉）維某年月上日，明光於上下，勤施於四方，旁作穆穆。維予一人某敬拜迎日於郊。（〈迎日辭〉）』」；至若「多福無疆，布於少牢之饋」，則范氏引：「《儀禮·少牢饋食禮》：『尸執以命祝。（命祝以嘏辭。）卒命祝，祝受以東北，面於尸西，以嘏于主人曰：皇尸命工祝，承致多福無疆于女孝孫。來女孝孫，使女受祿于天，宜稼于田，眉壽萬年，勿替引之。』（替，廢也。引，長也。）」

多文辭，以文辭可為法，故特使弟了記錄之。」《儀禮》鄭〈注〉：「折者，擇取牢正體餘骨，折分用之。」俎，盛肉之盤。此言孔子因宋大夫向戌以折俎之禮節宴享趙文子，頗表贊許，因命弟子記錄其言辭禮儀，以為範式。

又〈程器〉篇：「郤縠敦書，故舉為元帥，豈以好文而不練武哉？孫武兵經，辭如珠玉，豈以習武而不曉文也」條下范《注》：「《左傳·僖公二十七年》：『晉侯蒐於被廬，作三軍，謀元帥。趙衰曰：郤縠可。臣亟聞其言矣，說禮樂而敦詩書。』《史記·孫子傳》：『孫武以兵法見於吳王闔廬。闔廬曰：子之十三篇，吾盡觀之矣，可以小試勒兵乎？對曰可。』《正義》引《七錄》云：『孫子《兵法》三卷。案十三篇為上卷，又有中下二卷。』」此范氏分引《左傳》、《史記》，以見史事梗概。《左傳》疏云：「說，謂愛樂之；敦，謂厚重之。心說禮樂，志重《詩》《書》」，知彥和以為文武合一，不可偏廢。

（六）《論語》

如〈正緯〉篇：「故河不出圖，夫子有歎，如或可造，無勞喟然」條下范《注》：「《論語·子罕》：『子曰：鳳鳥不至，河不出圖，吾已矣夫！』孔安國曰：『聖人受命，則鳳鳥至，河出圖，今無此瑞。吾已矣夫者，傷不得見也。』」彥和於此篇另有：「故《繫辭》稱：『河出圖，洛出書，聖人則之。』斯之謂也。」言聖人取法河圖、洛書而作八卦、九疇，是以河不出圖，則夫子無由受命，其喟然可知。

次如〈明詩〉篇：「子夏監絢素之章，子貢悟琢磨之句；故商賜二子，可與言詩。」條下范《注》：「《論語·學而》：『詩云：如切如磋，如琢如磨，其斯之謂與？子曰：賜也始可與言詩

矣，告諸往而知來者。』〈八佾篇〉：『子夏問曰：巧笑倩兮，美目盼兮，素以為絢兮。何謂也？子曰：繪事後素。曰禮後乎。子曰：起予者商也！始可與言已矣。』」謹按：彥和認為四言以雅潤為本，故為正體，同摯虞〈文章流別論〉：「雅音之韻，四言為正。」范注引〈學而〉篇中言詩之句，以見孔子與詩間之關係，切合彥和敷讚聖旨，文能宗經之本旨。

　　又〈情采〉篇：「虎豹無文，則鞹同犬羊」條下范《注》：「《論語‧顏淵》：『子貢曰：文猶質也，質猶文也；虎豹之鞹，猶犬羊之鞹。』」引文乃子貢答棘子成問：「君子質而已矣，何以文為」之詞。按棘子成，衛國大夫，因疾時人文勝，故為此言。清‧劉寶楠《正義》云：「虎豹之鞹喻文，犬羊之鞹喻質。虎豹犬羊，其皮各有所用，如文質二者，不宜偏有廢置也」，此語得之。

（七）訓詁之書

　　主要見於《說文》與《爾雅》。有引自《說文》：〈通變〉篇：「從質及訛，彌近彌澹」，范氏引《說文》：「澹，水搖也。」又「淡，薄味也。」彌澹，應作彌淡；〈銘箴〉篇：「箴者，所以攻疾防患，喻鍼石也」條下范氏注云：「《說文》竹部：『箴，綴衣箴也。從竹，咸聲。』又金部『鍼，所以縫也。從金，咸聲。』箴與鍼通。鍼俗作針。」此乃由音訓而假通同字以釋義。有引自《爾雅》：〈雜文〉篇：「或吟諷謠詠」條下范注云：「《釋名‧釋樂器》：『吟，嚴也。其聲本出於憂愁，故其聲嚴肅，使人聽之悽歎也』；〈書記〉篇：「詩人諷刺，《周禮》三刺，事敘相達，若針之通結」條下范氏引《釋名‧釋書契》：「下官刺曰長刺，長書中央一行而下之也。又曰爵里刺，書其官爵及郡縣鄉里

也。」知「刺」原是謁事之公文，後成為謁人之名帖，引申通達之義，則文中與人敘述事理，互相溝通，當如針砭癥結處而得，而通解之本義，亦可索解。

二、史部傳注

（一）《史記》

如〈詔策〉篇：「觀文景以前，詔體浮新；武帝崇儒，選言弘奧」條下范《注》：「《史記‧儒林列傳序》：『漢興，尚有干戈平定四海，亦未暇遑庠序之事也。孝惠呂后時，公卿皆武力有功之臣。孝文時頗徵用，（言孝文稍用文學之士居位。）然孝文帝本好刑名之言。及至孝景，不任儒者。今上即位，武安侯田蚡為丞相，絀黃老刑名百家之言，延文學儒者數百人。公孫弘為學官，悼道之鬱滯，乃請曰：臣謹案詔書律令下者，明天人分際，通古今之義，文章爾雅，訓辭深厚，恩施甚美。小吏淺聞，不能究宣，無以明布諭下。制曰可。自此以來，則公卿大夫士吏斌斌多文學之士矣。』〈校勘記〉：『《御覽》新作雜，雜字是也。』」以上范注引鈴木〈校勘記〉據《御覽》新作雜。〈紀評〉：「浮雜之評，似乎未確。」姚鼐《古文辭類纂‧序目》：「奏最無道，而辭則偉。漢至文景，意與辭俱美矣，後世無以逮之。」可見諸家論文學流變，各照一隅。

又〈諧隱〉篇：「昔齊威酣樂，而淳于說甘酒」條下范《注》：「《史記‧滑稽列傳》：『齊威王之時，喜隱，好為淫樂長夜之飲，沈湎不治。……置酒後宮。召淳于髡賜之酒。問曰：先生能飲幾何而醉？對曰：臣飲一斗亦醉，一石亦醉。威王曰：先生飲

一斗而醉，惡能飲一石哉？其說可得聞乎？髡曰：日暮酒闌，合尊促坐；男女同席，履舄交錯；杯盤狼藉。堂上燭滅；主人留髡而送客，羅襦襟解，微聞薌澤；當此之時，髡心最歡，能飲一石。故曰，酒極則亂，樂極則悲；萬事盡然，言不可極，極之而衰。以諷諫焉。齊王曰：善！乃罷長夜之飲。』」今考「日暮酒闌」前計刪「賜酒大王之前，執法在傍，御史在後，髡恐懼俯伏而飲，不過一斗，徑醉矣。若親有嚴客，髡帣韝鞠膝，侍酒於前，時賜餘瀝，奉觴上壽，數起，飲不過二斗徑醉矣。若朋友交遊，久不相見，卒然相覩，歡然道故，私情相語，飲可五六斗，徑醉矣。若乃州閭之會，男女雜坐，行酒稽留，六博投壺，相引為曹，握手無罰，目眙不禁，前有墮珥，後有遺簪，髡竊樂此，飲可八斗而醉二參。」共一百三十九字。因涉淳于髡何以斗、石之酒俱醉之緣由，故據《史記》補入。

（二）《前、後漢書》

　　如〈辨騷〉篇：「及漢宣嗟歎，以為皆合經術」條下范《注》：「《漢書·王褒傳》：『宣帝時，修武帝故事，講論六藝群書，博盡奇異之好；徵能為《楚辭》九江被公，召見誦讀……所幸宮館，輒為歌頌，第其高下，以差賜帛。議者多以為淫靡不急。上曰：不有博弈者乎？為之猶賢乎已。辭賦大者與古詩同義，小者辯麗可喜。辟如女工有綺縠，音樂有〈鄭〉、〈衛〉，今世俗猶皆以此虞說耳目，辭賦比之，尚有仁義風諭，鳥獸草木多聞之觀，賢於倡優博弈遠矣。』」此言漢宣帝劉詢雅好《楚辭》，以為文義皆合於經典之道術。歷來言帝王者皆偏重政治，唯彥和以文學鑑賞角度言之，以切合〈辨騷〉篇揭示之「取鎔經旨，亦自鑄偉詞」的文學變源論，最為特出。

　　次如〈才略〉篇：「劉向之奏議，皆切而調緩」條下范《注》：「《漢書・劉向傳》：『向自見得信於上，故常顯訟宗室，譏刺王氏，及在位大臣；其言多痛切，發於至誠。』旨切調緩，向文確評。」《後漢書・文苑趙壹傳》載其〈窮鳥賦〉一篇；賦末繫詩二首。其一曰：『河清不可俟，人命不可延。順風激靡草，富貴者稱賢。文籍雖滿腹，不如一囊錢。伊優北堂上，抗髒倚門邊。』其二曰：『勢（端按：中華書局排印本作埶）家多所宜，咳（端按：中華書局排印本作欬）唾自成珠；被褐懷金玉，蘭蕙化為芻。賢者雖獨悟，所困在群愚。且各守爾分，勿復空馳驅。哀哉復哀哉，此是命矣夫！』所謂體疏，殆此類也。《文選》採錄孔融書表，是氣盛於為筆之證。禰衡作〈鸚鵡賦〉，文無加點，辭采甚麗，是思銳於為文也。」此《漢書》言劉向感於外戚專權，漢室衰微，是以稟諸赤誠，剴切痛言，於其奏議可見。考〈體性〉篇言：「氣以實志，志以是言，吐納英華，莫非情性」下舉劉向「子政簡易，故趣昭而事博」為例，知其人簡易無威，不與世俗交接，摛采為文，自當旨趣顯明，敘事淵博，以上俱見文如其人之旨。

　　又如〈誄碑〉篇：「杜篤之誄，有譽前代。吳誄雖工，而他篇頗疎。豈以見稱光武而改盼千金哉」條下范《注》：「《漢書・文苑杜篤傳》：『篤少博學，不修小節，不為鄉人所禮。美陽令收篤送京師。會大司馬吳漢薨，光武詔諸儒誄之。篤於獄中為誄，辭最高，帝美之，賜帛免刑。』」考「收篤送京師」五字前省「居美陽，與美陽令遊，數從請託，不諧，頗相恨。令怒」十九字。仲澐另增「美陽令」三字，使行文通暢可讀。

　　另〈雜文〉篇：「崔駰達旨，吐典言之裁」條下范《注》：「崔駰〈達旨〉，見《後漢書》本傳。本傳曰：『駰（端按：范注略去『毅生』二字）年十三，能通《詩》《易》《春秋》，博

學有偉才，盡通古今訓詁百家之言，善屬文。少游太學，與班固、傅毅同時齊名，常以典籍為業，未皇（端按：中華書局排印本作違）仕進之事。時人或譏其太玄靜，將以後名失實，駰擬揚雄（端按：中華書局排印本作楊雄）〈解嘲〉作〈達旨〉以答焉。』」此言崔駰〈七依〉，有淹博典雅的體裁。考〈事類〉篇：「崔班張蔡，遂摭經史，華實布濩，因書立功，皆後人之範式」，可見崔駰文能宗經，故能吐納雅言的情況。

（三）《隋書》

如〈史傳〉篇：「袁張所製，偏駁不倫」條下范《注》：「《隋書‧經籍志》：『《後漢書》九十五卷。（本一百卷。晉秘書監袁山松撰。）』章宗源《考證》云：『《晉書‧袁山松傳》：山松著《後漢書》百篇。《舊唐志》一百二卷。《新唐志》一百一卷，又錄一卷。今存姚氏輯本一卷。』又『《後漢南記》四十五卷。』（本五十五卷，今殘缺。晉江州從事張瑩撰。《考證》徵引得十餘條。《唐志》五十八卷。」謹按：此引史書所著錄袁、張二氏生平及所撰史籍為證，後附清人考語。袁山松《晉書》卷八十三有傳，記云：「山松少有才名，博學有文章，著《後漢書》百篇。衿情秀遠，善音樂。舊歌有〈行路難〉曲，辭頗疏質，山松好之，乃文其辭句，婉其節制，每因酣醉縱歌之，聽者莫不流涕。初，羊曇善唱樂，桓伊能挽歌，及山松〈行路難〉繼之，時人謂之『三絕』。時張湛好於齋前種松柏，而山松每出游，好令左右作挽歌，人謂『湛屋下陳尸，山松道上行殯』。山松歷顯位，為吳郡太守。孫恩作亂，山松守滬瀆，城陷被害。」《世說新語‧任誕》及劉孝標注引裴啟《語林》皆記袁山松好挽歌事。至於張瑩生平資料僅據《隋書‧經籍志》著錄其撰《後漢南記》後有「晉

江州從事張瑩撰」簡單注語，惟《隋志》之雜史下另有「《史記正傳》九卷，張瑩撰」，知張氏撰有史書兩種。袁、張二氏所撰漢史內容，雖可據近人周天游《八家後漢書輯注》略見，然記述皆片語隻言，未能藉此得知彥和評以「偏駁不倫」之原由。惟袁山松頗留意撰史之法，據《史通·模擬》記云：「袁山松云：『書之為難也有五：煩而不整，一難也；俗而不典，二難也；書不實錄，三難也；賞罰不中，四難也；文不勝質，五難也。』」袁氏頗知撰史要旨，亦不免偏駁不倫之譏，是知著史之難。范注以史書為證，頗合《文心》文意，卻未細檢史冊，僅賴清人考語而已，注解之冗繁，可見一斑。

第二節　取法於子集諸說

一、就子部言，多引自道、法、雜家

（一）道家

如〈諸子〉篇：「列子有移山跨海之談」條下范《注》：「《列子·湯問》篇：『太形王屋二山方七百里，高萬仞，本在冀州之南，河陽之北。北山愚公者，年且九十，面山而居。懲山北之塞，出入之迂也；聚室而謀曰：吾與汝畢力平險，指通豫南，達於漢陰，可乎？雜然相許。其妻獻疑曰：以君之力，曾不能損魁父之丘，如太形王屋何？且焉置土石？雜曰：投諸渤海之尾，隱土之北。遂率子孫荷擔者三夫，叩石墾壤，箕畚運於渤海之尾。』」《列子》雖為諸子之書，然與入道見志，炳耀垂文的子書不類。

其以寄言出意為本旨，故可視作寓言。陳拱《文心雕龍本義》云：「彥和下文必謂其『踳駁之類』，則失之過實」，以為「《列子》本為寓言，其旨在強調意志之功能，劉勰僅因其所言不經，而略其寓意，則失之遠矣。」按陳說非是。彥和以為諸子者，須能述道言志，枝條《五經》，而為入道見志之書，此所謂「純粹者入矩」，而《列子》雖是子書，然而出言寄意，多為荒誕，未合經典常規，故稱「踳駁之類也」，顯就其文學之表現形式言，非忽略其立意之居心。如《諧隱》篇以辭淺會俗，譎譬指事另設專章，其義雖言小說，實近於寓言，此處可見彥和乃就文學立意言，均是就事論事，二者不可混同。

次如〈神思〉篇：「然後使玄解之宰，尋聲律而定墨；獨照之匠，闚意象而運斤，此蓋馭文之首術，謀篇之大端」條下范《注》：「《莊子·養生主》：『古者謂是帝之縣解。』《釋文》：『縣，音玄。』又〈齊物論〉：『若有真宰。』玄解之宰謂心。《禮記·玉藻》：『卜人定龜，史定墨。』鄭註：『視兆坼也。』此文所云定墨，不可拘滯本義。《莊子·天道》：『輪扁曰：斲輪徐則甘而不固，疾則苦而不入，不徐不疾，得之於手而應於心，口不能言，有數存焉於其間。臣不能以喻臣之子，臣之子亦不能受之於臣，是以行年七十而老斲輪。』獨照之匠語本此。」按玄解之宰，典出《莊子·養生主》載庖丁解牛一事；定墨詞出《禮記·玉藻》，〈鎔裁〉篇另有「譬繩墨之審分，斧斤之斲削矣」語，義近於此。

又〈知音〉篇：「夫唯深識鑒奧，必歡然內懌，譬春臺之熙眾人，樂餌之止過客」條下范《注》：「《老子》二十章：『眾人熙熙，如春登臺。』俞樾《諸子平議》曰：『如春登臺與十五章若冬涉川一律。《河上公本》作如登春臺，非是。然其注曰：

春陰陽交通，萬物感動，登臺觀之，意志淫淫然。是亦未嘗以春
臺連文。其所據本亦必作春登臺，今傳寫誤倒耳。《文選‧閒居
賦》注引此已誤。」案如俞說，則彥和時已誤矣。」此據俞樾考
證知彥和引《老子》時已有傳寫誤倒，據以明之，不誤。唯「鑒
奧」一詞，楊明照《校注拾遺》云：「按『鑒奧』疑當乙作『奧
鑒』，與『深識』對。此云『深識奧鑒』，與〈聲律〉篇之『練
才洞鑒』，句法正相似也。」實則鑒奧俱修飾深識，同於洞鑒形
容練才，毋須乙正。詹鍈《義證》云：「按『奧鑒』二字過於生
硬。」亦過於抽象。

（二）法　家

如〈銘箴〉篇：「趙寧勒跡於番吾，秦昭刻博於華山，夸誕
示後，吁可笑也」條下范《注》：「《韓非子‧外儲說左上》：
『趙主父令工施鉤梯而緣播吾，（播吾即番吾。《史記‧趙世家》
《正義》引《括地志》云：番吾故城在恆州房山縣東二十里。《漢
書‧地理志》作蒲吾，有鐵山。）刻人疏其上，（疏即疋之異文。
疋，足也。今本作刻疏人跡其上，不可通，此依俞樾說改。）廣
三尺，長五尺，而勒之曰，主父常遊於此。』又『秦昭王令工施
鉤梯而上華山，以松柏之心為博。箭長八尺，棊長八寸。而勒之
曰，昭王常與天神博於此。』（趙武靈王自號主父，秦昭王豈亦
生時自謚耶？」按趙寧王，名雍，號主父，胡服騎射，以教百姓。
雖說以誇大荒誕的銘文示與後人，實為可笑，驗諸正文：「銘者，
名也，觀器必名焉，正名審用，貴乎慎德」，實有不合，知為反
例。

又〈封禪〉篇：「則戒慎以崇其德，至德以凝其化，七十有
二君，所以封禪矣」條下范《注》：「《管子‧封禪》：『古者

封泰山禪梁甫七十有二家，而夷吾所記者十有二焉。』」考封禪
見於史冊，以《史記‧封禪書》最早。今本《管子》有〈封禪〉
篇，尹知章云：「元篇亡，今以司馬遷《封禪書》所載管子言以
補之。」仲澐遂引作《管子》。

（三）雜　家

如〈練字〉篇：「蒼頡造字，鬼哭粟飛」條下范《注》：「《淮
南子‧本經訓》：『昔者倉頡作書而天雨粟，鬼夜哭。』《論衡‧
感虛篇》：『書傳言倉頡作書，天雨粟，鬼夜哭。此言文章興而
亂漸見，故其妖變致天雨粟，鬼夜哭也。』」此彥和據《淮南子》、
《論衡》言文字肇造時的異象。高誘注：「蒼頡始視鳥跡之文造
書契，則詐偽萌生。詐偽萌生，則去本趨末，棄耕作之業，而務
錐刀之利。天知其將餓，故為雨粟。鬼恐為書文所劾，故夜哭也。」
亦可參看。

次如〈養氣〉篇：「昔王充著述，制養氣之篇，驗己而作，
豈虛造哉」條下范《注》：「《論衡‧自紀篇》：『章和二年，
罷州家居。年漸七十，時可懸輿。……髮白齒落，日月踰邁，儔
倫彌索；鮮所恃賴。貧無供養，志不娛快；曆數冉冉，庚辛域際，
雖懼終徂；愚猶沛沛，乃作《養性》之書凡十六篇。養氣自守，
適食則酒，閉明塞聰，愛精自保，適輔服藥，引導庶冀，性命可
延，斯須不老。』」據《四庫提要》云：「充書大旨詳於〈自紀〉
一篇，蓋內傷時命之坎坷，外疾世俗之虛偽，故發憤著書，其言
多激。」後年漸七十，方覺養氣自守，愛精自保。此彥和所謂徵
驗於己身，非憑空捏造之謂。

又〈頌贊〉篇：「昔帝嚳世，咸墨為頌，以歌九韶」條下范
《注》：「《呂氏春秋‧仲夏紀‧古樂篇》：『帝嚳命咸黑作為

聲歌，九招六列六英。……帝舜乃令質修九招六列六英，以明帝德。』畢沅校云：『招列英至此始見，上（指帝嚳句所云。）乃衍文明矣。』按《困學紀聞》四『帝嚳命咸黑作為聲歌……然則九招作於帝嚳之時，舜修而用之。」」據《呂覽》與《困學紀聞》說明頌體始於帝嚳。另《左庵文論》：「彥和以咸墨（當依唐寫本作咸黑）之頌為最古，今考《莊子》謂：黃帝張樂洞庭，有焱氏作頌（見〈天運篇〉。）當又在前。又《古詩記》引有黃帝時之〈衾龍頌〉，謂見《史記・樂書》。按《史記》無此文，第見於晉・王嘉《拾遺記》，真偽尚不可定。」劉說可參。

二、就集部言，多引自《世說》、《文選》、《顏氏家訓》

如〈時序〉篇：「逮明帝秉哲，雅好文會，升儲御極，孳孳講藝，練情於誥策，振采於辭賦。」條下范《注》：「《晉書・明帝紀》：『帝諱紹，字道畿，元皇帝長子也。性至孝，有文武才略，欽賢愛客，雅好文辭。』（《世說新語・夙惠篇》載明帝數歲對長安與日遠近，睿知天成，故云秉哲。……。）」考「夙惠」一詞，唐寫本作「夙慧」；《世說》宋本後諸本皆作〈夙惠〉，唐寫本《世說》則作《夙慧》，故以〈夙慧〉為正。此乃仲澐未覈《世說》原典，就記憶所及略說大義，以補述正史。復按魏晉時崇尚才性天成，故重神童，魏晉名士，於兒童時多顯其捷悟，見於《世說》如〈言語〉、〈夙惠〉等篇。然才性有別，秉性亦殊，是知明帝既雅好文辭，已預名士之列，當時世論已定其秉有文章之才，彥和文意本當指此。至於仲澐引《世說・夙惠》以釋「秉哲」，未能與《文心》言及明帝雅好文學相應，與原意不侔，近於附會。

　　次如〈鎔裁〉篇：「規範本體謂之鎔，剪截浮詞謂之裁。裁則蕪穢不生，鎔則綱領昭暢，譬繩墨之審分，斧斤之斲削矣。」條下范《注》：「《世說·文學》篇：『樂令善於清言，而不長於手筆，將讓河南尹，請潘岳為表。潘云：可作耳，要當得君意。樂為述己所以為讓，標位二百許語。潘直取錯綜，便成名筆。時人咸云，若樂不假潘之文，潘不取樂之旨，則無以成斯矣。』此可證善鎔裁者始得成名筆。」范注引樂令長於清言，潘岳取其言辭與文意，錯綜後而成名筆，以明彥和闡明文章當兼重意涵之昭暢與文辭之簡要。復按：范氏所引樂令與潘岳事，其旨乃釋講談、文章雖皆與言語有關，然其二人才性仍有區隔，故若樂令有清談之資質，潘岳得文章之長才，雖有不同，皆當讚賞，故能標立於當時。參《世說·文學》所記太叔廣與摯虞事，「太叔廣甚辯給，而摯仲治長於翰墨，俱為列卿。每至公坐，廣談，仲治不能對。退著筆難廣，廣又不能答。」亦以辯給與翰墨相較，惟不別高上，皆予賞譽，其意與前引相同。范氏引此為注，實未契彥和原意。若欲引《世說》為證，未若引《世說·文學》：「孫興公云：潘文爛若披錦，無處不善；陸文若排沙簡金，往往見寶。」裴松之注云：「《文章傳》曰：『機善屬文，司空張華見其文章，篇篇稱善，猶譏其作文大冶（端按：當作冶）。謂曰：人之作文，患於不才；至子為文，乃患太多也。』」正兼述重視文辭太過，往往失去要旨，或僅側重文章意涵，則多失於文辭冗繁，正能為此注腳。

　　復次如〈論說〉篇：「逮江左群談，惟玄是務；雖有日新，而多抽前緒矣」條下范《注》：「《世說·文學》篇：『舊云，王丞相過江左，止道〈聲無哀樂論〉（嵇康〈聲無哀樂論〉）、〈養生〉（嵇康〈養生論〉）、言盡意（歐陽堅石〈言盡意論〉）

三理而已，然宛轉關生，無所不入」，范注以《世說‧文學》記王丞相申言魏時論題，以釋「雖有日新，而多抽前緒」，未詮前二句。《世說新語‧文學》劉孝標注引《續晉陽秋》云：「正始中，王弼、何晏好《莊》、《老》玄勝之談，而世遂貴焉。至江左李充尤盛。」《宋書‧謝靈運傳》云：「在晉中興，玄風獨扇。」《詩品‧序》亦云：「永嘉貴黃老，尚虛談，爰及江左，微波尚傳。」可知東晉後清談盛況乃承自魏末，談講內容也承自正始之音，皆以黃老為題，檢《世說‧文學》所記，以黃老為大宗，即令講談已有名實與佛理之題，也多用玄思以釋，此為彥和文意之旨。范氏舉一例以釋，雖不悖彥和所謂「多抽前緒」，卻不免以偏概全。

又〈才略〉篇：「潘岳敏給，辭自和暢，鍾美於西征，賈餘於哀誄，非自外也」條下范《注》：「《文選》潘安仁〈西征賦〉注引臧榮緒《晉書》：『岳為長安令，作〈西征賦〉述行，歷論所經人物山水也。』李善注：『岳，滎陽中牟人。晉惠元康二年，岳為長安令，因行役之感，而作此賦。岳家在鞏縣東，故曰西征。』誄碑篇：『潘岳構意，專師孝山；巧於序悲，易入新切。』〈哀弔篇〉：『及潘岳繼作，實踵其美。觀其慮善辭變，情洞悲苦，敘事如傳，結言摹詩，促節四言，鮮有緩句，故為義直而文婉，體舊而趣新。〈金鹿〉、〈澤蘭〉，莫之或繼也。』〈金鹿〉、〈澤蘭〉，見〈哀弔〉篇注。」此范氏於傳注外，引《文心》內證之例。另〈明詩〉篇：「晉世群才，稍入輕綺，張、潘、左、陸，比肩詩衢」；〈祝盟〉篇：「潘岳之〈祭庾婦〉，祭奠之恭哀也」；〈體性〉篇：「安仁輕敏，故鋒發而韻流」；〈聲律〉篇：「陳思潘岳，吹籥之調也」；〈比興〉篇：「安仁〈螢賦〉云：『流金在沙』」；〈才略〉篇：「潘岳敏給，辭自和暢」，

亦可參閱。

　　另〈夸飾〉篇:「及揚雄〈甘泉〉,酌其餘波,語瓖奇,則假珍於玉樹,言峻極,則顛墜於鬼神」條下范《注》:「《文選》揚雄〈甘泉賦〉:『翠玉樹之青蔥兮。』李善注曰:『《漢武帝故事》曰:上起神屋,前庭植玉樹,珊瑚為枝,碧玉為葉。』又:『鬼魅不能自逮兮,半長途而下顛。』李善注曰:『逮,及也。《爾雅》曰:顛,隕也。』」按《文選》左思〈三都〉賦:「然相如賦上林而引盧橘夏熟,揚雄賦甘泉而陳玉樹青蔥,班固賦西都而歎以出比目,張衡賦西京而述以遊海若,假稱珍怪,以為潤色,若斯之類,匪啻于茲。」李善注:「凡此四者皆非西京所有」,張銑注:「潤其文章,使有光色」,足見文學作品藉由虛張異類,託有實無的作法,使文章迭具光色的情況,此即「夸飾」之運用。故彥和乃就《文選》所載〈三都〉賦之原文加以化用,非如范注引稱自揚雄〈甘泉〉。

　　末如〈附會〉篇:「辭采為肌膚,宮商為聲氣:然後品藻玄黃,摛振金玉,獻可替否,以裁厥中:斯綴思之恒數也」條下范《注》:「《顏氏家訓・文章》篇云:『文章當以理致為心腎,氣調為筋骨,事義為皮膚,華麗為冠冕,』與彥和此文略同。」考〈文章〉篇首言:「夫文章者,原出於《五經》:詔命策檄,生於《書》者也;序述論議,生於《易》者也;歌詠賦頌,生於《詩》者也;祭祀哀誄,生於《禮》者也;書奏箴銘,生於《春秋》者也。」同於彥和主張之文學宗經論。主張既同,論述自然多有契合。

第三節　援用其它研究成果

一、他人校注

　　如〈祝盟〉篇:「凡群言發華,而降神務實,修辭立誠,在於無愧。祈禱之式,必誠以敬,祭奠之楷,宜恭且哀:此其大較也」條下范《注》:「紀評曰:『此雖老生之常談,然執是以衡文,其合格者亦寡矣。所謂三歲小兒道得,八十老翁行不得也。』」此引自紀昀。紀昀,字曉嵐,一字春帆,直隸(今河北)獻縣人,生於西元 1724 年,卒於 1805 年,卒諡文達。清乾隆進士,官至禮部尚書,協辦大學士。少而奇穎,詔修《四庫全書》,為總纂官,貫徹儒籍,旁通百家,莫不抉奧提綱,溯源竟委,刪定《總目提要》,創自古簿錄家未有。工詩及駢文,以學問文章著稱。撰有《紀文達公遺集》、《瀛奎律髓刊誤》、《閱微草堂筆記》等。又按此段藉祈神降福必求質實,如同修飾文辭本諸於真誠,《易・乾文言》:「修辭立其誠,所以居業也」,理由至簡,然而能躬身蹈之而至文質彬彬者蓋寡,實可謂之知易行難。

　　次如〈明詩〉篇:「逮楚國諷怨,則《離騷》為刺。秦皇滅典,亦造仙詩」條下范《注》:「郝懿行曰:『案《漢志》以《騷》為賦,此篇以《騷》為詩,蓋賦者古詩之流,《離騷》者含詩人之性情,具賦家之體貌也。』」此引自郝懿行。郝懿行,字恂九,號蘭皋,山東棲霞人,生於西元 1757 年,卒於 1825 年,官至戶部主事,清代著名經學與訓詁家。自作雜文,出入漢魏晉宋之間,

雜記數帙，旁徵稗說，間採時事。所撰《爾雅義疏》、《山海經
箋疏》用力至深，另撰有《易說》、《書說》、《春秋說略》數
十種。

復如〈論說〉篇：「太初之本玄」條下范《注》：「《札迻》
十二：『案《本玄論》張溥輯《太初集》已佚。考《列子‧仲尼》
篇張注引夏侯玄曰：天地以自然運，聖人以自然用。自然者道也。
道本無名，故老氏曰：彊為之名，仲尼稱堯蕩蕩，无能名焉，云
云。』與本無之義正合。疑即〈本無論〉之文，無无玄元，傳寫
貿亂，遂成歧互爾。」此引自孫詒讓。孫詒讓，字仲容，號籀廎，
浙江瑞安人，生於西元 1848 年，卒於 1908 年，官至刑部主事，
清代著名之經學與文字學家。淡泊名利，少承家學，禮部徵為禮
學館總纂，不赴。初讀《漢學師承記》與《皇清經解》，遂明通
儒治經史小學家法。後學承永嘉，博治群籍，多有述造。撰有《札
迻》、《周禮正義》、《墨子閒詁》等數十種。

又〈頌讚〉篇：「至相如屬筆，始讚荊軻」范《注》：「李
詳《黃注補正》：『《漢書‧藝文志‧雜家》有〈荊軻論〉五篇，
班固自注：軻為燕刺秦王不成而死，司馬相如等論之。』」此引
自李詳。李詳，字審言，中年又字愧生，冕號𪩘叟，江蘇揚州人，
生於西元 1859 年至 1931 年。清末民初學者，為揚州學派後期代
表人物，少通群籍，涵濡宮商，曾為《國粹學報》撰稿，與馮煦
共同纂修《江蘇通志》。1923 年任教東南大學國文系，教授《文
選》、陶詩、杜詩、韓詩，後因戰火頻仍，未二年即辭職歸里，
其後與陳垣、魯迅、胡適等十二人應大學院長（後改為中央研究
院）蔡元培聘為特約著述員。著述甚豐，尤擅選學。今有《李審
言文集》行世。又按此言司馬相如綴文，作〈荊軻讚〉以申明其
為燕刺秦之義舉。仲澐據李詳語，疑彥和所見《漢書》本作〈荊

軹贊〉，故采入〈頌贊〉篇，若是「論」字，則必納入〈論說〉篇，李說為是。

　　又〈宗經〉篇：「義既極乎性情，辭亦匠於文理」條下范《注》：「趙君萬里曰：『《唐寫本》極作挺。《御覽》六百八引作埏，以下文辭亦匠於文理句例之，則作埏是也。《唐本》作挺，即埏字之言為。』案趙說是。」此引自趙萬里。趙萬里，字斐雲，號芸盦，浙江海寧人，生於西元 1905 年，卒於 1980 年。中學畢業考入東南大學中文系，從吳梅（瞿安）研究詞曲。後拜清華學校研究院教授王國維為師，刻苦力學，奠立史學、戲曲與圖書文獻學等根基，蔡元培任職中央研究院院長時，趙氏兼史語所特約研究員，北京大學中文系講師等職，參與研究《永樂大典》與主編《北平圖書館善本書目》，於目錄版本學頗負聲名。中共政權成立後歷任北京圖書館研究員兼善本特藏部主任、中國圖書館學會名譽理事等職，編有《中國版刻圖錄》、《海寧王靜安遺書》，編寫《古本戲曲叢刊》，輯校《校輯宋金元人詞》等。再者，《唐寫本》極作挺，宋本《御覽》、明鈔本《御覽》作埏。實則挺、埏俱「挺」形近之誤。潘重規《唐寫文心雕龍殘本合校》：「挺蓋挺之言為。《說文》：『挺，長也。』《字林》同。《聲類》云：『柔也。』（據釋文引）《老子》：『挺埴以為器』，字或誤作埏。」考《說文》無埏字，《淮南子·精神訓》：「夫造化者之攫援物也，譬猶陶人之埏埴也。」蕭該引許慎注：「挺，柔也」，其例甚明。楊明照《增訂文心雕龍校注》亦據《老子》、《淮南子》同上述引文，有「埏字是，挺其形誤也」之說，非是，范注是。

二、師承習染

（一）章炳麟

　　章炳麟，初名學乘，字枚叔，嘗易名絳，後更名為炳麟。慕黃宗羲（字太沖）、顧炎武，故自署太炎。浙江餘杭人，生於西元 1869 年，卒於 1936 年。從浙江大儒俞樾治經學與文字、聲韻、訓詁之學，文名益顯。初撰文於上海《時務報》，提倡變法，與孫中山常往還，後與章士釗、張繼、鄒容時相往來。因著〈讀革命軍〉一文，觸怒清廷，監禁三年。民國成立後，與張謇、湯壽潛等組織統一黨。後遭袁世凱幽禁，因輿論壓力特許其弟子黃侃隨時探視，並准許法務部參事吳承仕從章氏受業，吳氏筆記，太炎口說，即傳世之「菿漢微言」。晚年潛心著述，隱為國粹學派領袖。一生著述甚豐，有《國故論衡》、《莊子解詁》、《春秋左傳讀敘錄》等，合刊於《章氏叢書》行世。

　　如〈原道〉篇：「文之為德也大矣」條下范《注》：「章炳麟《國故論衡·文學總略篇》曰：『文德之論，發諸王充《論衡》（《論衡·佚文》篇文德之操為文；又云：上書陳便宜，奏記薦吏士，一則為身，二則為人，繁文麗辭，無文德之操。』楊遵彥依用之。（《魏書·文苑傳》楊遵彥作〈文德論〉，以為古今辭人，皆負才遺行，澆薄險忌，唯邢子才王元景溫子昇彬彬有德素。）而章學誠竊焉。」按彥和此句非指文章，乃言自然之文。仲澐舉《國故論衡》文德之操為文，適與繁文麗辭相反，合乎章學誠文德說之本旨，卻與彥和不同。又按范氏引太炎語，尤重論詩。如〈詮賦〉、〈頌贊〉各引其〈辨詩〉一節，可見看重若此。

（二）黃　侃

黃侃，字季剛，又字梅君，別署運甓、量守居士等。湖北蘄春人，生於西元 1886 年，卒於 1935 年。少曾赴日留學，師事章炳麟，參與《民報》編輯並曾主編《春聲日報》。1913 年任北京大學教授，能作詩文，尤精經學、小學與龍學，曾從劉師培習《三禮》，影響范文瀾最深，為近現代國學大師。1919 年創辦《國故月刊》，其後歷任東北、金陵、中央大學國文教授，著有《文心雕龍札記》、《集韻聲類表》、《爾雅郝疏訂補》等，門人潘重規輯其遺著為《黃季剛先生遺書》傳世。

如〈辨騷〉篇：「觀其骨鯁所樹，肌膚所附，雖取鎔經意，亦自鑄偉辭」條下范《注》：「黃先生曰：『二說最諦，異於經典者，固由自鑄其詞；同於風雅者，亦再經鎔鍊，非徒貌取而已。』《唐寫本》偉作緯，誤。」黃先生乃范文瀾尊稱本師黃侃。據民國三十六年刊行之四川大學本《札記》、文史哲本《札記》說俱作語，乃黃侃就「雖取鎔經意，亦自鑄偉辭」二語言之，范注誤引。另「固由自鑄詞」中鑄字後闕其字，依四川大學本補入。此四句宜作錯綜修辭解，即「觀其骨鯁所樹，雖取鎔經意；肌膚所附，亦自鑄偉辭」，黃侃之意近於此。

又〈神思〉篇：「故思理為妙，神與物遊」范《注》：「《札記》曰：『此言內心與外境相接也。內心與外境，非能一往相符會，當其窒塞，則耳目之近，神有不周；及其怡懌，則八極之外，理無不浹。然則以心求境，境足以役心；心難於照境。必令心境相得，見相交融，斯則成連所以移情，庖丁所以滿志也。』」今據四川大學本《札記》於「斯則成連所以移情」句成作戚，乃因見相交融以致心有戚焉，范注誤。彥和以內在心神之至妙，與外

在物境交通融會，同於〈體性〉篇所謂「因內而符外者也」，近於「物我合一」之美學境界。黃侃理其心智之象有二：即緣此知彼與即異求同，實則「此」與「異」俱指外在物境，合於〈物色〉篇「情以物遷，辭以情發」之本旨。

（三）陳漢章

陳漢章，字伯弢，又字倬雲，浙江象山人，生於西元 1863 年，卒於 1938 年。少以副貢中舉人，隨摒棄仕進，致力經史考據。受業於德清俞樾，與章炳麟並為俞門高足。西元 1913 年 5 月，以文科史學門第一名畢業於北京大學，獲聘為文科教授兼哲學、國文二門研究所教員，深受校長蔡元培倚重，王先謙、馬其昶等常向請益，黃侃且以師稱之。[4]後年老辭歸，應中央大學校長張其昀之邀，出任史學系教授兼系主任。病逝時國民政府明令褒揚，尊稱為「浙江名儒」。著有《崇文總目輯釋補正》、《遼史索隱》、《論語徵知錄》、《中國古代憲法考》等著作十餘種。

如〈定勢〉篇：「若愛典而惡華，則兼通之理偏，似夏人爭弓矢，執一不可以獨射也」條下范《注》：「陳先生曰：『《御覽》三四七引《胡非子》：一人曰，吾弓良，無所用矢。一人曰，

---

4 李漁叔曾言及陳伯弢在北大之往事：「劉廷琛為京師大學堂監督，聘任教習，伯弢謙謝，願入校就弟子列，時論美之。廷琛重違其意，遇以殊禮，於點名時，至伯弢，必起頷首為禮。姚永樸仲實永概叔節及吳縣胡玉縉均主講習，每有講論，恆就問『伯弢此說當否』？其見禮重如此！畢業後即被聘為本校教授，為諸生講學，手書口授，隨所論述，加以疏記，皆斐然成文。遇生徒問難，為舉原書歷歷述之，略無訛誤，以是被稱為『兩腳書櫥』。蔡元培鶴卿任北大校長，遇日本漢學家訪問，必請伯弢與俱，遇有疑滯，隨所問應聲答，各副其意以去，皆震服。蘄春黃侃季剛與同擁皋比，欽其博學，執師友之禮甚恭。」見李漁叔撰《魚千里齋隨筆》(台北：中華詩苑，西元 1958 年 12 月)，頁 41。

吾矢善，無所用弓。羿聞之曰，非弓，何以往矢，非矢，何以中的？令合弓矢而教之射。是以羿為夏射官，故云夏人。』」此例乃闡明典雅與華麗不可偏廢，若后羿射日須兼良弓善矢，范氏引業師語，言羿為夏射官，則夏人之義可解。

（四）劉師培

劉師培，又名光漢，字申叔，別號左盦，江蘇儀徵人，生於西元 1884 年，卒於 1919 年。少時於鄉試中舉人，後結識章炳麟、蔡元培等，思想遂傾向革命，著〈中國民族志〉、〈攘書〉，倡言排滿。1941 年與林獬、陳去病主持警鐘日報社，次年與鄧實、黃節刊行《國粹學報》，手編「國學教科書」五種刊世，聲譽突起。後加入中國同盟會，與《民報》主筆章炳麟相善，繼辦《衡報》，遭日本政府查禁。不久與章炳麟、陶成章忽生閒隙，又遭人離間，遂變節降清。民國肇建後曾在成都組重政黨四川學會，同年往山西依附閻錫山，後又加入籌安會。西元 1917 年由北大校長蔡元培聘為文科教授，所編講義，條理至明，深受學生歡迎，又任《國故》月刊總編輯，不久卒於任上，年僅三十六歲。生平著書，卒後由弟子陳鐘凡、張炬蒐集，錢玄同整理後有《劉申叔先生遺書》傳世。

如〈練字〉篇：「且多賦京苑，假借形聲，是以前漢小說，率多瑋字，非獨制異，乃共曉難也」條下范注：「劉申叔先生《論文雜記》曰：『西漢文人，若揚、馬之流，咸能洞明字學，故選詞遣字，亦能古訓是式，非淺學所能窺（所用古文奇字甚多，非明六書假借之用者，不能通其詞也。）東漢文人，既與儒林分列，（案如班固張衡之倫，仍有西漢風規，不可一概論。）故文詞古奧，遠遜西京。（此由學士未必工作文，而文人亦非真識字。）

魏代之文,則又語意易明,無俟後儒之解釋。』」

范文瀾引左盦語多錄全篇,引為附錄。以〈正緯〉篇為例,則引劉師培〈國學發微〉、〈讖緯論〉,〈夸飾〉通篇僅有附錄一篇,即取其〈美術與徵實之學不同論〉,〈詮賦〉篇引〈漢書藝文志書後〉,〈時序〉篇錄其名作《中古文學史》兩節;又有於注中徵引全文,如〈麗辭〉篇:「至魏晉群才,析句彌密,聯字合趣,剖毫析釐」條下引劉申叔〈論文偶記〉,另加識語:「(是書)謂由漢至魏,文章變遷,計有四端,其中有論對偶之語,茲全錄之,以免割裂。」顯見左盦所論,首尾環扣,殊難割捨,除窺見仲澐熟悉其論著外,范《注》例言云選文標準:「其架空騰說,無當雅義者,概不敢取,藉省辭費」,則左盦善言,可資仲澐觀點之發明。

范文瀾序《注》言:「昔人頗譏李善注《文選》,釋事而忘意,《文心》為論文之書,更貴探求作意,究極微旨。古來聖哲,至多善言,隨宜錄入,可資發明。」是知仲澐注釋《文心》之理論淵源,層次有二,一是「本諸作意,究極微旨」。考彥和初撰《文心》即以樞紐論為其立意基礎,[5]〈事類〉篇:「經典深沈,載籍浩瀚,實群言之奧區,而才思之神皋」,故主張徵聖立言,鎔鑄經典,是以全書或引述經典以證文理,[6]或化用經典以佐行

---

5 〈序志〉篇:「蓋《文心》之作也,本乎道,師乎聖,體乎《經》,酌乎《緯》、變乎《騷》,文之樞紐,亦云極矣」,其中揭示了以〈原道〉為主的自然的文學觀、以〈宗經〉、〈徵聖〉為代表的文學本源論,亦即宗經的文學觀,以〈正緯〉、〈辨騷〉所揭示的文學變源論,即指通變的文學觀,俱為《文心》一書最重要的文學見解,故稱為樞紐論。詳參拙著《文心雕龍樞紐論研究》(台北:國家出版社,2000年6月),頁33-45。

6 如〈徵聖〉篇:「《易》稱:『辨物正言,斷辭則備』,《書》云:『辭尚體要,不惟好異』。故知正言所以立辨,體要所以成辭。」上引《易經·繫辭下》與《書經·畢命》以言文辭貴在簡約信實,方能免於標新立異之缺憾;

文、[7]或據經典作為衡文標準等，[8]莫不依經而成文章軌範；[9]至若論文敘筆，分論有韻與無韻之文，則構成文體論的依據。[10]劉勰於分類文體時，有採酌歷代學者成說，如漢劉向《七略》、班固《漢書‧藝文志》；有汲取當代文論主張，如魏桓範《世要論》、宋顏延之《庭誥》等；有源自個人對文體的體察，如以押韻、性

又〈明詩〉篇：「大舜云：『詩言志，歌永言』；聖謨所析，義已明矣。是以『在心為志，發言為詩』；舒文載實，其在茲乎！」以《書經‧舜典》與《詩大序》說明舒布文采，記載情實乃是詩歌之主要價值。以上俱為其例。

7　如〈指瑕〉篇：「若掠人美辭，以為己力，寶玉大弓，終非其有。全寫則揭篋，傍采則探囊。」藉由《春秋》所載定公八年陽虎盜竊夏后氏之璜與封父之弓，借喻抄襲他人佳句美辭實與盜賊無異；又〈物色〉篇：「故灼灼狀桃花之鮮，依依盡楊柳之貌，杲杲為日出之容，漉漉擬雨雪之狀，喈喈逐黃鳥之聲。」乃連用《詩經》之〈周南‧桃夭〉、〈小雅‧采薇〉、〈衛風‧伯兮〉、〈小雅‧角弓〉、〈周南‧葛覃〉說明詩人感物因而屬采附聲之情懷，俱為此例。

8　如〈才略〉篇評董仲舒、司馬遷：「仲舒專儒，子長純史，而麗縟成文，亦詩人之告哀也」，肯定其各自抒發懷抱，而麗辭縟采，實合於《詩經‧小雅：「君子作歌，維以告哀」的本旨；又〈事類〉篇言及揚雄作〈百官箴〉，「頗酌於《詩》、《書》」，即肯定子雲作〈十二州牧箴〉、〈二十五官箴〉，頗能酌取《詩經》與《書經》的教訓，故能言之有物。以上俱為此例。

9　王更生曾統計《文心》徵引群經的情況，於《周易》凡一百四十二處，於《尚書》凡一百二十四處，於《詩經》凡一百零九處，於《春秋》經傳凡七十餘處，於三禮凡九十二處，於《論語》凡五十四處，於《孟子》凡二十五處，足見劉勰為文多本於經籍。詳參王更生撰：《中國古代文學理論的秘寶 —— 文心雕龍》（台北：黎明文化事業出版社，1995 年 7 月），頁 52。

10　〈序志〉篇：「若乃論文敘筆，則囿別區分，原始以表末，釋名以章義，選文以定篇，敷理以舉統，上篇以上，綱領明矣。」劉師培說之甚詳：「更即《雕龍》篇次言之，由第六迄于第十五，以〈明詩〉、〈樂府〉、〈詮賦〉、〈頌贊〉、〈祝盟〉、〈銘箴〉、〈誄碑〉、〈哀弔〉、〈雜文〉、〈諧讔〉諸篇相次，是均有韻之文也。由第十六迄第二十五，以〈史傳〉、〈諸子〉、〈論說〉、〈詔策〉、〈檄移〉、〈封禪〉、〈章表〉、〈奏啟〉、〈議對〉、〈書記〉諸篇相次，是均無韻之筆也。此非《雕龍》隱區文筆二體之驗乎？」見劉師培撰：《中國中古文學史講義》；陳引馳編校《劉師培中古文學論集》（北京：中國社會科學研究院出版社，1997 年 6 月），頁 102，以上言及文體達一百七十多類，遠甚前代。

質、特徵為其論斷依據。[11]其中筆類之〈史傳〉與〈諸子〉兩篇，前者考證史傳源流，揭示論史途徑，使後代史家受其沾溉，錢賓四以為價值遠在《史通》之上，[12]後者發凡諸子學說，闡明流派演進，所言經子合流的思想，章學誠亦承其餘緒，[13]至於《文心》全書亦大量徵引秦漢諸子之語，[14]可見兩篇內容，更近於思想與史學小史。至於剖情析采，別立文術一論，[15]黃侃於〈鎔裁〉篇云：「作文之術，誠非一二言能盡，然摰其綱維，不外命意修詞

---

11 如〈總術〉篇：「今之常言，有文有筆，以為無韻者筆也，有韻者文也。夫文以足言，理兼《詩》、《書》，別目兩名，自近代耳」，知以押韻為分體標準；另如〈檄移〉篇言「檄者，皦也。宣布於外，皦然明白也」，又「移者，易也。移風易俗，令往而民隨者也。」乃就其性質、特徵合論，故「檄移為用，事兼文武；其在金革，則逆黨用檄，順命資移」，便能形成文體，更具用途。

12 錢賓四云：「我今就史論史，當知從事學問，先該知一個總體，又定要有一個為學的本原，從這裡再產生我們的史學家來，論史也要從這大的地方來論。」準此，劉知幾的《史通》只能等於一部材料的書，至於劉勰能從大處會通處著眼，能注意到學問之大全，能討論到學術本原，故「由我的看法，《文心雕龍》之價值，實還遠在《史通》之上。」詳參錢穆撰：《中國史學名著》（台北：三民書局，1973年2月），頁154-163。以上雖非錢氏直接就《文心》史傳立論，然而《文心》之學術本原即是宗經，亦間接說明劉彥和之論史亦合於經。

13 清・章學誠亦承劉勰所言諸子「述道言治，枝條五經」的主張。其云：「戰國之文，其源皆出於〈六藝〉，何謂也？曰：道體無所不該，〈六藝〉足以盡之。諸子之為書，其持之有故而言之成理者，必有得於道體之一端，而後乃能恣肆其說以成一家之言也。」見清・章學誠：《文史通義》，頁16-17。

14 據顏賢正考訂，計引《孟子》二十三條、《荀子》十二條、《老子》七條、《莊子》二十九條、《列子》四條、《管子》七條、《商君書》二條、《韓非子》十三條、《呂氏春秋》十條、《法言》九條、《淮南子》十九條、《論衡》八條，足證劉勰重視諸子學說的立場。詳顏賢正撰：《文心雕龍述秦漢諸子考》；東吳大學中國文學研究所碩士論文，1982年7月。

15 〈序志〉篇：「至於剖情析采，籠圈條貫，摛〈神〉〈性〉，圖〈風〉〈勢〉，苞〈會〉〈通〉，閱〈聲〉〈字〉。」此以約舉之方式說明由卷六〈神思〉至卷九〈總術〉共十九篇為文術論的內容，其中又以〈總術〉為控引情源，制勝文苑的關鍵。

二者而已。意立而詞從之以生，詞具而意緣之以顯。二者相倚，不可或離。」[16]彥和立控引情源以為命意之法，[17]設制勝文苑作為修辭所資，[18]更以經典載籍浩翰，作為二者共通的依歸。[19]彥和於建立上述理論後，另從讀者與作者的角度，藉由文學表現形式觀瀾索源，進而證成鑒實的方式與標準，正是所謂文學批評論，而此論之本質，仍以經典為核心。[20]故范文瀾注解《文心》全書，於經史之援引最多，蓋《文心》全書據此立論，亦為劉勰作意所由，其中經部尤重五經，亦兼取詁訓之書；史部則因知人論世，均稟諸史傳：《隋書》、魏、晉諸史載人最多，最為特重，正史最為可信，其中尤多取自《史》、《漢》，至於子部多援引《老》、《莊》，實可推知六朝玄學風尚。

---

16 見黃侃撰：《文心雕龍札記》（台北：文史哲出版社，1973 年 6 月），頁 111-112。

17 所控引情源，即指卷六〈神思〉、〈體性〉、〈風骨〉、〈通變〉、〈定勢〉五篇，乃討論作者創作時想像力與情感語態的培養、作品風格、感染力的產生與創新等謀篇之通則。

18 制勝文苑乃就文章的細目加以立論，共分〈情采〉、〈鎔裁〉、〈鍊字〉、〈章句〉、〈附會〉、〈麗辭〉、〈聲律〉、〈比興〉、〈夸飾〉、〈事類〉、〈隱秀〉、〈指瑕〉共十二篇，主要就作品與形式如何分配，作品的修辭與避忌等詳加討論。

19 彥和於〈總術〉篇云：「常道曰經，述經曰傳，經傳之體，出言入筆；筆為言使，可強可弱」，可見筆受言所驅使，雖有文采、質樸等強弱之分，乃本諸於經傳。又〈事類〉篇：「夫經典深沈，載籍浩瀚，實群言之奧區，而才思之神皋也。揚班以下，莫不取資。」由是據經典形成三準、六觀等立文標準，便成為學者擒筆之準繩。

20 文學批評涵括〈時序〉、〈物色〉、〈才略〉、〈知音〉、〈程器〉五篇，分就時代潮流、自然環境、作家才識、讀者鑑賞、道德修養等方面討論作品優劣。蔡宗陽以為劉勰文評論之批評素養源於經典，分宗經、治史、讀子、誦騷、明法以究其內涵；又從劉勰之六觀法：一觀位體、二觀置辭、三觀通變、四觀奇正、五觀事義、六觀宮商等角度，證明文評論之批評理則源自經典。詳參蔡宗陽撰：《劉勰文心雕龍與經學》（台北：文史哲出版社，2007年 5 月），頁 194-220。

　　此外，就理論淵源的第二種層次言，在於「至多善言，隋宜錄入」。仲澐若僅以注解古籍之態度為能，則范《注》僅為劉勰《文心》張本，實未符合欲彰顯《文心》為論文之書的本旨，故一則承襲業師黃侃《札記》引申觸類、曲暢旁推之功，二則補苴黃叔琳《輯注》紕繆之失，故有援用其它研究成果，如紀昀《批點》常有深解，乾嘉學者錢大昕、胡應麟考證翔實，至若孫詒讓、趙翼亦見地獨具。此外，業師黃侃、陳漢章、章炳麟以其「偶陋之質，幸為師友不棄，教誘殷勤」[21]，故《注》中引文凡源自本師，俱稱先生，以識不忘。李曰剛稱范《注》：「旁搜博采，推原竟委，用力甚勤，允為治理《文心》之劃時代著述」[22]，茲觀范氏作《注》之理論淵源，洵為知言。

---

21 見范文瀾撰：《文心雕龍注・例言》，頁 5。
22 李曰剛撰：《文心雕龍斠詮・序言》（台北：國立編譯館中華叢書編審委員會，1982 年 5 月），頁 1。

第六章　范文瀾以注論文的理論特色

　　范文瀾於〈例言〉中云：「《文心》為論文之書，更貴探求作意，究極微旨。」知其除引經典以資校注外，更注意《文心》體大思精，品評成文的微旨。然彥和探源經籍，妙抉諸篇，或文採四六，雕琢其章；或成篇足深，意藏毛目，更因時運交移，代變質文，是以後世學者欲披文入情，不免權衡辭義，曲藏商榷。范注雖以校注為主，實多有以注論文，探求作意的情況，藉此除可見范文瀾詮解彥和為文用心外，其對《文心》一書所抱持之理論特色，亦據此可知。

第一節　辨明劉勰宗經思想，強調文原於道

　　據《南史·劉勰傳》載：「勰早孤，篤志好學。家貧不婚娶，依沙門僧祐居，遂博通經論，因區別部類，錄而序之。定林寺經藏，勰所定也。」又「勰為文長於佛理，都下寺培及名僧碑誌，必請勰製文。敕與慧震沙門於定林寺撰經證。功畢，遂求出家，先燔鬚髮自誓，敕許之。乃變服改名慧地云。」知劉勰出入佛門，精於佛理，楊明照箋注《梁書·劉勰傳》云：「劉舍人身世，《梁

---

1 見《南史》卷七十二〈列傳〉第六十二，（台北：鼎文書局，1998 年 11 月），頁 1781-1782，以下所引同此本。

書》、《南史》皆語焉不詳。文集既佚，考索愈難。雖多方涉獵，而弋釣者仍不足成篇。」[2]顯見史傳資料之欠缺，使學者欲究彥和思想，除本諸上述正史外，或參酌釋老並興、經學消沈之時代風尚，[3]或博考其傳世著作，推本其思想脈絡，[4]因而論者多以劉勰撰《文心雕龍》實不脫佛學之理論範疇。民國二十三年郭紹虞撰《中國文學批評史》[5]中論劉勰：

---

2 楊明照撰：《增訂文心雕龍校注》（北京：中華書局，2000 年 8 月），頁 1。

3 如〈明詩〉篇即云：「江左篇製，溺乎玄風，嗤笑徇務之志，崇盛忘機之談，袁孫以下，雖各有雕采，而辭趣一揆，莫能爭雄。」又〈時序〉篇：「自中朝貴玄，江左稱盛；因談餘氣，流成文體，是以世極迍邅，而辭意夷泰。詩必柱下之旨歸，賦乃漆園之義疏，故知文變染乎世情，興廢繫乎時序。」由此可見玄風盛行之情況。范文瀾進一步指出：「魏晉以來，玄學盛行，從探求老莊的義理擴展到探求佛經的義理（譯經事業自然並不偏廢），由此，外來的佛教逐漸成為漢化的佛教，佛教的思想逐漸融合在漢族思想裏，成為漢族哲學的一個組成部份。」見范文瀾撰：《中國通史簡編》修訂本第二編（北京：人民出版社，1965 年 12 月），頁 430-431。此一儒釋道思想並存時代風尚，亦反映在此時期的作品當中。

4 考劉勰著作，除《文心雕龍》外，釋僧祐《出三藏記》卷十二〈法集雜記目錄〉載有彥和所撰〈鍾山定林上寺碑銘〉、〈建初寺初創碑銘〉、〈僧柔法師碑銘〉等，另慧皎《高僧傳》言其有〈釋超辨碑文〉、〈釋僧祐碑文〉，唯以上僅餘篇目，未覩全文。今檢唐歐陽詢《藝文類聚》卷七十六，節引劉勰〈梁建安王造剡山石城寺石像碑文〉，孔延之《會稽掇英總集》卷十六則保有全篇；清·嚴可均輯《全梁文》，據《弘明集》卷八轉載〈滅惑論〉等，檢其篇名、內容、實多為佛學論著。

5 郭紹虞名希汾，以字行，生於清光緒十九年（西元 1893 年），卒於西元 1984 年，江蘇省蘇州市人。以「象牙塔內，故紙堆中」自述其一生（見郭紹虞撰：《照隅室雜著》（上海：上海古籍出版社，1986 年 11 月），頁 1）。《中國文學批評史》原為郭氏任教北平燕京大學時所開設之課程，後於西元 1934 年 5 月由商務印書館出版上冊，至 1947 年下冊分作一、二冊出版。郭氏於此書〈自序〉言其由文學史轉為批評史研究之原因時，特舉《文心雕龍》為例，云：「《文心雕龍·序志篇》之批評以前各家，議其『各照隅隙，鮮觀衢路。』在我呢，願意詳細地照隅隙，而不願粗魯地觀衢路。所以縮小範圍，權且寫這一部《中國文學批評史》。我只想從文學批評史以印證文學史，以解決文學史上的許多問題。」見郭紹虞撰：《中國文學批評史》（台北：台灣商務

他一方面要「彌綸群言」，使局部而散漫者得有綱領；一方面又要「擘肌分理」使漫無標準者得以折衷。所以他是當時文論之集大成者。《文心雕龍》之所以成為條理綿密的文學批評之偉著者以此。《南史本傳》稱「劉勰博通經論，為文長於佛理」，或者他的著作所以能如此精密有系統者，也由深受佛學影響之故吧！[6]

將《文心》之體大慮周，視作沿襲佛學重視組織邏輯的明證，而民國二十六年朱東潤撰《中國文學批評史大綱》[7]時，特立「劉勰」一節，云：

> 勰究心佛典，故長於持論，《文心雕龍》一書，其主旨見於〈總術〉篇，所謂「圓鑒區域，大判條例」者是，二句皆佛家語，又〈論說〉篇亦稱「般若絕境」，亦由佛經來也。[8]

朱氏以行文用語證明《文心》本諸佛法，對日後主張此說的

印書館，1969 年 11 月），頁 1。顯見當時學者已注意《文心》理論、援以為文的情況。

6 郭紹虞撰：《中國文學批評史》，頁 116。

7 朱東潤，生於西元 1896 年，卒於 1988 年，江蘇省泰興縣人。為著名之文學史、教育史及傳記文學家。曾自云：「我死後，只要人們說一句：我國傳記文學家朱東潤死了，我於願足矣。」（詳參李祥年撰：〈朱東潤 —— 現代傳記園地的拓荒者〉；《人物》1996 年第三期，頁 100-110），顯見其畢生研究之學術重點。所撰《中國文學批評史》初稿成於西元 1932 年、1937 年三易其稿，同年秋付梓，因戰亂之故而未竟。翌春朱氏隨武漢大學西遷，經葉聖陶等提議合併二、三稿之各半付印，1944 年由開明書店出版。書中言及文學批評：「凡一民族之文學，經過一發揚光大之時代者，其初往往主持風會，發蹤指使之人物，其終復恆有折衷群言，論列得失之論師，中間參伍錯綜，辨析疑難之作家，又不絕於途。凡此諸家之作，皆所謂文學批評也。」見朱東潤撰：《中國文學批評史大綱·緒言》（台北：台灣開明書店，1984 年 2 月），頁 1。此書為最早的文學批評專著之一，其定義亦顯獨特。

8 朱東潤撰：《中國文學批評史大綱》，頁 51-52。

學者頗具啓發，此亦反映民國初期學界的看法。是以其間范文瀾注《文心雕龍》時，須先辨明劉勰思想，方能掌握全書旨意。其於〈序志〉篇注二云：

> 〈釋藏〉跡十釋慧遠〈阿毗曇心序〉「〈阿毗曇心〉者，三藏之要頌，詠歌之微言，管統眾經，領其會宗，故作者以心為名焉。有出家開士，字曰法勝，淵識遠鑒，探深研機，龍潛赤澤，獨有其明。其人以為〈阿毗曇經〉源流廣大，難卒尋究，非贍智宏才，莫能畢綜。是以探其幽致，別撰斯部，始自界品，訖於問論，凡二百五十偈。以為要解，號之曰心。」彥和精湛佛理，《文心》之作，科條分明，往古所無。自〈書記〉篇以上，即所謂界品也，〈神思〉篇以下，即所謂問論也。蓋採取釋書法式而為之，故能鉤理明晰若此。[9]

〈阿毗曇心〉管統眾經，領其會宗的樞紐地位，具備籠圈條貫之架構，除使彥和引為張本外，以心為名之要解亦有助《文心》定名之參考。然而范文瀾雖肯定兩書在結構上之相似，卻進一步指出二者在思想上的差別，其於《中國通史簡編》中云：

> 劉勰自二十三四歲起，即寓居在僧寺鑽研佛學，最後出家為僧，是個虔誠的佛教信徒，但在《文心雕龍》（三十四

---

9 《文心雕龍注·序志篇》注二，頁 728。按此說於當時頗受注意，包鷺賓（字漁莊，生於西元 1899 年，卒於 1944 年），於民國二十年任教華中大學中文系時，即為低年級講授《文心雕龍》，今據其殘稿有：「近人范文瀾《文心雕龍注》引《釋藏迹十》釋慧遠《阿毗曇心序》云云，謂：『彥和精湛佛理，《文心》之作，自〈書記〉以上即所謂界品，〈神思〉以下即所謂問論。蓋採取釋書法式而為之。』其說甚是。」見包鷺賓撰：《包鷺賓學術論著選》（湖北：華中師範大學出版社，2005 年 8 月），頁 129。

歲時寫）裏，嚴格保持儒學的立場，拒絕佛教思想混進來，就是文字上也避免用佛書中語（全書只有〈論說篇〉偶用「般若」、「圓通」二詞，是佛書中語，可以看出劉勰著書態度的嚴肅。[10]

劉勰嚴守儒學之立場，於〈序志〉篇中辨之甚明，[11]范文瀾除考量其鑽研佛學之情況，又本諸《文心》文本據以立論，則偶用佛書中語確為折衷之言。劉勰既鎔鈞六經，據此雕琢情性，組織辭令，而為古文經家論文之先聲，[12]則《文心》首篇〈原道〉所揭示之文原於道的思想，必本諸文必宗經之主張。范文瀾釋〈原

10　范文瀾撰：《中國通史簡編》修訂本第二編（北京：人民出版社，1965 年 9 月），頁 418-419。

11　其可徵者如：「齒在踰立，嘗夜夢執丹漆之禮器，隨仲尼而南行」，案六朝以夢為喻者甚多，《南史·謝方明傳》即載謝靈運夢謝惠連而成佳句一事，《南史·江淹傳》載江淹夢見郭璞贈筆因而下筆千言等，知彥和亦有暗示其文學素養得自天授，而欲躡跡孔子之後；又如「敷讚聖旨，莫若注經，而馬鄭諸儒，弘之已精，就有深解，未足立家。唯文章之用，實經典枝條，五禮資之以成文，六典因之以致用，君臣所以炳煥，軍國所以昭明，詳其本源，莫非經典。」故以經典冠其說，引為文章本源，范文瀾亦就此申說，云：「因為文章是經典的枝條，追溯本源，莫非經典，所以改注經為論文。這裏說明劉勰對文學的看法，就是文學形式可以而且必須有新變（〈通變篇〉），文學的內容卻不可離開聖人的大道（〈原道篇〉、〈徵聖篇〉、〈宗經篇〉）。《文心雕龍》確是本著這個宗旨寫成的，褒貶是非，確是依據經典作標準的。」范文瀾撰：《中國通史簡編》修訂本第二編，頁 418。

12　楊明照曾以《文心雕龍》中六個實例，即（一）《毛詩大傳》的一些說法，書中多所運用（二）《偽古文尚書》的某些辭句，往往為其遣辭所祖（三）古文經學家一般不為章句之學（四）〈史傳〉篇對《左傳》極力推崇（五）《詩經》的《毛傳》《鄭箋》，書中多本之為說（六）古文經學家的舊說，閒或采用。推論劉勰所受古文經學派的影響很深。詳參楊明照撰：《學不已齋雜著》（上海：上海古籍出版社，1985 年 10 月），頁 483。王更生以群經次第佐證之，如〈宗經〉、〈徵聖〉諸篇言及六經，俱依古文學派主張之《易》、《書》、《詩》、《禮》、《樂》、《春秋》為序。詳參王更生：《重修增訂文心雕龍研究》（台北：文史哲出版社，1979 年 5 月），頁 301-302。

道〉篇題旨時即云：

> 按彥和於篇中屢言「心生而言立，言立而文明，自然之道
> 也」；「夫豈外飾，蓋自然耳」；「故知道沿聖以垂文，
> 聖因文而明道」。綜此以觀，所謂道者，即自然之道，亦
> 即〈宗經篇〉所謂恆久之至道。《周禮》太宰以九兩繫邦
> 國之民，其四曰「儒以道得民」。鄭注曰：「儒，諸侯保
> 氏有六藝以教民者。」孫詒讓疏云：「儒則泛指誦說詩書，
> 通該術藝者而言，若《荀子・儒效篇》所稱俗儒雅儒大儒，
> 道有大小，而皆足以得民，亦不必皆有聖賢之道也。」彥
> 和所稱之道，自指聖賢之大道而言，故篇後承以〈徵聖〉、
> 〈宗經〉二篇，義旨甚明，與空言文以載道者殊途。[13]

　　范文瀾據《周易》傳注以為儒乃誦說詩書、且能以六藝教民，
自出於聖賢。然而若推究聖賢之大道，斷非俗雅諸儒僅通詩書術
藝者，欠缺方法與理論之建立，亦僅止於空言而已。故視〈宗經〉
篇「道沿聖以垂文，聖因文以明道」為其方法，一則心生言立，
言立而文明，實源於人情之自然，非由外飾所得；二則以〈徵聖〉、
〈宗經〉置〈原道〉篇後，揭示道即聖賢之道的本旨，亦藉此建
立其理論依據。范文瀾以聖賢之道詮釋劉勰文原於道，又採酌聖
賢與經典為證，形成其注解《文心》之主要內容。如〈正緯〉篇：
「事豐奇偉，辭富膏腴，無益經典而有助文章」，范注云：

> 彥和生於齊世，其時讖緯雖遭宋武之禁，尚未盡衰，士大
> 夫必猶有講習者，故列舉四偽，以藥迷罔。蓋立言必徵於
> 聖，制式必稟乎經，為彥和論文之本旨。緯候不根之說，

---

13 范文瀾：《文心雕龍注》卷一（北京：人民文學出版社，1958 年 9 月），頁
　　3-4，以下所引同此本。

蹖駮經義者，皆所不取。[14]

　　當時伎術之士，或附以詭術，多說災異陰陽；或假託孔氏，篇條滋蔓而以朱亂紫，則士大夫講習之情形，當如彥和所謂「篤信斯術，風化所靡，學者比肩。沛獻集《緯》以通《經》，曹褒撰《讖》以定禮，乖道謬典，亦已甚矣」[15]，可見篤信圖讖符籙之術，因而違背正道，曲解經典的情況，至漢光武之世以後，實有變本加厲的趨勢。故擒筆為文，須合乎經典雅正之體，〈定勢〉篇：「然密會者以意新得巧，苟異者以失體成怪。舊練之才，則執正以馭奇；新學之銳，則逐奇而失正；勢流不反，則文體遂弊。」范氏注此云：

> 彥和非謂文不當新奇，但須不失正理耳。上文云：「章表奏議則準的乎典雅，賦頌歌詩則羽儀乎清麗」，言文章措辭，勢有一定，若顛倒文句，穿鑿失正，此齊梁辭人好巧取新之病也。繹彥和之意，措辭貴在得體，貴在雅正。世之作者，或捃摭古籍艱晦之字，以自飾其淺陋，或棄當世通用之語，而多雜詭怪不適之文，此蓋採訛勢而成怪體耳。[16]

　　彥和於〈辨騷〉篇首揭「自風雅寢聲，莫或抽緒，奇文鬱起，其離騷哉」，又云：「固知《楚辭》者，體慢於三代，而風雅於

---

14 范文瀾撰：《文心雕龍注・正緯》注二七，頁41。
15 另紀昀評：「此在後世為不足論辨之事，而在當日則為特識。康成千古通儒，尚不免以緯注經，無論文士也。」又篇中言及按《經》驗《緯》，其偽有四：「蓋《緯》之於《經》，其猶織綜，絲麻不雜，布帛乃成，今《經》正《緯》奇，倍蓰千里，其偽一矣。《經》顯，聖訓也；《緯》隱，神教也。聖訓宜廣，神教宜約，而今《緯》多於《經》，神理更繁，其偽二矣。有命自天，迺稱符讖，而八十一篇，皆託孔子，則是堯造綠圖，昌制丹書，其偽三矣。商周以前，圖籙頻見，春秋之末，群經方備，先緯後經，體乖織綜，其偽四矣。」見范文瀾撰：《文心雕龍注・正緯》，頁30。
16 范文瀾撰：《文心雕龍注・定勢》注十八，頁536。

戰國，乃雅頌之博徒，而詞賦之英傑也。觀其骨鯁所樹，肌膚所附，雖取鎔經意，亦自鑄偉辭。」是知以《離騷》為代表之奇文，其通古變今之關鍵，正在於融會經典思想，復能獨抒胸臆，另創新格。范文瀾據此抨擊齊梁辭人一味好巧取新，卻未能酌奇而不失其真，翫華而不墜其實，因而流於詭怪不適之怪體，亦是離本彌甚必遂訛濫的明證。又〈章句〉篇云：「若辭失其朋，則羈旅而無友，事乖其次，則飄寓而不安。是以搜句忘於顛倒，裁章貴於順序，斯固情趣之指歸，文筆之同致也。」范氏注云：

> 彥和論文，最惡訛詭，此語尤其明通。蓋文之善者，情高理密，辭氣聲調，言而有物，斯為可貴。若思理方鬱，興象未生，宜靜居以養神，浮覽以繹緒，非復空搖筆端，妄動喉脣所能效績。或者不察，以為艱澀可以文鄙淺，綺語可以市寵悅，舍本逐末，務尚怪奇，是猶德行卑下，而服上古冠服以衒鬻也。雖軒轅之裳，周公之冕，何所用之。夫語法變遷，勢由自然，古之常言，今成異語，理苟不愜，異於何有！故研閱典籍，期於明理，摘句尋章，徒見其陋。[17]

范文瀾化用〈神思〉篇言臨文綴篇，有「理鬱者苦貧，辭溺者傷亂」之患，是以陶鈞文思，貴在虛靜，並藉由「博見為饋貧之糧，貫一為拯亂之藥」，而能有助於心力。同時以上古冠服、軒轅之裳與周公之冕為喻，指出文章若僅空搖筆端，則必流於艱澀綺語，不僅未合語法變遷的自然情勢，更淪為言之無物的訛詭之境。據此可知范注於申論《文心》篇旨時，確能掌握彥和原意。

---

17 范文瀾撰：《文心雕龍注・章句》注六，頁 575。

第二節　釐定全書組織架構，不以原書爲據

　　范文瀾於詮解《文心雕龍》的組織體系時，實已蘊藏個人之文學見解，並藉由圖示表列之法，形成注文特色之一。〈神思〉篇注云：「《文心》上篇剖析文體，爲辨章篇製之論；下篇商榷文術，爲提挈綱維之言。上篇區分囿別，恢宏而明約；下篇探幽索隱，精微而暢朗。」[18]又〈原道〉篇注云：「《文心》上篇凡二十五篇，排比至有倫序，列表如下」[19]，準此，則可析言其文學觀念有二：一是辨章體製之文體論，二是提挈綱維之文術觀，茲分述如下：

一、辨章體製之文體論

　　范文瀾既欲辨明文體，首先是將〈諸子〉與〈宗經〉並列，並將〈正緯〉置於〈諸子〉之下，其理由或見於所撰《諸子考略》云：

> 論中國文化之源委，何必斷自孔子乎？此無他，禹、湯、文、武、周公歷聖之所經營締構者，莫不集成于孔子；道、墨、名、法，諸子之所馳騁發揮者，又莫不與儒家通血脈也。[20]

先秦諸子所發揮者，除入道見志外，實與儒家有關。《漢書·

---

18 范文瀾撰：《文心雕龍注·神思》注一，頁495。
19 范文瀾撰：《文心雕龍注·原道》注二，頁4。
20 見范文瀾撰：《諸子考略》；《范文瀾全集》第二卷，頁217。

藝文志》即載：「今異家者各推所長，窮知究慮，以明其指，雖有蔽短，合其要歸，亦六經之支與流裔。」[21]范文瀾據此言諸子與儒家源出一轍，未諳顏師古其後注云：「裔，衣末也。其於〈六經〉，如水之下流，衣之末裔」[22]，則賓主可知，非同流之謂，又如〈諸子〉篇：「伯陽識禮，而仲尼訪問」一節，范注云：

> 《史記·老莊列傳》：「老子者，姓李氏，名耳，字伯陽，諡曰聃。老子之子名宗，宗為魏將，封於段干。」孔子問禮於老聃，見《禮記·曾子問篇》，當可信。惟著《道德經》之老子，當即其子為魏將者，時代遠在孔子後，不得為孔子師。[23]

仲尼問禮於老聃一事雖出自《史記》，然經錢穆考證，實不可信，[24]范氏注文宗述此說，乃主儒、道思想確有相關。又同篇「然則鬻惟文友，季實孔師，聖賢並世，而經子異流」注云：

> 彥和意謂鬻子老聃皆賢者，故其遺文稱子，其實述老子學者亦尊五千言為經，《漢志》道家所著《鄭氏經傳》、《傅氏》、《徐氏經說》是也。[25]

彥和言經，肇自夫子刪述，不僅垂範後世，其洞性靈奧區，極文章骨髓之特色，引為至道鴻教。昔黃侃以為：「宗經者，則

---

21 東漢·班固撰，唐·顏師古注：《漢書》（北京：中華書局，1983年6月），頁1746。
22 東漢·班固撰，唐·顏師古注：《漢書》，頁1746。
23 范文瀾撰：《文心雕龍注·諸子》注七，頁312。
24 歷來考證此事者如閻若璩《四書釋地續》、馮景《解春集》、毛奇齡《毛氏經問》等立場不一，各主其說，惟錢穆多方考訂，而有定論：「故孔子見老聃問禮，不徒其年難定，抑且其地無據，其人無徵，其事不信。至其書五千言，亦斷非春秋時書。」詳參錢穆撰：〈孔子與南宮敬叔適周問禮老子辨〉；《先秦諸子繫年》（台北：東大出版社，1995年6月），頁4-8。
25 范文瀾撰：《文心雕龍注·諸子》注八，頁312。

古昔，稱先王，而折衷於孔子也。夫六藝所載，政教學藝耳。文章之用，隆之至於能載政教學藝而止。」[26]可見經訓之博厚高明，斷非老子後學以經稱道德者所能比況。范文瀾不取彥和原意，獨申其諸子同於儒學地位之主張，由此窺知。其又云：

> 道墨學說，皆應世而作，其時思想界之盟主為儒家，儒家末流之失，則有溝猶瞀儒嚾嚾高談仁義，迂闊而不切事情者，有繁飾禮樂以淫人，富人有喪，乃大說，喜曰，「此衣食之端也」者；墨家厭棄禮樂，道家非薄仁義，蓋有為而言之。是故三代以降，至孔子而集文化之成，諸子並作，因儒家而啟詰難之緒。[27]

儒家末流折衷微言，妄生穿鑿，多流於稽古曼衍之辭，所以空談仁義禮樂而迂闊淫人者，不免受墨、道等諸子所詰難。而〈正緯〉篇既言「世夐文隱，好生矯誕，真雖存矣，偽亦憑焉」，故須按經驗緯，則〈正緯〉不可與〈宗經〉並列，尚須列在〈諸子〉之下，其理至明。此外，將當時文體析成除文、筆二類外，另增文筆雜一類。所謂文類，乃指〈辨騷〉、〈明詩〉、〈詮賦〉、〈頌贊〉、〈祝盟〉、〈銘箴〉、〈誄碑〉、〈哀弔〉九篇，其中〈辨騷〉篇因「軒翥詩人之後，奮飛辭家之前」，因而改文類之首；筆類包括〈史傳〉、〈論說〉、〈詔策〉、〈檄移〉、〈封禪〉、〈章表〉、〈奏啟〉、〈議對〉、〈書記〉九篇，以史傳之「史肇軒黃，體備周孔，記事載言，六經皆史」，故為筆類之首；至於〈雜文〉、〈諧隱〉兩篇，以其「筆文雜用」，故列在文筆二類之間。證諸〈序志〉篇范注云：「論文敘筆，謂自〈明詩〉至〈哀弔〉皆論有韻之文，〈雜文〉、〈諧隱〉二篇，或韻

---

26 黃侃撰：《文心雕龍札記》（台北：文史哲出版社，1973 年 6 月），頁 21。
27 范文瀾撰：《諸子考略》；《范文瀾全集》第二卷，頁 218。

或不韻,故置於中,〈史傳〉以下,則論無韻之筆」[28],看法顯然一致。以上諸說,雖持論多方,然多出於范氏胸臆,未能切合劉勰意旨。首先,劉勰已於〈序志〉篇揭示全書之組織體系,上篇以論文敘筆為區分之準則,[29]下篇採剖情析采為條貫的方法,[30]上述四十九篇全係文用外,長懷〈序志〉以馭群篇,不僅綱領毛目畢顯,亦暗合大衍之數,范注重新區部分類,卻未能符合原書內容,則注者強為撰人,其囿可知。其次,彥和置〈辨騷〉篇於樞紐論,乃取《楚辭》於〈風〉、〈雅〉寢聲後卻能奇文鬱起,居於文學遞嬗中新變之關鍵,是以全篇首敘騷體起源,其後辨明騷體與經典同異,最後以「取鎔經旨,自鑄偉辭」作結,其中「雅頌之博徒,詞賦之傑」的評價,更指出《楚辭》上承經典,下啟漢賦之重要地位,若僅將〈辨騷〉視作文體之首,則彥和賦與其文學史上「變乎騷」之意義,亦將湮滅無存。復次,魏晉文學文筆二分,斷無疑義,清・王士禎云:「六朝人謂文為筆。齊梁間江左有沈詩任筆之語,謂沈約之詩,任昉之文也。」[31]知已初涉文筆二分的問題。趙翼《陔餘叢考》辨之甚詳:

> 陸游筆記:六朝人謂文為筆。顧寧人亦引其說,不知六朝人之稱文與筆,又自有別。《文心雕龍》曰:今俗常言無韻者筆也,有韻者文也,是六朝人以韻語為文,散行為筆耳。……可見文與筆自是二種,若筆即是文,何以有專言

---

28 范文瀾撰:《文心雕龍注・序志》注十九,頁743。
29 上篇包括文之樞紐論,即由卷一〈原道〉至〈辨騷〉五篇,又有文體論,即卷二〈明詩〉至卷五〈書記〉二十篇,以上共計二十五篇。
30 下篇計有文術論,由卷六〈神思〉至卷九〈總術〉十九篇,有文學批評論,從卷九末篇〈時序〉至卷十〈程器〉五篇,以上共計二十四篇。
31 清・王士禎撰:《分甘餘話》卷二〈沈詩任筆〉(北京:中華書局,1982年1月),頁31。

筆者，又有兼言文筆者，則六朝所謂文筆，當以劉勰言為
據也。[32]

劉勰自言「論文敘筆，囿別區分」，不僅為其論文之依據，
更是六朝文人普遍之看法，范文瀾於文、筆兩類外另設文筆雜類，
除不合於彥和之主張外，更昧於文學演進之思潮，而〈辨騷〉改
入文體論，更隨著范注影響日增，形成另一個討論的課題。[33]

二、提挈綱維之文術觀

劉勰以「剖情析采，籠圈條貫」作為文術論分篇之基礎，范
文瀾據此析〈情采〉為二，另將〈體性〉、〈風骨〉、〈鎔裁〉
三篇依字面拆開，各自附於情、采之下，形成「性⇨風⇨情 —— 鎔」
「體⇨骨⇨采 —— 裁」兩類，前者演為〈附會〉，後者遞進為〈物
色〉，二者俱歸於〈總術〉，溯及產生之源，則為〈神思〉。至
於〈通變〉篇言「文辭氣力，通變則久」、〈定勢〉篇云：「因
情立體，即體成勢」，是以將兩篇置於情、采兩條主線中間，相
互含攝，范注云：「《文心》各篇前後相銜，必於前篇之末，預

---

32 清·趙翼撰：《陔餘叢考》卷二十二〈詩筆〉（北京：中華書局，2006 年
　10 月），頁 424。

33 牟世金曾云：「范文瀾更早在 1923 年就以『詩之旁出者為騷』，而將〈辨
　騷〉篇表列為文體之一，到 1936 年，又明確列〈辨騷〉篇為文類之首。解
　放後三十年來，這兩種不同的認識仍然繼續存在。在《文心雕龍》研究中，
　主此兩說的人都為數不少。舉其要者，以〈辨騷〉篇不屬於文體論的，有劉
　永濟、段熙仲、馬茂元、王運熙、周振甫、詹鍈、郭晉稀諸家；以〈辨騷〉
　篇為文體論的，則有朱東潤、黃海章、趙仲邑、陸侃如、楊明照、杜黎均等。」
　詳參牟世金撰：《文心雕龍研究》（北京：人民文學出版社，1995 年 8 月），
　頁 111。

告後篇所將論者，特為發凡於此」[34]，可見其靡密。其中可堪注意者有二：一是〈神思〉置於情、采兩條主線之首，而為文術論的開端。〈神思〉一篇言為文運思，乃藉心神與外物交融而生文理，文云：「思理為妙，神與物遊。神居胸臆，而志氣統其關鍵；物沿耳目，而辭令管其樞機」，是知作品由運思而產生，即志氣與辭令間複雜而微妙之活動，范文瀾以此作為情、采兩條主線的濫觴，並據此詮釋創作之心靈歷程，如范注云：

> 虛靜之至，心乃空明。於是稟經酌緯，追騷稽史，貫穿百氏，泛濫眾體，巨鼎細珠，莫非珍寶，然聖經之外，後世撰述，每雜邪曲，宜斟酌於周孔之理，辨析於毫釐之間，才富而正，始稱妙才。才既富矣，理既明矣，而理之蓄蘊，窮深極高，非淺測所得盡，故精研積閱，以窮其幽微。及其耳目有沿，將發辭令，理潛胸臆，自然感應。若關鍵方塞而苦欲搜索，所謂理翳翳而愈伏，思乙乙其若抽，傷神勞情，豈復中用。[35]

創作之初，須使內心虛靜空明，於運際興會時拈題摛筆，自然多所感應，無須矯厲以得。然而臨篇綴慮，亦須採酌經緯，通貫文史百家，經此研閱窮照，方能馴致繹辭，睽理無滯。但是情感須藉文采加以表述，必涉言盡意之討論，為此范注云：

> 言語為表彰思想之要具，學者之恆言也。然其所以表彰思想者，果能毫髮無遺憾乎？則雖知言善思者，必又苦其不能也。思想上精密足以區別，而言語有不足相應者；思想上有精密之區別，言語且有不存者。無論何種言語，其代表思想，雖有程度之差，而缺憾則一也。據此，知言語不

---

34 范文瀾撰：《文心雕龍注·神思》注三一，頁 504。

35 范文瀾撰：《文心雕龍注·神思》注十，頁 498-499。

能完全表彰思想，而為言語符號之文字，因形體聲音之有
限，與文法慣習之拘牽，亦不能與言語相合而無間。[36]

「言意之辨」本是魏晉玄學重要的課題，與當時品鑒人物頗
有關聯，然而從主張「言不表意」之荀粲而至力主「言盡意」之
歐陽建，可知此課題涵括兩種層面：一是在哲學層次中對名言表
達之形上學所做的考察，二是於文學範圍裏從語意上對名言與語
意加以探討，兩者不可混同。范文瀾一則提出在哲學上贊同「言
不表意」的看法，二則尊重劉勰在文學上偏取言盡意之論點，云：
「言之盡意與否，為當時學者間爭論一大問題，茲可不論，彥和
謂『密則無際』，則似謂言盡意也。」[37]可見范文瀾雖於注文中
提出存疑之處，然亦謹守為文作注之份際，免生滋蔓，仍不失嚴
謹的態度。

　　其二，是將〈總術〉篇作為控引情、采兩條主線之源頭，並
移〈物色〉篇於〈總術〉篇之上。按〈總術〉篇連接文體論與文
術論，可視作文術論之前言。文云：「文體多術，共相彌綸，一
物攜貳，莫不解體，所以列在一篇，備總情變。」由此知彥和意
在提挈綱維，指明機要，方能控引情源，制勝文苑。范文瀾據此
執術馭篇，引為抒情佈采之源，其云：

　　人昧於文字之本原，惟辭采是競，舍根趨末，玉石紛雜。
　　所謂匱，蕪，淺，詭，聲怵，理拙諸病，皆由於不知研術
　　之故。術者，自〈神思〉以下諸篇，皆造文之要術也。能
　　明乎術，則少知所以接，多知所以刪，術有定數，無待邀

---

36 范文瀾撰：《文心雕龍注‧神思》注十三，頁500。
37 范文瀾於此注中引《全晉文》百九卷載歐陽建〈言盡意論〉文，然未申言內
　　文，而是就正文「意授於思，言授於意」加以說明，顯見范氏注文之謹慎。
　　詳參范文瀾撰：《文心雕龍注‧神思》注十四，頁500。

遇矣。[38]

此段以為綴篇謀慮，須知研術，以免競逐辭采，未能增貧去冗，流於匱雜末流。又釋總術一詞，云：

> 本篇以總術為名，蓋總括神思以下諸篇之義，總謂之術，使思有定契，理有恆存者也。或者疑彥和論文純主自然，何以此篇亟稱執術，譏切任心，豈非矛盾乎？謹答之曰，彥和所謂術者，乃用心造文之正軌，必循此始為有規則之自然；否則狂奔駭突而已。[39]

此范氏假託答問，一則辨明自然非放任不為，須藉術方能步上造文之正軌，而成有規則之自然；二則指出若無術而造文，不僅思理無定，更淪於文理之狂奔駭突，實未覈雕琢情性、組織辭令之文章要求。據此，范文瀾懷疑今本〈物色〉篇次之順序，當統於〈總術〉篇，云：

> 《文選》賦有物色類。李善注曰「四時所觀之物色而為之賦。」又云「有物有文曰色，風雖無正色，然亦有聲。」本篇當移在〈附會〉篇之下，〈總術〉篇之上。蓋物色猶言聲色，即〈聲律〉篇以下諸篇之總名，與〈附會〉篇相對而統於〈總術〉篇，今在卷十之首，疑有誤也。[40]

此說既出，從之者多有。[41]范文瀾訓物色為聲色，乃本諸李

---

38 范文瀾撰：《文心雕龍注‧總術》注五，頁 658-659。

39 范文瀾撰：《文心雕龍注‧總術》注八，頁 659。

40 范文瀾撰：《文心雕龍注‧物色》注一，頁 695。

41 王利器云：「案范氏獻疑是。〈序志〉篇云：『崇替於〈時序〉，褒貶於〈才略〉，怊悵於〈知音〉，耿介於〈程器〉，長懷〈序志〉，以馭群篇。』彥和自道其篇次如此：〈物色〉不在〈時序〉〈才略〉間，惟此篇由何處錯入，則不敢決言之耳。」見王利器撰：《文心雕龍校證》（上海：上海古籍出版社，1980 年 8 月，頁 279-280。又張立齋云：「是〈物色〉之必繼〈總術〉

善〈注〉。考李善〈注〉全文，當作：

> 四時所觀之物色而為之賦。又云：有物有文曰色，風雖無
> 正色，然亦有聲。《詩》注云：風行水上曰漪。《易》曰：
> 風行水上渙渙然，即有文章也。[42]

　　知范注省略李善引《詩》、《易》文。今據《韻會》漪作水
波解；《周易‧渙》正義云：「風行水上，激動波濤，散釋之象，
故曰：風行水上，渙」[43]，知李善注文所言物色，當指風物景色
而言，即令風無正色，其聲亦合於〈物色〉屬采附聲之例。[44]則
范注據聲色推衍為〈聲律〉篇以下諸篇總名，近於無據。考《文
選》排次以類相從，賦分郊祀、耕籍，則揚雄〈甘泉〉、潘岳〈籍
田〉各置前後，類作物色，則錄宋玉〈風賦〉、潘岳〈秋興〉、
謝惠連〈雪賦〉、謝希逸〈月賦〉四篇，以李善注〈雪賦〉為例，
則云：「《說文》曰：雪，凝雨也。《釋名》曰：雪，綏也，水
下遇寒而凝，綏綏然下也。《曾子》曰：陰氣凝而為雪。《五經

以發之也，故〈物色〉篇當在〈總術〉篇下為宜。且以兩篇次序緊接，易致
顛倒，若遠移於〈總術〉之上或非也，范氏之疑則是，而位置似不可從。」
見張立齋撰：《文心雕龍考異》（台北：正中書局，1974 年 11 月），頁 1063。
然考歷來《文心》諸本，其編次與今本俱同，而全書以四六行文，重在合於
音律對仗，自不能遍舉，如〈序志〉篇言文術論乃「摛〈神〉〈性〉，圖〈風〉
〈勢〉，苞〈會〉〈通〉，閱〈聲〉〈字〉」，僅止於八篇，可否就其未言
之十一篇更動順序？知此為駢文行文體例，不容遽疑。

42 梁‧蕭統編：《文選》附考異（台北：藝文印書館，2003 年 3 月），頁 195。
43 《周易正義》十三經注疏本（上海：上海古籍出版社，1997 年 7 月），頁
70。
44 劉勰於〈物色〉篇言詩人感物，有「寫氣圖貌，既隨物以宛轉，屬采附聲，
亦與心而徘徊」，所謂屬采，偏重形文，如「灼灼狀桃花之鮮，依依盡楊柳
之貌，杲杲為日出之容，瀌瀌擬雨雪之狀」謂之；至於附聲，事指聲文，如
「喈喈逐黃鳥之聲，喓喓學草蟲之韻」屬之，以上皆源自物色。

通訓》曰：春洩氣為雨，寒凝為雪。」[45]與劉勰於〈物色〉所謂「歲有其物，物有其容」，殆出同源。

　　范文瀾以情、采作為文術論之首要，確能掌握劉勰原意，然遽將各篇依情、采二分，罔顧諸篇內容多情采相攝，雖義有偏重，卻是首尾自圓，難以斷分，若〈風骨〉篇言：「練於骨者，析辭必精；深乎風者，述情必顯」，〈章句〉篇云：「設情有宅，置言有位；宅情曰章，位言曰句」，〈麗辭〉稱：「心生文辭，運裁百慮，高下相須，自然成對」，即令〈情采〉亦有「文采所以飾言，而辯麗本於情性」等，皆折衷至當，倘強作分割，不免淪為取義斷章，最不可取。此外，彥和於〈總術〉篇已云：「才之能通，必資曉術，自非圓鑒區域，大判條例，豈能控引情源，制勝文苑。」即以控引情源為綱領，下攝〈神思〉、〈體性〉、〈風骨〉、〈通變〉、〈定勢〉五篇，另視制勝文苑為條目，外加〈養氣〉、〈鎔裁〉為附論，共相彌綸，使眾理雖繁，而無倒置之乖。黃侃言〈總術〉篇：「意在提挈綱維，指陳樞要明矣」[46]，據此闡述《文心》下篇本旨，當可避免范氏治絲益棼之憾。

　　范文瀾以注論文的理論特色，或受限於採圖示表列之作法，未能以文字加以說明，是以晦澀難徵，或拘於注文當以表明文本原意，不宜多作個人發抒，甚而援引他人成說，縱然兩心相戚，亦未能於行文間逕予標明。即令如此，由於范注依循劉勰文必宗經與文原自然之主軸，對《文心》各篇之理解亦多符合劉勰本旨，雖於篇次之安排與體例之看法有出於原書者，然沿其思想脈絡仍可窺見其理論梗概，並就其中頗堪斟酌處加以辨證，以期還原《文心》面目，亦據此顯現范注理論之得失。

---

45 梁・蕭統編：《文選》附考異（台北：藝文印書館，2003 年 3 月），頁 198。
46 黃侃撰：《文心雕龍札記》（台北：文史哲出版社，1973 年 6 月），頁 201。

第七章　《文心雕龍注》誤謬舉正

　　注解《文心雕龍》以明清最盛，其中黃叔琳輯校本最為通行。然《文心》本非科場所用，注家多以注經方式疏理文句，較少發凡彥和用心。時入民初，《文心》已列大學課程，先有黃侃撰《文心雕龍札記》疏通文理，成就卓著。後范文瀾承本師黃侃成說，除沿用清人注書之法，以黃叔琳注本為基礎外，又輯錄資料作為正文佐證，援作彥和所舉例證之補充，撰成《文心雕龍注》，由此奠定近代研究《文心》之基石。范氏廣用群書，使讀者免去搜尋資料的辛勞，卻好大段鈔入，細大不捐之餘，又不免喧賓奪主，令彥和本義更加晦隱不明。另就其注釋體例而言，除有採輯與援證未備外，又有校勘未精與註解訛誤等缺失。有鑑於此，本章主要藉由注文體例、范氏對文獻考證與義理疏解三方面，糾舉《文心雕龍注》之誤謬，以期能在得失兼呈下，全面且客觀地顯現此書在注解上的成果。[1]

---

[1] 關於對范注提出駁正者，先有日人斯波六郎分別對注文內容略作更正，其後楊明照亦考校數十條，迄王更生更全面地對范注之體例、內容加以辨證，舉誤甚多。故本章除已參考前人研究成果外，已在考論方式、舉證內容上已有區隔，與前述多有不同，附誌於此。以上文章分見斯波六郎著、黃錦鋐譯：〈文心雕龍范注補正〉、楊明照撰：〈文心雕龍范注舉正〉，收於黃錦鋐編：《文心雕龍論文集》（台北：學海出版社，1979 年 1 月），頁 1-114、115-136；王更生撰：《文心雕龍范註駁正》（台北：華正書局，1979 年 11 月）。

第一節　體例不一，引文雜亂

一、書前例言規範，與注文體例相違背

范文瀾於書前雖撰有〈例言〉，卻存有說明不清、未對注文體例嚴整規範等問題，甚而有〈例言〉與注文體例相互矛盾之情況。〈例言〉首云：

> 《文心雕龍》以黃叔琳校本為最善。今即依據黃本，再參以孫仲容先生手錄顧千里、黃蕘圃合校本，譚復堂先生校本，鈴木虎雄先生〈校勘記〉，及友人趙君萬里校唐人殘寫本，畏友孫君蜀丞尤助我宏多。孫君所校有唐人殘寫本、明鈔本《太平御覽》及《太平御覽》三種，書此識感。

范氏注文用黃叔琳等語皆交代引文出處，然引孫蜀丞語則存有多種疑義：究竟所引鈔自唐殘寫本抑或其所校注的《太平御覽》？另孫氏所校明鈔本究為何人所鈔？他本《太平御覽》是何種版本？[2]全書引孫語共計十三次，全無交代出處，使讀者無法覆覈原文，亦未能得知採用此說的原由。

2　《太平御覽》於清末民初得見刊本至夥，海鹽張元濟主持商務印書館影印南宋刻本《御覽》時已見十餘種。民國初年《御覽》以清鮑崇城刻本及清末石印、聚珍本最為通行，明刻本當時已甚少見。明鈔本今得見兩種藍格鈔本，俱藏於台灣國家圖書館：一為黃丕烈藏本，一是傅增湘藏本，俱無孫氏批語。既如此，范注引孫蜀丞之校語，本應清楚說明孫氏所據底本，況范氏謂孫氏所用底本乃明鈔本，更為可covenant。范文瀾對文獻資料引用的輕忽，由此略見。有關《太平御覽》之考證，可參周生杰撰：《太平御覽研究》（成都：巴蜀書社，2008年12月），頁111-148。

又范《注》〈例言〉第八則云：

> 愚陋之質，幸為師友不棄，教誘殷勤。注中所稱黃先生，
> 即蘄春季剛師，陳先生即象山伯弢師。其餘友人則稱某君，
> 前輩則稱某先生。著其姓字，以識不忘。

按范文瀾注引單稱「黃先生」者必引自黃侃《文心雕龍札記》，但引是書稱《札記》者實又過半。尤可議者，范注於卷六〈神思〉篇注二謂：「黃先生《文心雕龍札記》（以下簡稱《札記》）曰」，除後文亦《札記》、黃先生混用外，〈神思〉篇前引黃侃《札記》早已混稱，俱為自亂其例者，況范注用黃侃著作尚有《詩品講疏》一種，也兼用「黃先生《詩品講疏》」、《詩品講疏》。引黃侃著作體例已見混亂，引陳漢章（伯弢）、李笠（字雁晴）不標出處，採劉師培、章太炎則又寫明，使書首所立〈例言〉形同具文。

二、引用相同資料，出處與體例多不同

除注文體例已違反〈例言〉規範外，范注徵引資料之方法，屢見前後注法不同之情況，以下就古籍及今人著作分別說明：

（一）古　籍

《文心雕龍》撰成於齊梁，所徵引典故及文章當是彥和所目見，范文瀾為《文心》作注，自以舉用先秦迄南朝著作為主。所引諸書若今有傳本者，不宜引用類書古注，因其引書多所割裂又好刪改原文，除有未見今本之佚文外，自當以傳本為據。然唐前古籍今亡佚近半，范注徵用古書，必賴類書古注，或採他人輯佚專冊。要之直接引用原始資料，可保有直證一手資料的優點，卻有僅見全書一隅，又需自行校勘的缺失；若採用他人輯佚成果，

雖有得諸文獻完整之好處，卻有未見輯佚前材料原貌的難題，因而毋論范氏以何者為據，皆有其難。然范文瀾徵引文獻，卻常存有另一種情況，即兼用古注類書與他人輯佚成果，或今有傳本除直引原書外亦兼引古注類書，甚至援引類書的引法多有差異，體例的混亂，由此可見。以下分作三點並舉一例說明：

1.今已亡佚，於轉引或引用輯本時未加注明，如《注》中引自桓譚《新論》六則：

①〈詮賦〉篇注三四：「桓譚《新論》：『余素好文，見子雲工為賦，欲從之學。子雲曰：能讀千賦，則善為之矣。』（《藝文類聚》五十六引。亦見《北堂書鈔》一百二。）」

②〈辨騷〉篇注三十一：「《北堂書鈔》九十七引桓譚《新論》云：『余少時好《離騷》，博觀他書，輒欲反學』，亦此意也。」

③〈諸子〉篇注二十：「《御覽》六百八引桓譚《新論》云：『《歸藏》四千三百言。』」

④〈神思〉篇注十七：「《全後漢文》十四輯桓譚《新論·祛蔽》篇：『余少時見揚子雲之麗文高論，……由此言之，盡思慮，傷精神也。』」

⑤〈定勢〉篇：「桓譚稱文家各有所慕，或好浮華而不知實覈，或美眾多而不見要約。」注十二即云：「桓譚語無攷，當在《新論》中。」

⑥〈序志〉篇注十六：「桓譚《新論》頗有論文之言，今自《全後漢文》十三所輯，略舉數條如左：『……余少時好《離騷》，博觀他書，輒欲反學。揚子雲攻于賦，余欲從學。子雲曰：能讀千賦則善賦。……』案嚴輯之外，應補本書所引兩條。〈哀弔〉篇：『相如弔二世，全為賦體。桓譚以為：其言惻愴，

讀者歎息』〈通變〉篇：『桓君山云：予見新進麗文，美而無採，及見劉揚言辭，常輒有得。』」

謹按：桓譚（24-56），字君山，撰有《新論》，已佚，然佚文甚夥。清時已有孫馮翼嘉慶七年刊《問經堂叢書》輯本，另嚴可均輯於《全後漢文》卷十三迄卷十五，至於黃以周亦有未刊之輯本。范文瀾注或稱引自《新論》，或用《太平御覽》、《北堂書鈔》，後直引嚴可均《全後漢文》輯本之佚文，體例甚亂。檢范注〈詮賦〉引桓譚《新論》後有按語謂「《藝文類聚》五十六引。亦見《北堂書鈔》一百二」，及引《北堂書鈔》卷九十七兩則皆可見於嚴氏《全後漢文》卷十五〈道賦〉第十二所記：「余少時好離騷，博觀他書，輒欲反學。^{《北堂書鈔》九十七。}」又記云：「揚子雲攻于賦，王君大習兵器，余欲從二子學。子雲曰：能讀千賦則善賦。君大曰：能觀千劍則曉劍。諺曰：伏習象神，巧者不過過習者之門。^{《意林》案：此約文。《北堂書鈔》一百二引云：『余少好文，見揚子雲〈賦頌〉，欲從學。子雲曰：能讀千賦則之矣。』《藝文類聚》五十六引云：『余素好文，見子雲工為賦，欲從學。子雲曰：能讀千賦，則善為之矣。』……。}」[3]此襲自嚴氏注文甚明，不僅句讀全同，所用類書亦止於嚴氏所錄，況范注於〈序志〉再引桓譚《新論》，方注明用嚴可均輯本，鈔錄文字中又見〈詮賦〉與〈辨騷〉中所引《新論》文字，再對照〈諸子〉篇引「《御覽》六百八引桓譚《新論》」即同於嚴可均輯《新論·正經第九》、〈神思〉篇又直用《全後漢文》，顯然底本僅用《全後漢文》無疑。

復次，〈定勢〉篇中引稱桓譚語，范注以為語雖無攷，當出於《新論》；〈序志〉篇注十六後附案語中，范注則云於嚴可均輯本之外，當補入〈哀弔〉、〈通變〉篇引文兩條。然而以上皆未說明何以於嚴氏輯本之外，另有一未見於〈例言〉或〈校勘所

---

3 引用清·嚴可均輯：《全後漢文》（北京：中華書局，1995 年 12 月），頁550。

用書目〉之《新論》輯本？檢孫馮翼《問經堂叢書》於《新論·琴道第十六》後附有〈補遺〉，其中一節即用《文心雕龍》中引桓譚語，輯文為：「予見新進麗文，美而無采；及見劉揚言辭，常輒有得。文家各有所慕，或好浮華而不知實核，或美眾多而不見要約。（及相如之弔二世，全為賦體。桓譚以為）其言惻愴，讀者嘆息；及卒章要切，斷而能悲也。」孫氏將《文心》引桓譚語皆視為《新論》佚文，甚至將前後文補綴成一段，實不可取，當以「存疑」標目，未能直題「補遺」。然而范氏將《文心》引桓譚語視為嚴可均輯本之佚文、又和嘉慶已刊行且流傳頗廣的孫氏輯本中〈補遺〉內容相同，恐范氏直用孫氏輯本，後附於〈序志〉篇注文中，又遺漏〈定勢〉篇引文所致，又即令范氏未用《問經堂叢書》本，然輯入卻未加考證，亦失嚴謹。

2.今有傳本，仍用類書古注而隨意標識，如《注》中徵引應劭《風俗通》[4]三則：

　　①〈哀弔〉篇注十八：「李善注引應劭《風俗通》曰：『賈誼與鄧通具侍中同位，數廷譏之。因是文帝遷為長沙太傅，及渡湘水，投弔書曰：闒茸尊顯，佞諛得意，以哀屈原離讒邪之咎，亦因自傷為鄧通等所愬也。』」

　　②〈指瑕〉篇注十二：「今存《風俗通》無釋匹之文．《藝文類聚》九十三引《風俗通》云：『馬一匹，俗說相馬比君子，與人相匹。或曰：馬夜行，目明照前四丈，故曰一匹。或曰度馬縱橫，適得一匹。或說馬死賣得一匹帛。或云：《春秋左氏》

4　范注引或作《風俗通》、《風俗通義》，今統一稱為《風俗通》。另〈諸子〉注十一後另起一段，其中亦有轉引《文選注》及《御覽》六百六引《風俗通》中所錄劉向《別錄》。就范注體例而言當為自撰，但在段落末用括弧注明「以上皆《漢書補注》引沈欽韓說」，顯見整段鈔自王先謙的注文，是知范氏作注難稱謹嚴。

說，諸侯相贈乘馬束帛，束帛為匹，與馬相匹耳。』」

　　③〈指瑕〉篇注十三：「《風俗通》：『車有兩輪，故稱為兩；猶履有兩隻，亦稱為兩。』」

　　謹按：應劭（約 153-196），字仲援，或作仲遠，撰有《風俗通》。是書今有元大德明程榮《漢魏叢書》本、《百家類纂》本、《古今逸史》本、明萬曆年間刊本、清朱筠鈔本、清末《子史百家叢書》本等多種版本，然已非全帙，近人王利器輯有專篇，可供參考。范注〈指瑕〉注十三直引《風俗通》語，實鈔自同注所引《尚書正義·牧誓》中孔穎達《正義》所引，非檢原書。〈指瑕〉篇注十二范氏按語有《藝文類聚》九十三所引《風俗通》，今未見傳本，斷為佚文，看似自撰，實則本諸黃叔琳之校注本所引：「〔應劭《風俗通》〕或曰馬夜行目明，照前四丈，故曰一匹。或曰度馬縱橫；適得一疋。」[5]考證則已見於清人惠棟《九曜齋筆記》所記云：「《文心雕龍》曰：『周禮井賦舊有疋馬，應劭釋疋為量首數蹄，斯豈辨物之要哉？』案：《藝文類聚》九十三卷載應劭《風俗通》曰：『馬一疋，俗說相馬及君子，與人相疋。或曰馬夜行，目相照前四丈，故曰一疋。或曰度馬縱橫，適得一疋。或說馬死賣得一疋帛。或云《春秋左氏》說，諸侯相贈乘馬束帛，帛為疋，與馬之相疋耳。』案：今《風俗通》無此語，非全書也。」[6]范氏引證、推論與斷語與惠棟全同，范氏當用惠棟考證成果而已。考諸范氏〈哀弔〉篇注十八轉引李善注引應劭《風俗通》文，可得今日傳本卷二〈孝文帝〉引：「是時誼與鄧通俱

5　引據清·黃叔琳校注：《文心雕龍》（台北：世界書局，1986 年 10 月），頁145。

6　見清·惠棟撰：《九曜齋筆記》（台北：新文豐出版社，1991 年 7 月《叢書集成續編》），頁 622。

侍中同位，誼惡通為人，數廷譏之。由是疏遠，遷為長沙太傅。
既之官，內不自得。及渡湘水，投吊書曰：『闒茸尊顯，佞諛得
意。』以哀屈原離讒邪之咎，亦因自傷為鄧通等所愬也。」[7]參照
今本文字後可知李善《注》引是文已有刪改。引文既存於原書自
非佚文，范氏就應採用原書，然注文仍用李善《注》，當應注文
前引《文選·弔屈原文并序》，順手將注文鈔入，卻又另標引文。
即范氏凡引《風俗通》無不轉引，皆未見原書，由此略見范文瀾
即使注釋明言引自今有傳本的專著，卻未必檢自傳本，至於引用
該書散佚的文句，也多直接援用他人研究成果，非自行輯錄。可
知范氏注文多僅轉引資料甚至他人成果，又未必誠實交代，令人
無法分辨其引用底本究為原書抑或轉引，對於注解最重視文獻真
實而言，確為缺失，亦為自亂體例之一證。

3.徵引類書古注，然引法有誤或體例相殊，如《注》中援用李昉
　《太平御覽》：

　　　范注引自類書古注若《太平御覽》、《北堂書鈔》，或《文
　選》、《水經》古注，體例皆有不同。按古籍浩繁，類書能分
　類繫事，可免查檢群書之勞，至於古注乃按文注解，所繫事類
　多有相關，何況北宋以前圖書亡佚最多，也賴此存留佚文，注
　書者必多參考與使用。是以直引類書或古注者，當注明其所徵
　引的書籍，然而范注引用類書古注時多無明確之標準，也未辨
　明所引古籍存佚的情況，頗為混亂。范氏引《太平御覽》若未
　標注其引錄出處者，多因所引即《文心雕龍》，然又未必然。
　以下即鈔引三則，略見范氏徵引方法：

　　　①〈詮賦〉篇注十二：「《御覽》三百五十有朔〈對驃騎

7 引據漢·應劭撰：《風俗通義》（長春：吉林大學出版社影明·程榮刊《漢
　魏叢書》本，1992年12月），頁644。

難〉。品物畢圖，謂皋朔輒受詔賦宮館奇獸異物也。」

　　②〈頌讚〉篇注十三：「《御覽》五八八引〈文章流別論〉：『昔班固為〈安豐戴侯（竇融封安豐侯，卒謚戴。）頌〉。』案頌文佚。」

　　③〈史傳〉篇注三十八：「《御覽》人事部：『張華多鬚，以帛纏之，陸雲見之，笑不能止。』」

謹按：范注上引《御覽》為輔說，體例俱不一致：

　　其一、或有注明卷數或無。宋初李昉編《太平御覽》，以供聖上參酌，為求盡可能蒐羅群書，雖經刪節，然而卷帙亦達一千卷。雖已標注卷帙，卻也翻檢未易，故上引范注〈史傳〉篇僅注明引自《御覽·人事部》，而自卷三百六十卷至五百卷，共得一百四十卷皆屬人事，此標注幾無益於檢尋。細檢之，方於《御覽》卷三百七十四檢得，乃引自鄧粲《晉紀》：「又曰：張華多鬚，常以帛纏之，陸雲見之，笑不能止。」知范注引此。然《御覽》卷三百九十一引《世說》云：「二陸入洛，而士龍不詣張公。公問士衡，雲何以不來。機曰：『有疾，恐公不悉，故未敢自見。』俄而雲詣華，華為人多姿質又好帛纏鬚，雲見而大笑，不能自已。士龍嘗著縗幘上舡，因水中自見其影，便大笑不能已，幾落水中。」按今本《世說》未見此則，對照前所引《晉紀》所錄，知當出於劉孝標注，後被宋人刪去，即此事鈔自《晉紀》。范注僅標注出於〈人事部〉，除翻檢甚為不易外，況同部中尚可檢得記錄更詳盡之內容，正可佐見彥和所論《晉紀》得失，而范注未察。

　　其二、或有注明所引亦見未予注明。類書內容本鈔自眾書，應將所鈔引之出處加以標出，方能盡類書編輯之功能。上文已知〈史傳〉篇注所引《御覽》，出於鄧粲《晉紀》，然未標出，不利分辨鈔引所據。

　　其三、或徵引文字或又未引用。范注〈詮賦〉篇據《御覽》卷三百五十記有東方朔有〈對驃騎難〉，以證東方朔之徒皆受詔而撰賦，未引正文。只是僅據東方朔撰有此篇，與撰賦乃因受詔間難證關聯。檢《御覽》所引，乃謂：「東方朔記曰：〈東方朔對驃騎難〉曰：『以珠彈不如墍丸，各有所用也。』」除已知范注篇名注錄有誤外，也無法證成朔撰賦乃出於受詔。以上可知，范注引類書體例紊亂，對於欲循其注文，披尋可用文獻的讀者而言，甚為不便。

4.引用專著，體例莫衷一是

　　《文心》所用典故，以經史為宗，因而范氏注書，尤以經史重覆最多，至於當時著作，亦引用甚繁。只是范文瀾引用同樣著作，體例幾無相同。譬若引《易經》原文，除直作《易》外，尚有詳略不一的情形，如皆引《易・坤卦》，又有作《易・坤卦・文言》；引《易・賁卦》者，也有作《易・賁卦・彖辭》、《易・賁卦・象辭》；引《易・坤卦》，也得《易・坤卦・文言》，甚至單稱〈繫辭〉、〈文言〉者。或者體例不一，若引《易・繫辭》，有作《易・下繫辭》、《易・繫辭下》，實則為同篇。此一混亂的情況，於徵引是書越頻繁則越顯明，如引《偽古文尚書》，即令同篇，有作〈大禹謨〉、〈偽大禹謨〉、《尚書・大禹謨》，其餘有諸如〈偽孔傳〉、〈尚書大傳〉、〈孔傳〉、〈孔氏傳〉、《尚書・偽孔安國序》等各類引法，此隨意引書的情況於注中多處可見。

（二）近人著作

　　范文瀾徵引當時學者的成果為注，以師長同儕為主。如黃侃、劉師培、李笠、孫蜀丞、陳漢章等，皆引用其語。前文所言范注

引宋以降著作體例已不統一，然引近人著作者體例更為淆亂。除不合〈凡例〉規範外，其引用方式概有三類：其一、有尊稱為「先生」，未寫姓名及篇名者。若引陳漢章的著作，皆作「陳先生」，引李笠語，作「李君雁晴」，引孫蜀丞，作「孫君蜀丞」。其二、有著錄其姓名和著作者，如引楊遇夫《讀漢書札記》、劉師培《中古文學史》、《論文雜記》、〈美術與徵實之學不同論〉、〈讖緯論〉、〈國學發微〉、章太炎《國故論衡》、〈文學總略篇〉、〈辨詩〉等皆屬此類。其三、有時著錄或稱作者，亦著錄其著作，時又僅稱作者，未著錄著作，或簡稱篇名，尤以引本師黃侃《文心雕龍札記》最多。上列范氏皆引民初學者的研究成果，引法已有不同，尤以僅列作者，未錄引用書名或篇章，讀者覆覈原文不易外，又僅稱某先生或其字號，徒增讀者困擾。至於第三類已引同書，在體例上竟有不同，更難理解。若文中徵引黃侃《文心雕龍札記》者頗多，卻有不同引法。大凡皆稱《札記》而已，又雜用《札記》並附篇名者、黃先生者；又若引鈴木虎雄〈文心雕龍校勘記〉，大凡題為〈校勘記〉，卻又得見鈴木〈校勘記〉者，皆是自亂體例的證明。

三、轉引他人成果，點綴己語不予標識

范注除存有體例不一的情況外，復因范文瀾未辨明類書古注、輯本、原書文獻之差別同異，加之對他人成說之引用，偏好直接鈔入少有說解，甚而在援引他人研究成果時，竟張冠李戴又漏列出處，令人誤認所論乃出於范氏個人創見。關於此，可就文獻研究、新見資料和文體論述分別說明於次：

（一）文獻研究：如用嚴可均輯佚成果

　　《文心雕龍》撰於南朝，徵引典故繁多，范氏為其作注，主要採近似余嘉錫注《世說新語》之法，排比史料文獻為旁證，附以他人成說或一己意見於後，以見劉勰《文心》本義，因此常引用唐以前著作。只是唐前文獻今多散佚不全，最賴輯佚家鉤沈佚文，略還舊觀。無怪范氏於注文中習用輯佚大家嚴可均《全上古三代秦漢三國六朝文》和馬國翰《玉函山房輯佚書》的成果，自是當然。然輯佚除需翻檢眾多古注類書外，檢得佚文，當需進一步推斷真訛，詳加考證再作最後安排，方能成書。就此以觀，范氏引用佚書本可親檢原始文獻，直接引用，毋須依賴前人輯佚成果，然又時見范氏直用古注類書，時又得見引用嚴、馬二氏輯佚成果，令人對范氏引用之底本究竟出於原始文獻抑或轉引，有所質疑。若〈誄碑〉篇注釋十三其注文便作：

　　……順所撰誄文有〈和帝誄〉（《藝文類聚》十二。）及陳公（《文選》曹植〈上責躬詩表注〉。）賈逵（《初學記》二十一）二誄殘句。茲錄〈和帝誄〉於後：

　　天王徂登，率土奄傷；如何昊穹，奪我聖皇！恩德累代，乃作銘章。其辭曰：

　　恭惟大行，配天建德；陶元二化，風流萬國；立我蒸民，宜此儀則。厥初生民，三五作綱；載籍之盛，著于虞唐；恭惟大行，爰同其光。自昔何為，欽明允塞；恭惟大行，天覆地載；無為而治，冠斯往代。往代崎嶇，諸夏擅命；爰茲發號，民樂其政。奄有萬國，民臣咸秩，大孝備矣，閟宮有侐。由昔姜嫄，祖妣之室；本枝百世，神契惟一，彌留不豫，道揚末命；勞謙有終，實惟其性；衣不制新，

犀玉遠屏。履和而行，威棱上古；洪澤旁流，茂化沾溥；
不憖少留，民斯何怙；歔欷成雲，泣涕成雨；昊天不弔，
喪我慈父。

　　范氏謂蘇順所撰〈和帝誄〉見存於《藝文類聚》與《文選》
注文，另《初學記》引蘇氏所撰〈陳公誄〉、〈賈逵誄〉，所用
資料全同於嚴可均《全後漢文》後有關蘇順的輯文，除引文次序、
方式及體例相同外，引文中「載籍之盛」《藝文類聚》卷十二引
〈和帝誄〉作「載藉之盛」，范氏也同於嚴可均輯本，鈔引自嚴
氏痕跡甚顯。[8]再者，若〈雜文〉自注十二迄注二十，亦見范氏鈔
錄嚴可均所輯《全後漢文》、《全三國文》，以下即引數則為說：

〔十二〕　《文選》張景陽〈雜詩〉注〈廣絕交論〉注引
　　　　　陳思〈辯問〉，疑〈客問〉當作〈辯問〉。文
　　　　　佚無考。（僅存『君子隱居，以養真也，游說
　　　　　之士，星流電耀』數語。）

〔十三〕　庾敱，（五來切。）字子嵩，《晉書》有傳。
　　　　　〈客咨〉佚。

〔十四〕　傅毅〈七激〉，載《藝文類聚》五十七。

〔十五〕　崔駰〈七依〉，殘佚，《全後漢文》輯得九條。

8　另於同篇注十直採嚴可均《全漢文》引自《藝文類聚》所引揚雄所撰〈元后
　誄〉，又注十四亦云：「嚴可均《全晉文》九十二輯岳誄文有〈世祖武皇帝
　誄〉，（《藝文類聚》十三。）〈楊荊州誄〉、〈楊仲武誄〉、〈馬汧督誄〉、
　〈夏侯常侍誄〉（並《文選》）等篇。茲錄〈皇女誄〉一篇示例，亦彥和所
　謂巧於序悲者也。」亦引自嚴可均輯本，然之後所引錄〈皇女誄〉卻又標明
　引自《藝文類聚》。〈頌贊〉注十也謂：「《史記》載〈泰山〉、〈琅邪臺〉、
　〈之罘〉、〈東觀〉、〈碣石〉、〈會稽刻石〉，凡六篇，獨不載〈鄒嶧山
　刻石文〉，茲全錄於左」，似出自范氏鈎沈，但由所引刻石文字的注文，又
　發現還是輯自嚴本。上述皆是范注習見之情形，除可作自亂其例的證明外，
　亦可見范氏確實援用嚴氏成果又不予交代的事實。

〔十六〕　張衡〈七辯〉，殘佚，《全後漢文》輯得十條。

〔十七〕　崔瑗〈七厲〉，據本傳應作七蘇。李賢注曰：
　　　　　『瑗集載其文，即枚乘〈七發〉之流。』《全
　　　　　後漢文》自《北堂書鈔》一百三十五輯得『加
　　　　　以脂粉。潤以滋澤』兩句。又案傅玄〈七謨序〉，
　　　　　〈七厲〉乃馬融所作，此或彥和誤記。

〔十八〕　陳思〈七啟〉，見《文選》。其序曰：『昔枚
　　　　　乘作〈七發〉，傅毅作〈七激〉，張衡作〈七
　　　　　辯〉，崔駰作〈七依〉，辭各美麗，余有慕之
　　　　　焉，遂作〈七啟〉，並命王粲作焉。』

〔十九〕　王粲〈七釋〉，殘佚，《全後漢文》輯得十三
　　　　　條。

〔二十〕　桓麟〈七說〉，殘佚，《全後漢文》輯得五條。

　　按注十三范氏直下斷語、十四引自《類聚》，或以為其論述乃出自機杼，但注十五、十六、十七、十九、二十又用《全後漢文》，復對照注十二之考論，已見於《全三國文》中曹植之〈辯問〉，其文記云：「君子隱居，以養真也。^{《文選》張景陽}游說之士，星流電耀。^{《文選·廣絕}」另外注十八亦引陳思王〈七啟·序〉，輯自《文選》和《藝文類聚》，其記云：「昔枚乘作〈七發〉，傅毅作〈七激〉，張衡作〈七辯〉，崔駰作〈七依〉，辭各美麗，余有慕之焉，遂作〈七啟〉，並命王粲作焉。」[9]足見嚴可均所輯，即范氏所據。要之唐前文人著作多殘語隻言，採用他人輯佚成果不勞親自輯考，實則無可厚非，但故意直引古注類書實則承襲、鈔錄自輯佚書內容，不免有剽竊前人成果之譏。

---

9 以上兩段引文，見清·嚴可均輯：《全三國文》（北京：中華書局，1995年12月），頁1141。

（二）新見資料：若引《文鏡秘府論》

此外，於海內新發現《文心》研究的古籍，亦為范氏所重，而以《文鏡秘府論》為其代表。日本高僧空海（774-835），法號遍照金剛，於唐德宗時到中國學習佛法，鑽研中華文化，於元和元年返回日本。所撰《文鏡秘府論》析論文章聲病，頗有深解，當中徵引諸書，亦有益於文獻之用。清末楊守敬撰《日本訪書志》已著錄此書，未久傳入中國。范氏能留意新見資料，並善予利用自是難得。然引錄時又疏於注明，已生疑義。若〈聲律〉注釋一記云：

> ……《宋書・范曄傳》載曄〈自序〉云：「性別宮商，識清濁，斯自然也。……。」《文鏡秘府論》一〈四聲論〉曰：「宋末以來，始有四聲之目，沈氏乃著其譜，論云，起自周顒。」《南史・陸厥傳》云：「時盛為文章，吳興沈約，陳郡謝朓，琅邪王融以氣類相推轂。汝南周顒善識聲韻。約等文皆用宮商；將平上去入四聲，以此制韻，有平頭上尾蜂腰鶴膝。五字之中，音韻悉異，兩句之內，角徵不同，不可增減，世呼為『永明體』。」四聲之分，既已大明，用以調聲，自必有術。……辭氣流靡，罕有挂礙，不可謂非推明四聲之功。鍾嶸《詩品》，獨非四聲，以為襞積細微，文多拘忌，傷其真美，斯論通達，當無間然。……彥和於〈情采〉、〈鎔裁〉之後，首論聲律。蓋以聲律為文學要質，又為當時新趨勢。彥和固教人以乘機無怯者，自必暢論其理。……。

注文引用《宋書》、《南史》、《文鏡秘府論》、《詩品》及《文心雕龍》等書，可謂旁徵博引，用力甚深。然比對《文鏡

秘府論》中〈四聲論〉所記，其資料實與此注相重。遍照金剛即云：

> ……宋末以來，始有四聲之目。沈氏乃著其譜論，云起自周顒。……蕭子顯《齊書》云：「沈約、謝朓、王融，以氣類相推，文用宮商，平上去入為四聲，世呼為永明體。」……又吳人劉滔著〈雕龍篇〉云：「音有飛沈，響有雙疊，雙聲隔字而每舛，疊韻離句其必睽；沈則響發如斷，飛則聲颺不還；並鹿盧交往，逆鱗相批，迕其際會，則往蹇來替，其為疹病，亦文家之吃也。」又云……。潁川鍾嶸之作《詩評》，料簡次第，議其工拙。……嶸又稱：「昔齊有王元長者，嘗謂余曰：『宮商與二儀俱生，往古詩人，不知用之。唯范曄、謝公頗識之耳。』」今讀范侯贊論，謝公賦表，辭氣流靡，罕有掛礙，斯蓋獨悟於一時，為知聲之創首也。[10]

　　文中引用資料若和范注相校，可得《齊書》、《文心雕龍·聲律》、《詩品》、范曄之贊論，除《文心·聲律》外，似與范注引用有別。檢遍照金剛所引《齊書》，係出於〈陸厥傳〉，唐李延壽編《南史》已收入於〈陸厥傳〉，然范所引全同於遍照金剛所錄，卻改用時間更晚編成之《南史》，況注二十二後所附〈陸厥與沈約書〉、〈沈約答陸厥書〉，自注云「以上兩書，均載《南齊書·陸厥傳》」，透露范氏已知見《南齊書·陸厥傳》，其用《南史·陸厥傳》，殆欲避人耳目，以掩飾轉用《文鏡秘府論》的痕跡，至於兩人所引《詩品》，皆見於鍾嶸之〈自序〉。其文

---

10 引文參（日）遍照金剛撰，王利器注：《文鏡秘府論校注》（台北：貫雅出版社，1991年12月），頁85-100。又范注鈔引繁雜，又巧為改易，為俾利對照，故上徵引《文鏡秘府論》原文，係用節錄方式，無法全文鈔引。

記云：「昔曹劉殆文章之聖，陸謝為體貳之才，千百年中，而不
聞宮商之辨，四聲之論。或謂前達偶然不見，豈其然乎。……六
有王元長者，嘗謂余云：『宮商與二儀俱生，自古詞人不知之。
惟顏憲子乃云律呂音調，而其實大謬。唯見范曄謝莊頗識之耳。』」
[11]首段乃范注所引，後段為遍照金剛所用，實出於同篇；至於《文
鏡秘府論》所謂范曄之贊文，係指《宋書・范曄傳》所錄〈獄中
與諸甥侄書〉，其記云：「性別宮商，識清濁，斯自然也。觀古
今文人，多不全了此處，縱有會此者，不必從根本中來。言之皆
有實證，非為空談。年少中，謝莊最有其分，手筆差易，文不拘
韻故也。吾思乃無定方，特能濟難適輕重，所稟之分，猶當未盡。
但多公家之言，少於事外遠致，以此為恨，亦由無意於文名故也。」
[12]全被范文瀾所用。是知范氏所用資料，全出於《文鏡秘府論》，
卻又加以更易，避人耳目。甚者改動標點，視為自撰。〈聲律〉
篇注釋十二謂：

> 異音相從謂之和，指句內雙聲疊韻及平仄之和調；同聲相
> 應謂之韻，指句末所用之韻。韻氣一定，故（故，〈四聲
> 論〉引作則，是。）餘聲易遣，謂擇韻既定，則餘韻從之；
> 如用東韻。凡與同韻之字皆得選用。和體抑揚，故遺響難
> 契，謂一句之中，音須調順，上下四句間，亦求和適。此
> 調聲之術，所以不可忽略也。《文鏡祕府論》謂筆有上尾
> 鶴膝隔句上尾沓發（音廢）等病，詞人所常避。如束皙〈表〉
> 云「薄冰凝池，非登廟之珍，」池與珍同平聲，是其上尾
> 也。左思〈三都賦序〉云「魁梧長者，莫非其舊，風謠歌
> 儛，各附其俗，」者與儛同上聲，是鶴膝也。隔句上尾者，

---

11 引見梁・鍾嶸撰：《詩品》（北京：中華書局，1981 年 4 月），頁 5。
12 引見梁・沈約撰：《宋書》（台北：鼎文書局，1987 年 10 月），頁 1831。

第二句末與第四句末同聲也。如鮑照〈河清頌序〉云『善
談天者，必徵象於人；工言古者，必考績於今，』人與今
同聲是也。沓發者，第四句末與第八句末同聲也。如任孝
恭書云『昔鍾儀戀楚，樂操南音；東平思漢，松柏西靡；
仲尼去魯，命云遲遲；季后過豐，潸焉出涕。』涕與靡同
聲是也。

前段乃就〈聲律〉篇原文分別釋之，唯說解甚淺，而引「東」
韻為說，竟也欠缺例證，使學者未諳調聲之術，唯其後引用《文
鏡秘府論》，方才徵引束晳、鮑照、任孝恭等作品為例。對照《文
鏡秘府論·文筆十病得失》文：

筆有上尾、鶴膝、隔句上尾、踏發等四病，詞人所常避也。
其上尾、鶴膝，與前不殊。束晳表云：「薄冰凝池，非登
廟之珍。」「池」與「珍」同平聲，是其上尾也。左思〈三
都賦序〉云：「魁梧長者，莫非其舊。風謠歌舞，各附其
俗。」「者」與「舞」同上聲，是鶴膝也。隔句上尾者，
第二句末與第四句末同聲也。如鮑照〈河清頌序〉云：「善
談天者，必徵象於人；工言古者，必考績於今。」「人」
與「今」同聲是也。但筆之四句，比文之二句，故雖隔句，
猶稱上尾，亦以次避，第四句不得與第六句同聲，第六句
不得與第八句同聲也。踏發^{廢音}。者，第四句末與第八句末
同聲也。如任孝恭書云：「昔鍾儀戀楚，樂操南音；東平
思漢，松柏西靡。仲尼去魯，命云遲遲；季后過豐，潸焉
出涕。」「涕」與「靡」同聲是也。[13]

范注於束晳二字前省去《秘府論》之「但筆之四句……第四

---

13 詳參（日）遍照金剛撰，王利器注：《文鏡秘府論校注》，頁564。

句末與第八句末同聲也」义，是知范氏此注實抄自《文鏡秘府論》，且有妄加增刪，更動語句之情況，則范注勦引他說，未能據實標明出處至明。

（三）文體論述：如採本師黃季剛《札記》心得

范氏注《文心》乃承自本師黃侃，好引《文心雕龍札記》或源於師法，然引錄師說常含混其辭，甚至綴以數語，未言出處，不免為人口實。如〈樂府〉篇注三八云：

> 黃先生曰：「此據《藝文志》為言，然《七略》既以詩賦文藝分略，故以歌詩與詩異類。如令二略不分，則歌詩之附詩，當如《戰國策》、《太史公書》之附入春秋家矣。此乃部居所拘，非子政果欲別歌於詩也。」謹案詩為樂心，聲為樂體，詩與歌本不可分，故三百篇皆歌詩也。自漢代有〈在鄒諷諫〉等不歌之詩，詩歌遂畫然兩途。凡後世可歌之辭，不論其形式如何變化，不得不謂為三百篇之嫡屬，而摹擬形貌之作，既與聲樂離絕，僅存空名，徒供目賞，久之亦遂陳熟可厭。《別錄》詩歌有別，《班志》獨錄歌詩，具有精義，似非止為部居所拘也。《唐寫本》具作序，是。

> 郭茂倩《樂府詩集》分樂府為十二類，每類皆有敘說原流之辭，極為詳核，茲迻錄之。（略有刪節）並列表如左：……
> 一　　郊廟歌辭……
> 十二　新樂府辭……

檢黃侃《札記》所錄，於范氏引文外，尚云：「《樂府詩集》分十二類，每類皆有敘說原流之辭，極為詳眩，茲迻錄之（略有

刪節）如左：」之後便繫《樂府詩集》十二類歌辭，[14]范氏除申言黃侃文體理論外，又鈔入《札記》所引已被黃氏刪節《樂府詩集》之文，視為自己案語的一部份而未予標識，甚為不宜。又若〈通變〉篇注六謂：

> 《禮記·郊特牲》「伊耆氏始為蜡，蜡也者，索也。祝曰『土反其宅，水歸其壑，昆蟲毋作，草木歸其澤。』」《札記》云「案上文『黃歌斷竹，下文虞歌卿雲，夏歌雕牆，』『斷竹』『卿雲』『雕牆，』皆歌中字，此云『在昔，』獨無所徵，倘昔為蜡之譌與！《禮記》載伊耆氏蜡辭，伊耆氏，或云堯也。」竊案蜡辭非歌，在蜡亦非句中語，或彥和時有此歌爾。

注文所引《禮記·郊特牲》，似為補充所欲注解「唐歌在昔，則廣於黃氏」一句，「在昔」乃「蜡」字之訛，因前後兩句所引皆是歌中文句，惟將「在昔」更為「蜡」，尚能依於《禮記》中蜡之祝語。此說乃黃侃《札記》的推測，但范氏卻直接找出《禮記》原文並加引錄，以為己語。對照後文所論，又再針對黃氏所引《禮記》提出質疑，更是自亂體例。其說本據《札記》，當先引黃侃語後再鈔引《禮記》中有關記載，後下案語，以駁師說。范氏本好鈔引師說，又轉用黃侃所引證的文獻，惟多不予標識，竟視為自撰。[15]

---

14 參黃侃撰：《文心雕龍札記》（台北：文史哲出版社，1973 年 6 月），頁 48-62。

15 關於范氏轉用黃侃徵引文獻甚至據為己有者，於《文心雕龍注》中頗為常見。〈麗辭〉注十二便引《札記》，不過後繫有：「今錄阮李二君文三篇于後，以備攷鏡」，檢《札記》所記，則作「今錄阮李二君文四篇于後，以備考鏡」，范氏注乃改易其本師原來徵引的四篇為三篇，去〈阮伯元四六叢話序〉，鈔自本師的證據確鑿。今附誌於此。

上述注文體例之雜亂，當出於范氏未能掌握古籍存佚之情形，加以對採用的文獻內容欠缺深考所致，何況即令引自相同底本和出處之引文，亦有交代不清、體例不一的情況，其治學亦見密中有疏之缺憾。

第二節 鈔引龐雜，無益釋文

《文心雕龍注》最為人樂道者當推范氏引證浩繁，利於讀者概覽相關資料，而免去自行披沙檢尋之勞。然范注引用雖多，嘗見與《文心》無關的文獻和論述亦在徵引之列，或有條列資料，未見詮釋，徒增讀者困擾。要之其病，可由二點分述：

一、與原文無關，易節外生枝

范文瀾為《文心》作注，開始多能扣合原意，後來引證時卻衍生枝節，和本欲注解的詞彙或義理多不相干。若〈書記〉即記：「漢來筆札，辭氣紛紜」，范注便云：

> 《說文》：「札，牒也。」《漢書·郊祀志》：「卿有札書。」〈司馬相如傳〉：「上令尚書給筆札。」注：「札，木簡之薄小者也。」《釋名·釋書契》：「札，櫛也。編之如櫛齒相比也。」札與牘同。東方朔上書用三千牘，是漢代用素時少，用木時多。又後世稱尺牘；漢稱短書，〈古詩〉：「袖中有短書，願寄雙飛燕」是也。下列四書，皆人所習見。《文選》有李少卿〈答蘇武書〉，彥和獨不舉。豈亦有所疑邪！劉知幾《史通·雜說下》曰：「《李陵集》

有〈與蘇武書〉詞采壯麗，音句流靡。觀其文體，不類西漢人，殆後來所為，假稱陵作也。遷《史》缺而不載，良有以焉，編於李集中，斯為謬矣。」蘇軾〈答劉沔書〉曰：「李陵蘇武贈別長安，而詩有江漢之語。及陵〈與武書〉，辭句儇淺，正齊梁間小兒所擬作，決非西漢人，而統不悟。劉子玄獨知之。識真者少，蓋從古所病也。」浦起龍〈釋雜說〉下云：「海虞王侍郎峻為予言，子瞻疑此書出齊梁人手，恐亦彊坐。江文通〈上建平王書〉已用少卿抱心之語，豈以時流語作典故哉。當是漢季晉初人擬為之。」案此說是也。《藝文類聚》三十載蘇武〈報李陵書〉。《文選》劉琨答〈盧諶詩〉注，丘遲〈與陳伯之書〉注，袁宏〈三國名臣贊〉注並引武〈答陵書〉。

此注僅留意漢以來「書札」一詞的解釋，旁落「辭氣紛紜」句之疏解，而舉《漢書》、《釋名》為例，其內容亦未能證成札與牘何以相通之理。惟之後對劉勰所用四例[16]提出異議：即何以未引題名為李陵之〈答蘇武書〉？然後自行斷定彥和必有所考量，故未引用。此自設推論，復引唐·劉知幾與清·浦起龍及宋·蘇軾之言以證，至末再附一己之考語。且置范氏對〈與蘇武書〉非出於李陵之論證不論，劉勰撰《文心》本以四六成文，所舉例證自須四例方能對仗，於全書中多有可見，因而彥和用四例為說，本無疑義，何以特意對彥和不引〈答蘇武書〉起疑，殊不可解。其後又揣測彥和撰文初衷，再對此假設多方證成，除與《文心》

---

16 〈書記〉篇云：「漢來筆札，辭氣紛紜。觀史遷之〈報任安〉，東方之〈難公孫〉，楊惲之〈酬會宗〉，子雲之〈答劉歆〉，志氣盤桓，各含殊采。」彥和舉此四例乃就各自志氣宏大，俱懷文采之特色，以言漢代筆記書札，文辭聲氣，紛紜繁多。實以其文章特色為據，非以考訂真偽為考量。

無關外，與原來欲釋的文句亦相去甚遠。又若〈諧隱〉篇載：「魏晉滑稽，盛相驅扇：遂乃應瑒之鼻，方於盜削卵；張華之形，比乎握春杵：曾是莠言，有虧德音，豈非溺者之妄笑，胥靡之狂歌歟？」范注釋之曰：

> 應瑒事未聞其說。《世說新語·排調》篇注引《張敏集·頭責子羽文》曰：「范陽張華，頭如巾齏杵。」謂頭著巾，形如齏杵也。漢末以後，政偷俗窳，威儀喪亡，《典論》曰，孔融體氣高妙，有過人者，然不能持論，理不勝辭，至於雜以嘲戲。又如曹植得邯鄲淳甚喜，誦俳優小說數千言，其不持威儀，可以想見。《吳志·諸葛恪傳》恪父瑾，面長似驢，孫權大會群臣，使人牽一驢入，題其面曰「諸葛子瑜。」恪跪曰「乞請筆，益兩字。」因續其下曰「之驢，」舉坐歡笑。君臣之間，竟相戲弄若此。晉尚清談，此風尤盛；故彥和譏為溺者之妄笑，胥靡之狂歌也。（溺人必笑，見《左傳·哀公二十年》。胥靡，刑徒人也。胥靡狂歌，未知所本。當自《呂氏春秋·大樂》篇：「溺者非不笑也，罪人非不歌也』句化出。」

> 《隋書·經籍志·總集類》有袁淑《誹諧文》十卷，是撰誹諧集之始。其文存者，有〈雞九錫文〉，〈勸進牋〉，〈驢山公九錫文〉，〈大蘭王九錫文〉，〈常山王九命文〉。茲錄〈雞驢九錫文〉二首於下：
> 〈雞九錫文〉
> ……（《藝文類聚》九十一）
> 〈驢山公九錫文〉
> ……（《藝文類聚》九十四）

彥和於文中所引嘲弄應瑒、張華一節，旨在證明莠言有損於

德音，藉以呼應諧辭本非雅正之體，多有後人誤用衍為流弊之情形，此本為范注所應注解之內容，至於注文「漢末以後」的闡發，或以為乃據《文心》「魏晉滑稽，盛相驅扇」的風氣而申論，實已畫蛇添足，無益詮釋。要之彥和所謂的「魏晉滑稽」，在於批評此時懿文之士，波逐時尚撰作滑稽文章的惡風，檢諸此文所列，可得潘岳〈醜婦〉、束皙〈賣餅〉，以及嘲笑應瑒、張華形體等文章，無不密合於彥和對無益世風，止於排調文章的不滿，至於范注所舉，若孔融雜以嘲戲，其體仍屬論說，《文心·論說》即云：「至若張衡譏世，韻似俳說；孔融孝廉，但談嘲戲；曹植辨道，體同書抄：言不持正，論如其已。」知非俳文；又言曹植好俳優小說，或《吳志·諸葛恪傳》滑稽之舉，[17]皆非文章，可知所列有違《文心》原文。尤其注末引袁淑《誹諧文》實乃挪用嚴可均的輯佚成果，置於此也屬不類，畢竟袁淑（408-453）乃劉宋時人，已非彥和所標舉的魏晉滑稽。足知范注引文確有貪多好博，忽略《文心》原旨的缺失，於其注文中習見。

　　總之，注文本應疏解文句或證成文理，卻因范注雜引諸說又不能依《文心》原句闡釋，以致鈔引繁雜，不僅與欲釋的文句關係相殊，甚至喧賓奪主自佔席地，未能符合注釋本應疏解文句之目的，成為范注疏漏之處。

二、僅排列資料，未加以詮釋

　　注釋於疏解原文之外，尚可訓詁文字，考證名物，或者駁正舊注，以證一己之說，皆有利於讀者理解。是以訓解文句或引用

---

17 參范文瀾撰：《文心雕龍注·諧隱》注十（北京：人民文學出版社，1961年9月），頁277。

資料時存有疑義，就應辨正真訛，闡明己說，即便無法當下定奪是非，也應梳理文獻後，表明一己之判斷，以俟來者。然范氏好排列眾多文獻，祈讀者自行董理資料，不置一詞。〈哀弔〉篇云：「暨漢武封禪，而霍子侯暴亡，帝傷而作詩，亦哀辭之類矣。」范注謂：

> 《史記·封禪書》：「天子獨與侍中奉車子侯上泰山。」
> 《漢書·霍去病傳》：「去病子嬗。嬗字子侯，上愛之，為奉車都尉，從封泰山而薨，」《風俗通義》二〈封泰山禪梁父〉條云：「奉車子侯暴病而死，悼惕無已。」（《通鑑·武帝紀》元封元年，奉車霍子侯暴病，一日死。上甚悼之。）武帝〈傷霍嬗詩〉七。

范氏先引正史《史記·封禪書》載霍去病子嬗從武帝至泰山封禪時物故，復引《風俗通義》載中武帝悼念去病之子一事，雖可說明劉勰此說的文獻依據，然而注文僅止於排比資料，未見申述，即令羅列資料，亦應求全。注文中既引《史記·封禪書》與《風俗通義》，卻未錄唐·司馬貞於《索引》中引《風俗通》云：「然顧胤案：《武帝集》帝與子侯家語云，道士皆言子侯得仙，不足悲，此說是也。」[18]此文論點顯與哀辭不類，頗可注意，即使注者未能決斷，亦應補入，以待學者心證，脈絡不清，便不能彰顯注解之用。另〈史傳〉篇云：「傳者，轉也；轉受經旨，以授於後，實聖文之羽翮，記籍之冠冕也。」范氏則注曰：

> 《釋名·釋書契》：「傳，轉也。轉移所在，執以為信也。」（《廣雅·釋言》云：「傳，轉也。」）《史通·六家篇》「《左傳》家者，其先出於左丘明。孔子既著《春秋》，

18　漢·司馬遷撰：《史記》（台南：綜合出版社，1981年2月），頁439。

　　而丘明受經作傳。蓋傳者，轉也，轉受經旨，以授後人。
　　或曰，傳者，傳也，所以傳示來世。案孔安國注《尚書》，
　　亦謂之傳，斯則傳者亦訓釋之義乎？觀《左傳》之釋經也，
　　言見經文而事詳傳內，或傳無而經有，或經闕而傳存，其
　　言簡而要，其事詳而博，信聖人之羽翮，而述者之冠冕也。」

　　其中所引《釋名》對「傳」的解釋，乃據許慎《說文》：「遽
也。辵部曰。遽、傳也。與此為互訓。此二篆之本義也。周禮行
夫。掌邦國傳遽。注云：傳遽、若今時乘傳騎驛而使者也。」《廣
雅・釋言》亦用此義，即書契以傳遞消息為用。惟此解釋作為疏
解經書的傳體甚為牽強，因而所引是否即劉勰本意實未可知，至
於范文瀾既引此為證，本當予以疏解，然其後卻又引《史通》為
釋，實則劉知幾所言，乃闡發〈史傳〉篇此句之義理，無怪文後
范氏附案語謂「案孔安國注《尚書》，亦謂之傳，斯則傳者亦訓
釋之義乎？」已生疑竇。試觀詹鍈對此句的訓解，即云：「《疏
證》：『蓋傳對經而言。經為高文典冊，其長在二尺以上。傳之
本字為專。《說文》：專，六寸簿也。其尺寸小于經，專為釋經
而作。左氏為《春秋經》作傳，以論其本事，傳蓋附經以行者也。』」
[19]以經、傳二者的關係以釋「傳」之原意，可知將訓解經文之傳
釋為轉授之義，合於彥合本旨。

　　以上可見范氏排列文獻有全無訓解，或又忽略顯見疑義，實
為《文心雕龍注》的缺失之一。

---

19 詹鍈撰：《文心雕龍義證》（上海：上海古籍出版社，1994 年 9 月），頁
　570-571。

第三節　考據不精，時見疏漏

　　注《文心》之難，除源自是書文簡意繁，且文學理論，本不易掌握要旨，加諸以駢文成書，多用故實，而徵引之書，實亡佚八九，因而為《文心》作注者，必兼通六朝文論及文獻考證，若以此二者質諸范注，又有未盡人意者：

一、引用他人成果，未見疏理

　　《文心》以宗經為要，故多用典籍，至於子集之作，亦徵引甚繁，況《文心》面世後即為文人所好，歷代皆有人專言義理論據，故欲注解此書，必須熟悉古代典籍與《文心》詁訓，或可引論他人成說，也可直予注釋，惟須依循彥和原文以加詮解，尤其遇引論矛盾或存疑處，便應斟酌文理，以明劉勰初衷。然范文瀾好引他人成說，卻未交代引用原委，如〈明詩〉篇有「太康敗德，五子咸怨」句，范氏注文便云：

> 《墨子・非樂》：「於〈武觀〉曰，啟乃淫溢康樂，野於飲食，將將銘莧磬以力。湛濁于酒，渝食于野，萬舞翼翼，章聞于大，（當作天。）天用弗式。」《困學紀聞》卷二「左氏傳（昭元年）夏有觀扈。漢（地理志）東郡有畔觀縣。〈楚語〉士亹曰『堯有丹朱，舜有商均，啟有五觀。湯有太甲，文王有管蔡，是五王者皆元德也。而有姦子。』韋昭注謂『五觀，啟子，太康昆弟也。觀，洛汭之地。』《書序》曰：『太康失國，昆弟五人須於洛汭。』《水經

注》（巨洋水）亦云『太康弟曰五觀。』愚謂五子述大禹
之戒作歌，仁義之人，其言藹如也。豈朱均管蔡之比，韋
氏語非也。」翁元圻注曰「竊謂內傳之觀扈，是二國名。
外傳之五觀，是啟子，而非作歌以述大禹之戒者也。案《竹
書紀年》『帝啟十一年放王季子武觀於西河，武觀以西河
畔。彭伯壽帥師征西河。武觀來歸。』則即楚語之五觀也。
然《竹書》曰『王季子武觀。』明是一人，不得為五。或
武五聲相近而誤，否則以其為季子而以五系之歟？《書》
曰母弟，則必有不同母者，其武觀是歟？或武觀是五子之
一，必來歸之後，能率德改行，如太甲之悔過也。」《史
記‧夏本紀》：「帝啟崩。子帝太康立。帝太康失國，昆
弟五人，須于洛汭，作〈五子之歌〉。」〈枚傳〉：「太
康五弟與其母待太康於洛水之北，怨其不反，故作歌。」
《偽古文尚書》載〈五子之歌〉，其一曰：
　　……

　　此句本應交代因太康敗德後以致「五子」生怨的經過及其撰
成之詩歌，若詩少見，附於注後亦利於檢閱。關於此事始末，已
見於《史記‧夏本紀》之記載，云：「夏后帝啟崩，子帝太康立。
帝太康失國，昆弟五人，須于洛汭，作五子之歌。」[20]就可說明
劉勰之文獻依據。然范文瀾或想就彥和所用文本，與其採用之文
本就其真訛分別考證，因此未引《史記》所載，反引用他人成說，
以明己見，此法雖無不可，但范氏僅予引用，卻未予疏解。試觀
所引王應麟語，乃在於反駁韋昭注中認為五觀乃啟子的看法，之
後翁元圻乃推測武觀的身份，惟未得結論。但由欲注解《文心》

---

20 漢‧司馬遷撰：《史記》，頁25。

原文之「太康敗德，五子咸怨」，未對原文典故加以交代，後引他人考論又未予疏解，亦未定其是非，所引考證與原來所欲注解處無關，對最後所附《偽古文尚書》中所載〈五子之歌〉，更因未處理劉勰對晉時面世《偽古文尚書》的看法與判斷，焉能知《文心》此處所論必用〈五子之歌〉？實徒增學者困擾。此外，又有已引他人考語，並後附佐證，卻未能密合引證，如〈書記〉篇所記：「牒者，葉也。短簡編牒，如葉在枝，溫舒截蒲，即其事也。」注文即云：

> 王兆芳《文體通釋》曰：「札牒者，札，牒也；牒，札也。簡牘之小者版書之屬也，主於小事通言，簡略明意。源出漢齊人公孫卿〈奏札書〉。流有薛宣與〈陽湛手牒〉，鍾離意〈白周樹牒〉，蜀蒲元〈與武侯牒〉。」《漢書‧路溫舒傳》「溫舒取澤中蒲，截以為牒，編用寫書。」師古曰：「小簡曰牒，編聯次之。」孫君蜀丞曰「《說文繫傳》牒字下引云，議政未定，短牒諮謀，曰牒簡也，葉在枝也。」《御覽》六百六引云：「牒者葉也。如葉在枝也。短簡為牒，議事未定，故短牒諮謀。牒之尤密謂之籤。」

所引王兆芳語可釋札牒之義，後引《漢書》能知「溫舒截蒲」的典故出處，於此注文已足。但之後復引顏師古注，又再解釋「牒」義，而引孫蜀丞語除重新解釋《文心》原句外，至末所用《御覽》恐轉引孫蜀丞考語，此段乃《御覽》引《文心》，雖經李昉等人節引，但文字與今傳《文心》原文有異，范氏引此當在校訂文字，卻又未下任何斷語。由此可見范氏於注《文心》時徵引他人研究成果，多未對所徵用的內容加以疏理，亦未就徵引內容之矛盾處善加考訂，自無益於理解《文心》原文，更無助於發明彥和原意。

二、鈔引文獻資料，不辨真訛

欲引用宋前諸種書籍或篇章，當通文獻之學，尤須知悉輯佚原則和方法，方可分辨文獻的真訛與性質，故研究六朝文學，多能兼通考證之學，亦緣於此。然范注雖不乏考證，惟不免有所誤判。若〈論說〉篇云：「次及宋岱郭象，銳思於幾神之區」，范注二五便有考語云：

> 《隋書‧經籍志》易家有晉荊州刺史宋岱《周易論》一卷。
> 《晉書‧郭舒傳》有荊州刺史宗岱，疑即宋岱之誤。

《文心》所提及之「宋岱」，或作「宗岱」，或作「宋岱」，今《文心》未得宋本，無從比對，但此人於史書和六朝小書中習見，本可考其姓名。晉‧裴啟《語林》載云：「宗岱為青州刺史，禁淫祀，著〈無鬼論〉，甚精，莫能屈。後有一書生葛巾修刺詣岱，與談論，次及〈無鬼論〉，書生乃振衣而去曰：『君絕我輩血食二十餘年，君有青牛，髯奴，所以未得相困耳；奴已叛，牛已死，今日得相制矣。』」[21]劉宋‧劉義慶《幽明錄》提及此人云：「晉兗州刺史沛國宋處宗，嘗買一長鳴雞，愛養甚至，恆籠著窗間；雞遂作人語，與處宗談論，極有言致，終日不綴。處宗因此言功大進。」[22]但梁‧蕭繹《金樓子》引用《幽明錄》時，

---

21 按《語林》今佚，今用魯迅輯：《語林》（北京：人民文學出版社，1999年7月），頁22。此則《太平御覽》卷五〇〇、八八四及梁‧殷芸《小說》引皆作宗岱，另《太平廣記》卷三一七及曾慥《類說》所引卻作宋岱。周楞伽輯本（見周氏輯校：《裴啟語林》（北京：文化藝術出版社，1988年12月），頁49。）改為宋岱。

22 見魯迅輯：《幽明錄》（北京：人民文學出版社，1999年7月），頁225。此則《蒙求注》、《藝文類聚》、《事類賦》、《太平御覽》引，皆作宋處宗。

卻云：「宗岱之難，猶解談說」[23]，題為「宗岱」，當以「宗岱」為是，非「宋岱」。與劉勰同時之殷芸《小說》也引有宗岱遇鬼事，今據宋人《續談助》、《類說》輯出者，則作宋岱。因而余嘉錫即考云：「《續談助》、《類說》。案《廣記》三百十七引作《雜語》，蓋《雜記》之誤，似即從《小說》轉引。然其文反較此為詳，疑晁伯宇、曾慥皆有所刪節也。《御覽》五百及五百九十五、八百八十四、八百八十九引《語林》，皆有此事，亦不如《廣記》之詳。又案《隋書·經籍志》有《周易論》一卷，晉荊州刺史宋岱撰。《唐書·藝文志》有宋處宗《通易論》一卷。《藝文類聚》九十一引《幽明錄》曰：『……』據此，知岱字處宗，沛國人。《御覽》五百及八百八十四作宗岱者，非也。姚振宗《隋志考證》一據《晉書·惠帝本紀》太安二年三月李特攻陷益州，荊州刺史宋岱擊特，斬之，《華陽國志·大同志》，荊州刺史宋岱水軍三萬次墊江；太安二年五月宋岱病卒墊江；及《小說》此條，稱岱為青州刺史，《晉書·孫旂傳》稱襄陽太守宗岱，《隋志·總集·類明真》條下稱兗州刺史宗岱，以考其生平始末。今案：《華陽國志》既稱岱以荊州刺史卒於軍，則此條謂岱卒於青州者，已不足信，其果否嘗為青州刺史，亦不可知也。」[24]余氏考證甚詳，可知此人生平，然「宗岱」、「宋岱」並陳除小說外，史書《晉書》、《華陽國志》亦二者皆存，余氏所論，未能解釋何以兩種不同記錄皆存於各代，所據未能定奪何者為是。

---

23 見梁·蕭繹撰，清·謝章鋌校：《金樓子·雜記》上篇（台北：世界書局，1975 年 7 月），頁 271。按余嘉錫〈殷芸小說輯證〉收於余著《余嘉錫論學雜著》（北京：中華書局，1977 年 2 月），頁 323 亦引《金樓子》此文，然作「宋岱」，所引當用《知不足齋叢書》。本文用世界書局影國家圖書館所藏鈔《永樂大典》本，即作「宗岱」，以此本為正。
24 參余嘉錫輯：〈殷芸小說輯證〉，頁 323。

「宗」、「宋」二字之混淆，唐時已然，[25]其真實情況如何，雖莫可探究，惟六朝習見有宗姓一氏，干寶《搜神記》記云：「南陽宗定伯，少年時夜行，忽逢一鬼。」[26]另陶潛《搜神後記》亦記有：「宗淵，字叔林，南陽人。晉太元中，為尋陽太守。」[27]可知其望出於南陽，宗岱或為其宗。以常理推之，宗姓少見，宋姓習知，誤將宗題為宋可能性較高，反之則否。即令范文瀾未能當下定其正訛，也可兩存其說，以供來人參考，卻僅據《隋志》記有「晉荊州刺史宋岱《周易論》一卷」便斷言「宗岱」乃誤題，信過草率。只是此則考證煩瑣，范注未能詳究本不能苛求，惟所用文獻尚可見偽書、誤記，甚而引證有誤，便不能推責。試觀〈詮賦〉范注一七即考云：

> 《漢書‧藝文志》有〈雜禽獸六畜昆蟲賦〉十八篇，王應麟曰：「劉向《別錄》有〈行過江上弋雁賦〉、〈行弋賦〉、〈弋雌得雄賦〉。」又有〈雜器賦〉、〈草木賦〉三十三篇。
> 《西京雜記》雖云出自吳均，然其時或尚及見漢代雜賦之遺，茲錄其所載小賦數首於下。

注三三復引《西京雜記》卷二載司馬相如撰〈上林賦〉一事，並謂：「《西京雜記》雖偽託，相如語或傳之在昔，故彥和本之。」此事亦在〈神思〉篇被范文瀾再次引用，見於注十六。范氏以為劉歆撰《西京雜記》殊不可信，故將此書繫於梁人吳均所撰，失考。《西京雜記》出於吳均所撰，乃出於段成式《酉陽雜俎‧語資》所記：

---

25 兩姓混淆的情況，請參謝明勳撰：〈洞察幽微之範例：以「宗岱」故事為例〉；收於謝明勳著《六朝志怪小說故事考論 ——「傳承」、「虛實」問題之考察與析論》（台北：里仁書局，1999 年 1 月），頁 172。

26 李劍國輯：《新輯搜神記》（北京：中華書局，2007 年 3 月），頁 382。

27 李劍國輯：《新輯搜神後記》（北京：中華書局，2007 年 3 月），頁 515。

庾信作詩用《西京雜記》事，旋自追改，曰：「此吳均語，恐不足用。」

不過段氏復在〈廣動植〉又謂：

葛稚川嘗就上林令魚泉，得朝臣所上草木名二千餘種。

又將《西京雜記》繫於葛洪。可見此書出於吳均之說，本不足據。余嘉錫已證是書乃葛洪撰外，亦駁書為吳均所撰之說，其論甚辯。其云：

案陶宗儀《說郛》卷二十五^{據涵芬樓排印明鈔本。}鈔有梁殷芸《小說》二十四條，而其中引《西京雜記》者四條，與今本大體皆合，惟字句互有短長。考《梁書·殷芸傳》云：「大通三年卒，^{大通三年十月，改元中大通。芸蓋卒於十月以前。}時年五十九。」而〈文學·吳均傳〉云：「普通元年卒，時年五十二。」兩者相較，均雖比芸早死九年，而其年齒，實止長於芸二歲。二人仕同朝，同以博學知名，慮無不相識者。使此書果出於吳均依託，芸豈不知，何至遽信為古書，從而採入其著作中乎？是則段成式所敘庾信之語，固已不攻自破。況《雜俎·廣動植篇》^{卷十六。}採《雜記》中：「余就上林令虞淵得朝臣所上草木名」一條，仍稱為葛稚川，是庾信之說，成式已自不信，柰何後人遽執此單文孤證，信以為實哉！[28]

與吳均同時之殷芸撰有《小說》一書，就體例而言以輯錄前人撰述而成，《小說》既收《西京雜記》，所謂吳均撰此書的說法，便不攻自破，況此孤證出於段成式《酉陽雜俎》，卻在同書中將此書繫於葛洪，因而不論此書究竟出於何人之手，必不出於吳均顯然可知，然范文瀾竟據孤證而立說，顯見其考證與態度之

28 參余嘉錫撰：《四庫提要辨證》（台北：藝文印書館，1997 年 9 月），頁1009-1010。

疏略。

　　本章已就范文瀾注文的體例、方法及態度評議《文心雕龍注》的缺失，就體例而言，范注雖已設有〈凡例〉，除注文多不遵守外，往往又再創設新體，無論於引用出處、書名、篇名等，莫不如此。然此體例的混亂，亦與范文瀾治學的態度有關，或引用他人研究成果時不予標注，或採前人觀念迻錄其說，更於鈔錄時好博尚異，鈔入無關注文的資料甚多，使原已缺乏完整體例的注文更加紊亂。另外注解《文心》本需廣博的學識涵養與充足的文獻知識，然范氏對古文獻之認識，或囿於學術歷練之不足，或對輯佚與辨偽之學頗感陌生，因而於注文時未能依理決斷，因而影響《文心雕龍注》的參考價值，殊為可惜。

第八章　結　論

　　《文心雕龍》一書，體系嚴謹，思深慮周，明清學者或藉評點鉤玄纂要，[1]彰美指瑕；或撰序跋銓衡往哲，究其旨歸；或立箋疏博稽精考，補遺刊衍，是以藝林樹幟，稱名龍學。洎民國李詳研求字句，補正《輯注》遺失，別撰《補注》，以求備善，黃侃講學上庠，始立專科，手定《札記》，嘉惠後學。惟《文心》博裁意匠，通曉匪易，前賢撰書，徵實引典，尚且未備，近人蘊釀篇章，抉摘靡遺，然殫思竭慮，不免妄斷。至范文瀾初撰《講疏》，其後改訂內容體例，易名《文心雕龍注》，上承前賢校注成果，補苴昔賢遺漏，[2]下啟今日研究法門，奠定學術基礎，其承先啟後之關鍵，就《文心》研究史言，一改明清諸家多重訓詁考據，而

1　清代從事《文心雕龍》校勘，最著名的當推黃叔琳《文心雕龍輯注》，它起
　　到踵武明人，繼續將龍學研究推向前進的作用。重要的人物還有紀昀、何焯、
　　郝懿行、盧文弨、馮舒、顧廣圻、孫詒讓等，他們的貢獻，在楊明照《文心
　　雕龍校注拾遺》當中已有反映。清代這些學者與明人從事《文心雕龍》校注
　　者略有不同，承乾嘉風氣，他們是更為純粹的學者，他們熟諳小學，廣涉四
　　部，並且專精於古籍校勘、注釋，學術根基之深厚，學術意識之自覺，古籍
　　整理之豐富，在中國學術史上均是劃時代的人物。明人比如梅慶生、王惟儉
　　等所做校注工作，其涉略範圍遠不能與上述清人相比肩，從學術層次而言，
　　基本上不曾超越比對版本、查尋出處等水準。詳參張少康、汪春泓、陳允鋒、
　　陶禮天撰：《文心雕龍研究史》（北京：北京大學出版社，2001 年 9 月），
　　頁 85。
2　范文瀾撰：《文心雕龍注·例言》（北京：人民文學出版社，1986 年 10 月），
　　頁 4。

能本諸《札記》：「補苴罅漏，張皇幽眇」[3]之初衷，除徵引經史傳注，取法子集與其它諸說外，尚能藉表列圖示，條分縷析，復能以注論文，闡明理論，實已開拓民國注釋學之領域。就學術流變史言，清代以乾嘉考據為主之學風，面對清末西學的挑戰，處於其間之傳統文人以捍衛文化自居，[4]師承國粹學派之范文瀾為《文心雕龍》撰注，自許躡蹤於乾嘉老輩，以專精訓詁考據為己任，驗諸日後其致力於馬克斯唯物史觀之研究，更可視作其思想與學術歷程之重要轉折。

清・皮錫瑞云：「凡學不考其源流，莫能通古今變；不別其得失，無以獲從入之途。」[5]是知為學門徑，在於考其源流與別其得失，此正是范文瀾撰注之精神。首言考其源流，乃指網羅諸本同異，廣徵學者眾說，除引為論說張本外，亦能闡明是書理論之源流與通變。或考訂版本：如以《唐寫本》、宋本《御覽》為底本，參酌趙萬里《校本》與鈴木虎雄〈校勘記〉等，務求得諸善本，引為論述依據；或校訂文字：《文心》傳世至今，唐僅留殘卷，宋槧一無所存，明清以降之覆刊舊刻，傳鈔至夥，其中訛誤遺衍，實不勝舉，故須以善本為據，輔以前人類書評校，方能辨

---

3 黃侃撰：《文心雕龍札記》題詞及署例（台北：文史哲出版社，1973 年 6 月），頁 5。

4 清末民初的文人，基本上仍以來自傳統士紳階層者為多，也就是經過傳統的科舉考試制度而取得一定的社會地位的知識分子，佔當時文學界的大多數。他們以精英的身份 —— 如官吏、學者、教師，固定地在一個特殊而封閉的圈子裏閱讀、評論和傳授文學，並且使用古文體寫作。這些士紳與政府之間存有共生關係，對傳統文化較能認同，並在其中尋求自我滿足感；他們自認是正統文學的維護者，而社會上一般人也確以正統文學的傳承者看待他們。引自陳燕撰：《清末民初的文學思潮》（台北：華正書局，1993 年 9 月），頁 27-28。

5 皮錫瑞著，周予同注釋：《經學歷史》（台北：學海出版社，出版年月不詳），頁 1。

明。其方法有對校、本校、理校與他校四種，藉以汰殽去偽，還其面目；或明其理論：范注徵引之資料，有得自經史傳注，有取法子集諸說，復援用他人校注以及習自師承，其範圍涵括《詩經》以至民國諸家之專著，其中於經史引用最多，經部則以五經為首要，由此可見劉勰鎔鑄經典，引為《文心》彌綸群言之主軸，而范注亦深慮切此，精審有據。

次言別得失，乃指注釋《文心》時，除須留意前人論證之闕失外，亦復建立個人論據，方能窺領是書堂奧。如范注中徵引典籍史冊，常就其矛盾處而有匡正之識；援用時人成說，於未審處亦見指瑕之斟酌。又就《文心》內文加以考訂，或正其字句，以見取捨；或考其典故，溯其來源；或明其引證，推測其用心，莫不抉幽闡微，以見其得失。然為匡顯是書體大慮周之特點，亦為切合注家研味所得，另藉圖示表列之法，使其綱領毛目畢顯，[6]除揭示源流意旨，復為闡明全書結構外，亦能使學者望而知意，便於與《文心》之主張權衡互檢，雖不免謬失，然啟迪後學，蓋不可掩。

范文瀾以前賢研究為基礎，參稽眾說，有提綱契領以明大旨，有解文釋句以見來由，有區別同異以知取擇，又有以注論文別立新聲，是以撰成《文心雕龍注》，於民國以降，最為通行。究其體例，對傳刻舊本加以校理，誤者正之，闕者補之，衍者糾之，

---

6 張文勛云：「前人雖已注意到《文心》『體大而慮周』的特點，但還是缺乏系統的眼光去加以研究。范氏則根據紀昀『文以載道，明其當然；文原於道，明其本然』之說，把《文心》上篇二十五篇列表以示其論序，並分文體為『文類』、『文筆雜』、『筆類』三種，以〈原道〉、〈徵聖〉、〈宗經〉為總綱。下篇二十篇也以〈神思〉為首，〈總術〉為結束，列表標明諸篇『商榷文術』的內在關係。應該說，這是研究《文心》理論體系的先聲。」見張文勛撰：〈中國文心雕龍研究的歷史回顧〉；楊明照主編：《文心雕龍學綜覽》（上海：上海書店，1995 年 6 月），頁 10。

即令未明者若難決斷，則加存疑，以示來者。全書撰有〈例言〉，備錄簡端，[7]迻錄鈴木虎雄〈校勘記〉，明其校勘書目多與所採相同，又使正文與注釋合一，於翻檢之際，以注證文，最為稱便，至於其它論文，若屬善言，隨宜錄入，有助學者索檢。論其注釋，則徵引廣博，明正事理，其方法有引文標目，明示撰者出處；有注解理則，務求條分理析。言其特色，就釋文言，有引證詳實，補亡輯佚之功，能態度言，能注意新說，闡明己見，故能啟迪後學。至於其成就，首先於注釋學之開展上，由明清以評點與序跋為主之涉獵，轉為體例謹嚴之研究，兼及校注理論之闡述，堪稱突破；[8]於龍學之研究上，由於范注旁引佐證，摘謬指瑕，復能抒發己見，評議成說，故能超邁舊注，是以學者欲研讀《文心》，須據此取其精醇，再事墾拓，至於去其糟粕，另立氣象，亦是學者責無旁貸之職責。

　　唯《文心雕龍注》撰於民國肇造之際，除面臨國內政治經濟之邅變，亦有中西文化衝突的困難，雖力求搜羅完備，實有未逮。范氏未曾經眼之元至正本、明弘治本與徐㷍批校本等，至今日實可補入，至於今人校注與研究成果，更有可資發明者，如范氏所採趙萬里校唐人殘寫本，或不如潘重規之《唐寫文心雕龍殘本合校》[9]。此外，由於對學術論著之要求日趨嚴謹，據此檢視范注不

---

7 范文瀾云：「吾雖不肖，實懷延佇之誠，苟蒙箴其瑕疵，攻其悖謬，無不再拜書紳，敬後重鑴，備錄簡端。」其態度謙沖若此。見范文瀾撰：《文心雕龍注・例言十》，頁5。

8 張文勛以為范文瀾《文心雕龍注》集文字校勘、資料箋證和理論闡述三種方法，不僅於當時成就最大、影響最廣，更具有很大突破，此時期其命之為「《文心雕龍》研究的拓展」期（1911-1949）。詳參張文勛撰：〈中國文心雕龍研究的歷史回顧〉；楊明照主編：《文心雕龍學綜覽》（上海：上海書店，1995年6月），頁9。

9 潘重規曾就趙萬里〈唐寫本殘卷文心雕龍校記〉、楊明照〈文心雕龍校注附

免在體例上有出處不明，引文雜論之現象，於徵引資料上有張冠李戴，竊引它說之批評，更甚者對文獻之考證，常有引喻失義，斷章錯謬之情況，使學者對其輯佚與考證之能力有所質疑。然而作為文心雕龍學之一門，《文心雕龍注》應運時代而生，對於普及學術，弘揚文化，沾溉至廣，推其為當代龍學研究之先聲，應屬允當。本論文探繹范文瀾《文心雕龍注》之微旨，抉發前賢智慧之幽光，並於時運交移之今日，或有可能據此推廣為「文心雕龍注釋學」、「民國時期文心雕龍研究」與「范文瀾《注》與他注之比較研究」等，皆為當今龍學發展尚待建構之課題，據此由點至面，則學術研究之生面或屬可期。

錄六唐人草書殘寫本題記〉、鈴木虎雄〈黃叔琳本文心雕龍校勘記〉、〈饒宗頤教授唐寫本文心雕龍景本序〉加以比較，而有斷云：「上來諸家，或未見原卷，或據影本而中有脫漏，且有見所據參差，因疑敦煌原卷或有異本者。種種誤解，不一而足。」因而綜合家之說，親就原卷覈校，附以己見，俾便讀者得自檢核，有所擇別。詳見潘重規撰：《唐寫文心雕龍殘本合校》（香港：新亞研究所，1970 年 9 月），頁 3-4。

附錄一
范文瀾生平及主要著述年表

凡　例

此年表係依據《范文瀾學術思想評傳》、《新史學宗師－范文瀾傳》、《范文瀾集》等專書之附錄資料整合並綴以專書目錄、期刊目錄所載條目彙整而成。傳主生平事蹟在前，專書著述在後，依年先後排附而成。

年　表

1893　一歲

是年 11 月 15 日，出生於浙江省紹興府山陰縣（今紹興市）城內北山錦麟橋南側黃花弄。

1898　六歲

進私塾學習，發蒙《詩品》、《四書》。

1907　十五歲

春季進入山陰縣高等小學堂學習，插班入三年級。

1908　十六歲

高等小學堂畢業。

1909 十七歲

春季進入上海浦東中學堂學習，插班入二年級；秋季轉學杭州安定中學堂。

1912 二十歲

安定中學堂畢業。

1913 二十一歲

考入北京大學預科。

是年傅斯年亦入預科。

1914 二十二歲

升入北京大學文科中文門（後改稱國學門）本科。就學期間，先後受教於黃侃、陳漢章、劉師培等人。此間「篤守師法」，朝夕誦習《漢書》、《說文》、《文選》，決心「追蹤乾嘉老輩」，以專精訓詁考據為己任。

1917 二十五歲

6 月，北大文科畢業，繼續在北大文科研究所國文門（後改稱國學門）進修。一度受聘任為蔡元培校長秘書。

11 月，至河南汲縣叔父范壽銘（時任河南省河北道尹）家，後與戴冠芳（浙江寧波人，1892-1966）結婚。

胡適發表「文學改良芻議」，新文化運動開始。

1918 二十六歲

春，任教於瀋陽高等師範學校。秋，回任教河南汲縣中學。

1921 二十九歲

經范壽銘介紹，自汲縣至上海興業銀行擔任統計員，任職不久即辭職。

1922 三十歲

任教天津南開中學，並在南開大學講授國學課程，編寫出

《文心雕龍講疏》、《諸子略義》（講義）。

1925　三十三歲

6 月 5 日，參加天津五卅愛國反帝大示威活動。

10 月，《文心雕龍講疏》由天津新懋印書局（由中國共產黨天津地下黨組織主辦）出版。

1926　三十四歲

參加中國共產黨，任南開學生支部書記。

4 月，李大釗被捕，後遭國民黨處決。天津地下黨組織遭受破壞解散。

5 月，得南開大學校長張伯苓掩護，逃至北京。

是年秋，開始在北京大學、師範大學、女子師範大學、中國大學等任教。

1928　三十六歲

《諸子略義》（一名《諸子文選》）由北京大學（時稱京師大學校）文科出版課排印。

1929　三十七歲

8 月，編錄《水經注寫景文鈔》撰為長序，由北平樸社出版。

9 月，《文心雕龍注》上、中冊由北平文化學社出版。

1930　三十八歲

9 月，以共黨嫌疑遭北平憲兵司令部逮捕，經北大校長蔡元培與各校教授聯名營救，兩週後獲釋。受聘擔任北大學生創辦的《北大學生週刊》顧問。

1931　三十九歲

1 月，《正史考略》由北平文化學社出版。

1932　四十歲

是年暑假，父亡，回紹興料理喪事。後受聘為北平大學女子文理學院國文系教授兼主任。參加中共地下黨導的左翼作家聯盟、社會科學家聯盟等組織活動。

11 月，在家中接待魯迅與地下黨和左聯、社聯會員。

《文心雕龍注》下冊由北平文化文學社出版。

1933　四十一歲

1 月，蔡元培、宋慶齡等創建的中國民權保障同盟北平分會成立，當選為候補執行委員。

10 月，《群經概論》由北平樸社出版。

1934　四十二歲

8 月，再次以共黨嫌疑遭北平憲兵三團逮捕，解往南京警備司令部關押約五個月。復經由蔡元培（時任南京中央研究院院長）與北平各大學教授二十餘人聯名保釋，次年一月出獄。

1935　四十三歲

自南京返回北平後，繼續受當局監視，只能於外國人創辦之中法大學、輔仁大學任教。編寫《大丈夫》一書，歷敍歷史上愛國抗敵人物之壯烈事蹟，年底完稿。

1936　四十四歲

7 月，《大丈夫》由上海開明書店出版。

8 月，離開北平，任教於開封河南大學文學院。

1937　四十五歲

7 月，對日抗戰事起，與嵇文甫、王蘭西、姚雪垠共創《風雨》週刊。又與嵇文甫發起成立「河南大學抗敵工作訓練班」，並於是年底帶領該班深入農村，展開愛國宣傳活動。

11 月，《游擊戰術》由開封《經世》半月刊開封分社出版。

1938　四十六歲

1月，任《風雨》週刊主編。

3月，回到已遷至雞公山的河南大學文理學院。

6月，開封已遭日本侵略軍佔領。隨河南大學遷移至南陽、鎮平地區，之後在河南舞陽、湖北襄樊一帶進行抗日救亡宣傳。經中共河南省委同意，應第五戰區李宗仁邀請，參加第五戰區抗敵工作委員會，在信陽、桐柏一帶參加新四軍抗日游擊隊活動。

是年下半年，與劉子厚等至遂平縣組織戰時教育工作團，宣傳抗戰。

1939　四十七歲

3月，回竹溝鎮－河南省委所在地進行幹部教育工作。

9月，重新加入中國共產黨。

1940　四十八歲

1月，至延安，任馬列學院歷史研究室主任。

8月，主持編寫《中國通史簡編》。

1941　四十九歲

延安成立中央研究院，任副院長兼歷史研究室主任；

5月，《中國通史簡編》上冊（五代十國以前）出版。

1942　五十歲

《中國通史簡編》中冊（宋遼到清中葉）出版。參加中國共產黨整風運動。

1943　五十一歲

依據中央宣傳部部署，分工編寫「中國近百年政治史」，並繼續撰寫《中國通史簡編》下冊。

1945　五十三歲

4 月，《太平天國革命運動》於延安《解放日報》連載。

10 月，抗日戰爭勝利，自延安遷冀魯豫邊區；患眼疾，暫停寫作。

11 月，《太平天國革命運動》由新華書店出版單行本。至河北邢台，任北方大學校長。

1946 五十四歲

《中國近代史》上編第一分冊由新華書店出版。

1947 五十五歲

北方大學成立歷史研究室，兼任主任。

9 月，將已出版之《中國通史簡編》上、中冊和《中國近代史》重加修訂彙編為《中國通史簡編》八冊，由華北新華書店出版。

1948 五十六歲

4 月，北方大學歷史研究室校訂之《中國通史簡編》分上下冊出版，近代史部分另行。

8 月，北方大學遷至正定，與華北聯合大學合併稱華北大學，任副校長兼研究部主任、歷史研究室主任。

1949 五十七歲

5 月，華北大學歷史研究室修訂再版《中國近代史》上編第一分冊。

7 月，中國新史學研究會籌備會成立，為會員推舉為負責人。

9 月，以「中華全國社會科學工作者代表會議籌備會」代表之一，參加政協會議第一次會議。

1950 五十八歲

5 月，中國科學院於北京成立，華北大學歷史研究室併入

科學院，建立近代史研究所，擔任所長。

中國新史學會籌備會組建《中國近代史資料叢刊》編委會，著手編印近代史資料。

1951　五十九歲

7 月，籌備會工作結束，中國史學會正式成立，擔任副主席。

1953　六十一歲

修訂本《中國通史簡編》第一編（遠古到秦統一）出版。

1954　六十二歲

當選為第一屆全國人民代表大會代表。

中國科學院近代史研究所改名近代史研究所第三所，刊行該所同人學術論文《集刊》第一集出版。

1955　六十三歲

《中國通史簡編》修訂本第一編再版（編按：「再版說明」中申明：本版對原第一章全部改寫，其它疏誤有所改正）。

《中國近代史》上編第一分冊再經修訂，由人民出版社第九版出版，書名改為：《中國近代史》上冊。

1956　六十四歲

9 月，出席中國共產黨第八屆全國人民代表大會，當選為候補中央委員。

1957　六十五歲

《中國通史簡編》修訂本第二編出版。

1958　六十六歲

中國科學院歷史研究所第三所恢復「近代史研究所」原名，仍任所長，不再負責實際行政工作，專心著述。

1959　六十七歲

　　4 月，當選為第二屆全國人民代表大會代表、第三屆政協
全國委員會常務委員。建立政協文史資料委員會，擔任主
任委員，創《文史資料選輯》。

1960-1964　六十八至七十二歲

　　患心臟病，繼續編寫《中國通史簡編》修訂本第三編。

1965　七十三歲

　　1 月，出席第三屆全國人民代表大會，當選為常務委員會
委員。

　　11 月，修訂本《中國通史簡編》第三編第一、二冊（隋唐
五代）出版。

1966-1968　七十四至七十六歲

　　居家養病。

1969　七十七歲

　　4 月，出席中國共產黨第九次全國代表大會，當選為中央
委員。

　　7 月 29 日，在北京逝世。

附錄二　范注徵引書目索引

凡　例

一、本索引以人民文學出版社初版之《文心雕龍注》為底本，頁碼亦以該書為準。

二、著錄以范注徵引或具有佐證說明者為限，引用內容中所提及之著作均不列入。

三、著錄著作依序為書名、篇目；惟徵引注疏者則不分篇目，僅著錄書名。

四、書名著錄統一採范氏所據底本，不分注、疏、補注等，以免誤認范氏徵引二書。

五、范注所引乃鈔自古注類書或轉引者，兼收古注類書與原文作者及篇名。

六、范注引友人語即令未交代出處，亦予列入。

七、引用文獻皆著錄年代、作者及書名（篇名），若有疑義者則繫注釋以說明之；惟先秦古籍時代未確者，悉以一般通識為則。

八、徵引文章者，若引自總集，著錄總集名後繫文章，若轉引類書古注，則以文章著錄，後繫類書古注轉引書籍名；徵引專書者，皆以專書著錄，後繫范注徵引出處。

九、本索引先依書名、篇名，次按作者筆劃及頁碼為先後。

十、部份撰者或書名有疑義者，附考語於注文。

書名、篇名	時　代	著　者	頁　　碼
一劃			
一切經音義	唐	釋玄應	36, 381, 388, 648
乙卯冊詔魏王文（三國志・魏志・文帝紀引）	三國	魏覬	370
二劃			
七志（李善文選注引）	南朝齊	王儉	712
七略（李善文選注引）	晉	左思	265
七發	漢	枚乘	55
九家易（周易集解引）	漢	荀爽	486
十二門經論序	晉	釋道安	718
十駕齋養新錄	清	錢大昕	441, 486
三劃			
三史拾遺	清	錢大昕	10, 367[1]
三國志（注）	南朝宋	裴松之	89, 187, 188, 336, 338, 339, 344, 384, 412, 431, 473, 474, 488, 490, 654, 682, 708, 724
三國志・吳志・是儀傳	晉	陳壽	347
三國志・吳志・諸葛亮傳	晉	陳壽	376, 413
三國志・吳志・諸葛恪傳	晉	陳壽	277
三國志・魏志・文帝紀	晉	陳壽	682
三國志・魏志・王朗傳	晉	陳壽	211, 707
三國志・魏志・王弼傳	晉	陳壽	338
三國志・魏志・王粲傳	晉	陳壽	87, 149, 150, 336, 384, 503, 510, 682, 683
三國志・魏志・何晏傳	晉	陳壽	338
三國志・魏志・杜襲傳	晉	陳壽	509
三國志・魏志・武帝紀	晉	陳壽	335, 368
三國志・魏志・夏侯玄傳	晉	陳壽	338
三國志・魏志・孫禮傳	晉	陳壽	488
三國志・魏志・高堂隆傳	晉	陳壽	431
三國志・魏志・高貴鄉公紀評	晉	陳壽	683

1　范注僅記「錢大昕云」，當出於此。待查。

書名、篇名	時代	著者	頁碼
三國志・魏志・曹爽傳	晉	陳壽	682
三國志・魏志・陳思王傳	晉	陳壽	503
三國志・魏志・傅嘏傳	晉	陳壽	336, 338
三國志・魏志・程昱傳	晉	陳壽	448
三國志・魏志・劉劭傳	晉	陳壽	683
三國志・魏志・劉放傳	晉	陳壽	371
三國志・魏志・劉廙傳	晉	陳壽	480
三國志・魏志・蔣濟傳	晉	陳壽	371
三國志・魏志・鍾會傳	晉	陳壽	387
三國志・魏志・魏覬傳	晉	陳壽	370
三都賦序	晉	左思	559
三輔故事	晉	佚名	333
三禮目錄（禮記正義引）	漢	鄭玄	411[2]
上書正文體（隋書・李諤傳引）	隋	李諤	690
上書秦昭王（戰國策・秦策引）	戰國	范睢	353
士禮居題跋記	清	黃丕烈	373
大唐中興頌	唐	元結	163
大智度論・序	姚秦	釋僧叡	332
大智論鈔	晉	釋慧遠	332
大戴禮記・公冠篇	漢	漢初儒生	181
大戴禮記・武王踐阼	漢	漢初儒生	196
大戴禮記・夏小正篇	漢	漢初儒生	685
大戴禮記・盛德篇	漢	漢初儒生	289
大戴禮記・曾子天圓篇	漢	漢初儒生	6
子敘默記敘	清	黃以周	414
小爾雅・廣詁	漢	孔鮒（傳）	526
小爾雅・廣雅	漢	孔鮒（傳）	363
尸子（輯注）	清	汪繼培	70, 314
尸子（藝文類聚引）	先秦	尸佼	181, 634
尸子・綽子篇	先秦	尸佼	70
四劃			
中古文學史	民國	劉師培	683, 686

2　范注「禮記表記正義引鄭目錄。」按鄭玄撰有《三禮目錄》，見《尚書正義》
　　引，當指此書。

書名、篇名	時　代	著　者	頁　　碼
中候握河紀	漢	佚名	35
中論・覈辯篇	漢	徐幹	349
尹文子・大道	先秦	尹文	717
五行大義	隋	蕭吉	604
內典碑銘集林	南朝梁	蕭繹	231
六一詩話	宋	歐陽修	633[3]
六書故	宋	戴侗	362
六朝麗指	民國	孫德謙	258, 524, 535, 586, 612
太平御覽	宋	李昉	26, 34, 140, 164, 167, 181, 302, 367, 489, 653, 654
太玄（注）	晉	范望	483
太玄・周	漢	揚雄	483
太傅胡廣碑	漢	蔡邕	227
孔子家語・五儀篇	漢	孔安國	18
孔子家語・好生篇	漢	孔安國	605
孔叢子・記問篇	漢	孔鮒（傳）	290
孔叢子・陳士義篇	漢	孔鮒（傳）	160
弔夷齊文（藝文類聚引）	漢	王粲	250
弔夷齊文（藝文類聚引）	漢	胡廣	250
弔伯夷文（藝文類聚引）	漢	阮瑀	250
弔屈原文（藝文類聚引）	漢	蔡邕	250
弔張衡文（藝文類聚引）	漢	禰衡	251
弔嵇中散文（太平御覽引）	晉	李充	253
弔魏武帝文並序	晉	陸機	251
文士傳（太平御覽引）	晉	張隱	682
文士傳（世說新語注引）	晉	張隱	343
文心雕龍（趙萬里校唐人殘寫本）	民國	趙萬里	20, 212
文心雕龍（趙萬里校唐人殘寫本）	梁	劉勰	18, 20, 23, 25, 27, 28, 29, 36, 38, 41, 53, 56, 59, 69, 83, 90, 106, 108, 109, 112, 113, 114, 117, 120, 121, 137, 138, 141, 149, 154, 169, 182, 183, 186,

---

3 注引曰「宋梅堯臣言」，未記出處。檢歐陽修《六一詩話》記云：「聖俞常
　語予曰：詩家雖率意而造語亦難。若意新語工，得前人所未道者，斯為善也。
　必能狀難寫之景，如在目前；含不盡之意，見於言外，然後為至矣。」即出
　於此，乃歐陽文忠記梅氏語。今據補。

書名、篇名	時　代	著　者	頁　　碼
			188, 189, 191, 196, 198, 200, 202, 204, 206, 207, 208, 209, 212, 215, 220, 221, 222, 223, 230, 243, 244, 248, 249, 250, 254, 264, 266, 270
文心雕龍・才略篇	梁	劉勰	221, 302, 509, 510
文心雕龍・比興篇	梁	劉勰	610
文心雕龍・正緯篇	梁	劉勰	395
文心雕龍・事類篇	梁	劉勰	681, 707
文心雕龍・宗經篇	梁	劉勰	72, 534
文心雕龍・明詩篇	梁	劉勰	643, 696, 707
文心雕龍・知音篇	梁	劉勰	352
文心雕龍・附會篇	梁	劉勰	141
文心雕龍・哀弔篇	梁	劉勰	711
文心雕龍・指瑕篇	梁	劉勰	265
文心雕龍・原道篇	梁	劉勰	20, 24
文心雕龍・時序篇	梁	劉勰	48, 524
文心雕龍・神思篇	梁	劉勰	50, 519, 627, 647
文心雕龍・情采篇	梁	劉勰	245, 490, 516
文心雕龍・通變篇	梁	劉勰	535, 654, 742
文心雕龍・章句篇	梁	劉勰	626, 654
文心雕龍・章表篇	梁	劉勰	362, 405, 684
文心雕龍・程器篇	梁	劉勰	509
文心雕龍・詮賦篇	梁	劉勰	48, 696
文心雕龍・頌贊篇	梁	劉勰	11, 201
文心雕龍・誄碑篇	梁	劉勰	711
文心雕龍・徵聖篇	梁	劉勰	25
文心雕龍・諸子篇	梁	劉勰	744
文心雕龍・論說篇	梁	劉勰	325, 499, 644
文心雕龍・養氣篇	梁	劉勰	306
文心雕龍・諧隱（讔）篇	梁	劉勰	352
文心雕龍・辨騷篇	梁	劉勰	534, 606, 653
文心雕龍・鎔裁篇	梁	劉勰	652, 653, 711
文心雕龍・雜文篇	梁	劉勰	405, 536

書名、篇名	時　代	著　者	頁　　碼
文心雕龍・麗辭篇	梁	劉勰	90
文心雕龍札記	民國	黃侃	9, 54, 94, 111, 114, 120, 138⁴, 144, 455, 461, 490, 491, 496, 497, 499, 502, 503, 504, 507, 509, 510, 515, 516, 517, 518, 519, 521, 522, 523, 524, 527, 532, 535, 539, 544, 556, 557, 558, 561, 572, 596, 603, 604, 605, 606, 607, 608, 617, 632, 633, 639, 640, 642, 643, 652, 657, 858, 659, 660, 665, 728, 729, 743, 744
文心雕龍合校本（孫仲容錄）	清	顧廣圻（千里）	3, 8, 612
文心雕龍注（黃叔琳注本）	清	紀昀	3, 4, 8, 10, 18, 27, 48, 75, 106, 108, 113, 120, 136, 138, 141, 153, 154, 179, 182, 188, 212, 217, 220, 221, 222, 230, 242, 246, 253, 288, 290, 296, 306, 310, 326, 332, 349, 357, 395, 396, 397, 405, 435, 450, 481, 498, 501, 504, 510, 511, 518, 521, 534, 540, 595, 596, 607, 611, 612, 630, 632, 633, 634, 644, 649, 654, 688, 695, 697, 697, 702, 717, 728
文心雕龍黃注補正	民國	李詳	10, 49, 57, 84, 96, 136, 172, 265, 332, 405, 431, 479, 507, 517, 523, 649, 681, 708, 716, 720, 721
文心雕龍輯注（黃叔琳輯注本）	清	黃叔琳	19, 20, 95, 111, 116, 160, 184, 191, 201, 203, 243, 265, 316, 361, 392, 405, 432, 557, 606, 621, 630, 634, 660
文史通義・經解下	清	章學誠	48, 290
文史通義・詩教上	清	章學誠	258
文史通義・說林	清	章學誠	26
文言說	清	阮元（伯元）	13
文帝誄	三國	曹植	221

---

4 按注5所引〈逢盛碑〉及《廣韻》內容，顯轉引自黃侃《札記》，今繫於此。

書名、篇名	時　代	著　者	頁　碼
文章流別論	晉	摯虞	94, 169, 208, 738
文章流別論（太平御覽引）	晉	摯虞	164, 188
文章流別論（李善文選注引）	晉	摯虞	741
文章敘錄（三國志注引）	晉	荀勖	383, 683
文章緣起	梁	任昉	95, 187, 258, 267
文章緣起（注）	明	陳懋仁	258
文德論	北周	楊遵彥	5
文賦	晉	陸機	152, 212, 230, 357, 431, 473, 497, 499, 500, 551, 555, 736
文質論（藝文類聚引）	漢	應瑒	735
文學總略篇	民國	章太炎	481
文選	梁	蕭統	114, 169, 220, 265, 333, 352, 381, 410, 411, 434, 479, 708
文選（注）	唐	李善	18, 41, 49, 89, 95, 138, 148, 150, 152, 153, 165, 179, 230, 258, 264, 267, 269, 281, 312, 331, 340, 343, 357, 374, 417, 418, 421, 431, 435, 464, 474, 486, 509, 517, 527, 534, 606, 611, 612, 644, 648, 676, 695, 709, 711, 713, 741, 742
文選‧七哀詩	三國	曹植	114
文選‧上始皇書	秦	李斯	353
文選‧上林賦	漢	司馬相如	527, 611, 622, 696
文選‧子虛賦	漢	司馬相如	352
文選‧引屈原文并序	漢	賈誼	247
文選‧王仲宣誄	三國	曹植	707
文選‧出師表	三國	諸葛亮	413
文選‧甘泉賦	漢	揚雄	611
文選‧羽獵賦	漢	揚雄	612
文選‧西京賦	漢	張衡	24, 179, 527, 612, 644
文選‧吳都賦	晉	左思	534
文選‧求通親親表	三國	曹植	415
文選‧言意盡論	晉	歐陽建	500
文選‧兩都賦	漢	班固	140, 147
文選‧典引	漢	班固	49, 403
文選‧長笛賦	漢	王褒	269, 331

書名、篇名	時　代	著　者	頁　　碼
文選・南都賦	漢	張衡	606
文選・奏彈王源	南朝梁	沈約	18, 361
文選・奏彈劉整	梁	任昉	383
文選・封禪文	漢	司馬相如	397, 398
文選・思玄賦	漢	張衡	527
文選・洞簫賦	漢	王褒	147, 269
文選・為袁紹檄豫州	漢	陳琳（孔璋）	385
文選・為曹洪與魏文帝書	漢	陳琳（孔璋）	623
文選・風賦	漢	宋玉	677
文選・陶徵士誄	南朝宋	顏延之	306
文選・報任少卿書	漢	司馬遷	464
文選・琴賦	三國	嵇康	331
文選・登徒子好色賦	戰國	宋玉	273
文選・答臨淄侯牋	三國	楊德祖	502
文選・詠史	晉	左思	709
文選・閒居賦	晉	潘岳	18
文選・園葵詩	晉	陸機	622
文選・楊仲武誄序	晉	潘岳	491
文選・運命論	三國	李康	340
文選・對楚王問	戰國	宋玉	257
文選・對楚王問	戰國	宋玉	718
文選・演連珠（注文為劉孝標所作）	晉	陸機	266
文選・與山巨源絕交書	三國	嵇康	474
文選・與吳質書	三國	曹丕	415, 473, 518, 682
文選・與嵇茂齊書	三國	趙至	476
文選・與楊德祖書	三國	曹植	716, 734
文選・劇秦美新	漢	揚雄	18, 267, 401[5]
文選・擬魏太子鄴中集詩序	南朝宋	謝靈運	509, 708
文選・薦禰衡表	漢	孔融	412
文選・魏公九錫文	漢	潘勗	368
文選・贈王太常詩	南朝宋	顏延年	421
文選・勸進表	晉	劉琨	418

5 卷三雜文注 27（頁 267）已引文選所收揚雄〈劇秦美新〉，然係節引；此處
　則全文收錄，有疊床架屋之嫌。

書名、篇名	時　代	著　者	頁　　碼
文選・靈光殿賦	漢	王逸	149
文選注	唐	五臣	381
文選集釋	清	朱珔	464
文鏡秘府論	唐	遍照金剛 （釋空海）	511, 546, 647, 555, 557, 558, 559, 560, 562, 574, 583, 592, 697, 736, 737, 741
文韻說	清	阮元（伯元）	597
文獻通考・經籍考	元	馬端臨	484
文體通釋	清	王兆芳	223, 267, 268, 269, 489
文體通釋・敘	清	俞樾	258
方言	漢	揚雄	104, 470, 484, 488
方言・劉歆與揚雄書[6]	漢	劉歆	104, 471
日知錄	清	顧炎武	49, 74, 229, 549
毛詩正義	唐	孔穎達	9, 27, 68, 69, 72, 159, 160, 198, 215, 221, 242, 272, 331, 383, 435, 482, 542, 556, 574, 584, 604, 606, 631, 645
毛詩正義	先秦	佚名	591
毛詩正義	漢	鄭玄	25, 137, 138, 159, 179, 180, 246, 272, 364, 371, 409, 410, 440, 441, 450, 575, 605, 610, 611, 676, 696, 704
毛詩正義・大序	先秦	佚名	96, 25, 27, 49, 72, 104, 112, 116, 160, 479, 516, 556, 610
毛詩正義・大雅・大明	先秦	佚名	371, 376
毛詩正義・大雅・文王	先秦	佚名	371
毛詩正義・大雅・民勞	先秦	佚名	435
毛詩正義・大雅・生民	先秦	佚名	221
毛詩正義・大雅・江漢	先秦	佚名	409
毛詩正義・大雅・行葦	先秦	佚名	179, 331
毛詩正義・大雅・板	先秦	佚名	441, 606, 676
毛詩正義・大雅・既醉	先秦	佚名	25, 362
毛詩正義・大雅・皇矣傳	先秦	佚名	383
毛詩正義・大雅・桑柔序	先秦	佚名	272

---

6 劉注頁 471 引此文則作〈與揚雄從取方言〉，概從嚴可均《全漢文》之擬題，
　以致兩次引此文，題名卻不同。

書名、篇名	時　代	著　　者	頁　　碼
毛詩正義・大雅・烝民	先秦	佚名	364, 435
毛詩正義・大雅・假樂	先秦	佚名	610
毛詩正義・大雅・崧高	先秦	佚名	610
毛詩正義・大雅・雲漢	先秦	佚名	610
毛詩正義・大雅・棫樸	先秦	佚名	410, 542
毛詩正義・大雅・綿	先秦	佚名	440, 611
毛詩正義・大雅・蕩	先秦	佚名	178, 605, 676
毛詩正義・小雅	先秦	佚名	246
毛詩正義・小雅・小弁	先秦	佚名	490
毛詩正義・小雅・小宛	先秦	佚名	605
毛詩正義・小雅・天保	先秦	佚名	246
毛詩正義・小雅・出車	先秦	佚名	364
毛詩正義・小雅・四月	先秦	佚名	705
毛詩正義・小雅・角弓	先秦	佚名	696
毛詩正義・小雅・采薇	先秦	佚名	696
毛詩正義・小雅・巷伯	先秦	佚名	434
毛詩正義・小雅・常棣	先秦	佚名	575
毛詩正義・小雅・裳裳者華	先秦	佚名	696
毛詩正義・王城譜	漢	鄭玄	290
毛詩正義・王風・大車	先秦	佚名	696
毛詩正義・王風・黍離	先秦	佚名	676
毛詩正義・召南・小星	先秦	佚名	696
毛詩正義・召南・行露篇	先秦	佚名	82
毛詩正義・召南・草蟲	先秦	佚名	696
毛詩正義・召南・鵲巢傳	先秦	佚名	604
毛詩正義・周南・汝墳	先秦	佚名	676
毛詩正義・周南・桃夭	先秦	佚名	696
毛詩正義・周南・葛覃	先秦	佚名	696
毛詩正義・周南・關雎	先秦	佚名	604, 696
毛詩正義・周頌	先秦	佚名	165, 179, 371
毛詩正義・邶風・柏舟	先秦	佚名	605
毛詩正義・唐風・蟋蟀篇	先秦	佚名	112
毛詩正義・秦風・黃鳥序	先秦	佚名	242
毛詩正義・商頌・那篇	先秦	佚名	676
毛詩正義・商頌・長發	先秦	佚名	180, 221, 676

書名、篇名	時　代	著　者	頁　　碼
毛詩正義‧曹風‧蜉蝣	先秦	佚名	606
毛詩正義‧傳	先秦	佚名	25, 27, 178, 371, 435, 450, 542, 605, 610, 648, 676, 696
毛詩正義‧詩譜	漢	鄭玄	9, 68, 71, 72, 350, 481, 97
毛詩正義‧鄘風‧定之方	先秦	佚名	137, 179
毛詩正義‧衛風‧伯兮	先秦	佚名	696
毛詩正義‧衛風‧氓	先秦	佚名	696
毛詩正義‧衛風‧淇奧	先秦	佚名	605
毛詩正義‧衛風‧碩人	先秦	佚名	542
毛詩正義‧鄭風‧大叔于田	先秦	佚名	606, 645
毛詩正義‧鄭風‧有女同車	先秦	佚名	542
毛詩正義‧魯頌‧泮水	先秦	佚名	611
毛詩正義‧豳風‧七月	先秦	佚名	10, 19
毛詩正義‧豳風‧破斧傳	先秦	佚名	517
毛詩正義‧豳譜	先秦	佚名	676
毛詩草木鳥獸蟲魚疏	三國	陸璣	542
父誄	晉	陸機	641
王命論（後漢書‧敘傳引）	漢	班彪	333
王導碑（藝文類聚引）	晉	孫綽	230
王驃騎誄	晉	孫楚	641
五劃			
世說新語（注）	南朝梁	劉峻（孝標）	116, 151, 152, 223, 277, 301, 336, 338, 343, 344, 643, 711, 712, 713
世說新語‧文學篇	南朝宋	劉義慶	336, 346, 347, 546, 642
世說新語‧夙惠篇	南朝宋	劉義慶	684
世說新語‧言語篇	南朝宋	劉義慶	643
世說新語‧捷悟篇	南朝宋	劉義慶	280
世說新語‧排調篇	南朝宋	劉義慶	555, 643
世說新語‧雅量篇	南朝宋	劉義慶	269
仙賦（并序）[7]	漢	桓譚	705
冬至獻襪頌	三國	曹植	641
出三藏記集雜錄‧序	南朝齊	釋僧祐	316

---

7 范注據《藝文類聚》卷七十八引作「譚仙賦」，然引文不似賦體。檢嚴可均
　《全漢文》所輯桓譚此篇即題為〈仙賦并序〉，分序及賦文，今從嚴氏。

書名、篇名	時 代	著 者	頁 碼
北周書‧柳虯傳（即周書）	隋	令狐德棻	295
北海王誄（藝文類聚引）	漢	傅毅	219
北堂書鈔	唐	虞世南	34, 58
古今注	晉	崔豹	116
古今樂錄	清	釋智匠	72, 116, 117
古今諺	明	楊慎	490
古文苑	唐	佚名	72, 96, 139, 166, 184, 217, 220, 470
古文苑（注）	宋	章樵	470
古文苑‧手敕太子文	漢	劉邦	372
古文苑‧責髯奴辭	漢	黃香	486
古文苑‧夢賦	漢	王延壽	184
古文苑‧離合作郡姓名字詩	漢	孔融	96
古微書	明	孫瑴	34, 36
古詩[8]	漢	佚名	463
古詩源	清	沈德潛	88
古論語（得之孔壁，佚）	春秋	孔子弟子及再傳弟子	363
司空文烈侯楊公碑	漢	蔡邕	223
司馬法（周禮鄭玄注引）	先秦	司馬穰苴	644
司馬法‧仁本篇	先秦	司馬穰苴	380
司馬法‧天子之義篇	先秦	司馬穰苴	379
史記	漢	司馬遷	48, 293
史記（正義）	唐	張守節	8, 242, 395, 396
史記（索隱）	唐	司馬貞	36, 48, 105, 190, 200, 289, 292, 302, 314, 395, 411, 485, 527, 529, 677, 717
史記（索隱引）	北魏	崔浩	411
史記（索隱引）	漢	應劭	48
史記（集解）	南朝宋	裴駰	105,302, 313, 363, 383, 463, 485, 529

---

8 范注引〈古詩〉「袖中有短書，願寄隻飛燕」，未知出處。是詩可於《樂府
詩集》檢得，范注亦曾引此書，當鈔自此。

9　注末（頁 366）另起一段附「褚先生曰」，非另有附註，乃《史記・三王世家》原文；《史記・孝武本紀》：「張晏曰：『武紀，褚先生補作也。褚先生名少孫，漢博士也。』索隱按：褚先生補《史記》，合集武帝事以編年，今止取封禪書補之，信其才之薄也。又張晏云：『褚先生潁川人，仕元成閒。』韋稜云：『褚顗家傳褚少孫，梁相褚大弟之孫，宣帝代為博士，寓居于沛，事大儒王式，號為先生，續太史公書。』阮孝緒亦以為然也。」得知褚先生乃漢人。此為范注自亂其例之一證。

10　范注引此列傳多濫用篇名，或稱「老莊申韓」，或稱「韓非傳」不等，皆誤。今用《史記》原名為正。

11　范注作「史記賈誼傳」。按《史記》當作〈屈原賈生列傳〉，今據改。

書名、篇名	時　代	著　者	頁　　碼
史記・封禪書	漢	司馬遷	183, 242, 395, 396, 397
史記・律書	漢	司馬遷	105, 485
史記・范睢傳	漢	司馬遷	353
史記・夏本紀	漢	司馬遷	71, 105
史記・孫子傳	漢	司馬遷	724
史記・留侯世家	漢	司馬遷	411, 677
史記・秦本紀	漢	司馬遷	200, 242
史記・高祖功臣侯年表	漢	司馬遷	190
史記・商君列傳	漢	司馬遷	441
史記・張儀列傳	漢	司馬遷	352, 382, 383
史記・淮陰列傳	漢	司馬遷	352
史記・陳丞相世家	漢	司馬遷	723
史記・陸賈列傳	漢	司馬遷	352
史記・馮唐傳	漢	司馬遷	382
史記・楚世家	漢	司馬遷	278
史記・滑稽列傳	漢	司馬遷	273, 274, 679
史記・賈生列傳	漢	司馬遷	146
史記・趙世家	漢	司馬遷	103, 441[12]
史記・齊太公世家	漢	司馬遷	351
史記・樂書	漢	司馬遷	107, 108, 115
史記・儒林列傳序	漢	司馬遷	365
史記・曆書	漢	司馬遷	289
史記・韓安國列傳	漢	司馬遷	382
史記・魏豹列傳	漢	司馬遷	353
史記・蘇秦列傳	漢	司馬遷	281, 351
史記・酈食其傳	漢	司馬遷	352, 529, 677
史記論（後漢書・班彪傳引）	漢	班彪	293
史通・二體篇	唐	劉知幾	294, 303
史通・六家篇	唐	劉知幾	290, 291
史通・世家篇	唐	劉知幾	292
史通・史官建置篇	唐	劉知幾	300
史通・本紀篇	唐	劉知幾	292

---

12 據范注自云「此條依黃注節錄」，概直接用黃叔琳校本，非用《史記》原書。
　　此為范氏轉引他書未檢原書之自白。

書名、篇名	時　代	著　者	頁　　碼
史通・正史篇	唐	劉知幾	297
史通・列傳篇	唐	劉知幾	292
史通・曲筆篇	唐	劉知幾	295, 304
史通・表歷篇	唐	劉知幾	293
史通・書志篇	唐	劉知幾	293
史通・敘事篇	唐	劉知幾	548
史通・惑經篇	唐	劉知幾	303
史通・疑古篇	唐	劉知幾	303
史通・論贊篇	唐	劉知幾	294, 302
史通・雜說	唐	劉知幾	707
史通・覈才篇	唐	劉知幾	303
史通通釋	清	浦起龍	463
史箋（初學記引）	漢	崔篆	432
四六叢話	清	孫梅	495, 584
四六叢話後序	清	阮元	690
四庫全書總目	清	紀昀	95, 260, 311, 313, 314, 320, 321, 323, 324, 330, 483
四部正譌	明	胡應麟	31, 36, 314
四聲論	南朝梁	沈約	559
左海經辨・晳晳辨	清	陳壽祺	19
弘明集・滅惑論	梁	劉勰	631
札迻	清	孫詒讓	8, 36, 180, 217, 311, 322, 338, 339, 366, 376, 392, 436, 502, 575, 630, 704
札樸	清	桂馥	113, 141, 352
永樂大典	明	解縉	34
氾歷樞	漢	佚名	25
玉函山房輯佚書	清	馬國翰	34, 275, 320, 542
玉海	宋	王應麟	34, 314
玉海詞學指南（附於玉海後）	宋	王應麟	585, 626
玉篇	梁	顧野王	178, 200, 312
申鑒・俗嫌篇	漢	荀悅	40
白虎通疏證	漢	班固	34, 103, 645
白虎通疏證	清	陳立	23, 113, 216, 289, 498
白虎通疏證・三教	漢	班固	375
白虎通疏證・五性六情	漢	班固	498

書名、篇名	時　代	著　者	頁　　碼
白虎通疏證・封禪	漢	班固	395
白虎通疏證・論九錫	漢	班固	368
白虎通疏證・論五經象五常	漢	班固	23
白虎通疏證・論五臟六府主性情	漢	班固	498
白虎通疏證・論天子自出與使方伯之議	漢	班固	382
白虎通疏證・論記過徹膳之義	漢	班固	289
白虎通疏證・論精神	漢	班固	498
白虎通疏證・總論禮樂	漢	班固	113
石壁精舍還湖中作[13]	南朝宋	謝靈運	558
立鄭公鄉教（漢書補注引）	漢	鄭弘	375
六劃			
任孝恭書[14]	南朝梁	任孝恭	560
先賢行狀（三國志注引）	晉	佚名	724
全三國文・中論序	漢	徐幹	708
全三國文・典論劍銘	三國	曹丕	205
全三國詩	民國	丁福保	88
全上古三代文	清	嚴可均	197, 350
全上古三代文・歸藏	先秦	佚名	317
全後漢文	清	嚴可均	149, 204, 205, 265, 357, 612
全後漢文・上明帝頌,表	漢	傅毅	165
全後漢文・冬至襪銘	漢	崔駰	205
全後漢文・出師頌	漢	史孝山	165
全後漢文・西征頌	漢	傅毅	166
全後漢文・東巡頌	漢	馬融	167
全後漢文・南陽文學頌	漢	崔瑗	167
全後漢文・涿邪山祝文	漢	班固	188
全後漢文・圍棊銘	漢	李尤	205
全後漢文・登樓賦	三國	王粲	149
全後漢文・與葛元甫書	漢	崔瑗	473
全後漢文・齊都賦	漢	徐幹	150
全後漢文・衛尉張儉碑銘	漢	孔融	229

---

13 詩題范注未題，今據詩句增補。
14 范文瀾此注（頁 559 注 12）內容多割引自《文鏡秘府論》，引文亦同。

書名、篇名	時　代	著　者	頁　　碼
全後漢文・儒吏論	漢	王粲	336
全後漢文・難劉劭考課法論	漢	傅嘏	336
全後漢文・權衡銘	漢	李尤	205
全後漢文・顯宗頌	漢	傅毅	165
全晉文	清	嚴可均	151, 173, 221, 303
全晉文・七謨序	晉	傅玄	257
全晉文・京陵女公子王氏哀辭	晉	潘岳	244
全晉文・金鹿哀辭	晉	潘岳	244, 641
全晉文・為任子咸妻作孤女澤蘭哀辭	晉	潘岳	244
全晉文・張載傳	晉	張載	206
全晉文・陽城劉氏妹哀辭	晉	潘岳	244
全晉文・爾雅圖讚	晉	郭璞	173
全晉文・與吳王表	晉	陸機	480
全秦文	清	嚴可均	161
全漢文	清	嚴可均	181, 208
全漢文・三將軍論	漢	王莽	333
全漢文・元后誄	漢	揚雄	217
全漢文・公孫弘借車書	漢	東方朔	469
全漢文・討羌符	漢	佚名	485
全漢文・連珠	漢	杜篤	266
全漢詩・古詩十一首	漢	枚乘	84
全漢詩・雜詩（按即古詩十九首）	漢	枚乘	83
列女傳	漢	劉向	217, 279
列子（注）	晉	張湛	319, 339
列子・仲尼篇	先秦	列禦寇（傳）	676
列子・湯問篇	先秦	列禦寇（傳）	316, 317
列仙傳	漢	劉向（傳）	267
刑禮論（藝文類聚引）	三國	丁儀	708
汝南周勰碑	漢	蔡邕	226
老子	春秋	李耳	540, 660, 718
老子（注）	三國	王弼	330, 718

書名、篇名	時代	著者	頁碼
自序（據文苑英華‧劉知幾引）	漢	鄭玄	350[15]
行女哀辭	三國	曹植	243
西京雜記	晉	葛洪	141, 153, 501, 502, 630
西都賦	漢	班固	383, 611
七劃			
何晏論（晉書‧范寧傳引）	三國	王弼	330
佔畢叢談	清	袁守定	498, 499, 629
別錄（李善文選注引）	漢	劉向	728
別錄（索隱引）	漢	劉向	485
吳都賦注（李善文選注引）[16]	晉	劉逵	534
吳越春秋	漢	趙曄	523, 591
吳漢誄（藝文類聚引）	漢	杜篤	219
呂氏春秋	秦	呂不韋	332
呂氏春秋（注）	漢	高誘	7, 69, 104, 485, 504, 726
呂氏春秋（輯校）	清	畢沅	159
呂氏春秋‧大樂篇	秦	呂不韋	277
呂氏春秋‧本味篇	秦	呂不韋	350, 504, 717
呂氏春秋‧仲春紀情欲	秦	呂不韋	485
呂氏春秋‧仲夏紀古樂篇	秦	呂不韋	69, 159
呂氏春秋‧別類篇	秦	呂不韋	169
呂氏春秋‧君守篇	秦	呂不韋	627
呂氏春秋‧季夏音初篇	秦	呂不韋	104
呂氏春秋‧長見篇	秦	呂不韋	562
呂氏春秋‧處方篇	秦	呂不韋	653
呂氏春秋‧順民篇	秦	呂不韋	181
呂氏春秋‧察傳篇	秦	呂不韋	631
呂氏春秋‧應用篇	秦	呂不韋	207

---

15 是則嚴可均已輯入《全漢文》，嚴氏後有注文云：「《孝經序》并注正義，
　《唐會要》七十七，《文苑英華》七百六十六。」知為鄭玄撰孝經之自序。
16 范注謂「劉注：『淪瀾，水波也。』」蓋李善注引劉逵注。事見《晉書‧文
　苑傳》記云：「（左思）復欲賦三都，會妹芬入宮，移家京師，乃詣著作郎
　張載訪岷邛之事。遂構思十年，門庭籓溷皆著筆紙，遇得一句，即便疏之。
　自以所見不博，求為秘書郎。及賦成，時人未之重。思自以其作不謝班張，
　恐以人廢言，安定皇甫謐有高譽，思造而示之。謐稱善，為其賦序。張載為
　注〈魏都〉，劉逵注〈吳〉。」是知注〈吳都賦〉者即晉人劉逵。

書名、篇名	時　代	著　者	頁　　碼
呂氏春秋・離俗覽	秦	呂不韋	704
呂氏春秋・觀表篇	秦	呂不韋	491
困學紀聞	宋	王應麟	48, 53, 70, 116, 140, 141, 159, 207, 228, 241, 319, 330, 331[17], 631
困學紀聞（引）	宋	洪慶善	53
困學紀聞（注）	清	翁元圻	70, 229
孝經	先秦	佚名	223
孝經・孝親章	先秦	佚名	490
孝經・喪親章	先秦	佚名	540
孝經右契（玉函山房輯佚書本）	漢	佚名	95
孝經援神契	漢	佚名	461
孝經緯・鉤命訣	漢	佚名	36
宋書・王微傳	南朝梁	沈約	721, 722
宋書・范泰傳	南朝梁	沈約	490
宋書・范曄傳	南朝梁	沈約	555
宋書・劉秀之傳	南朝梁	沈約	730
宋書・樂志	南朝梁	沈約	106, 108, 109, 110, 116, 117
宋書・謝靈運傳論	南朝梁	沈約	567
戒子益恩書（後漢書・鄭玄傳引）	漢	鄭玄	374
束皙集[18]	晉	束皙	559
八劃			
事始	唐	留存[19]	196, 311, 410, 435
侍臣箴（藝文類聚引）	晉	溫嶠	209
典略（三國志注引）	三國	魚豢	336, 384, 473, 480, 503, 509, 682, 708, 720
典略（李善文選注引）	三國	魚豢	708
典論（北堂書鈔引）	三國	曹丕	205
典論（藝文類聚引）	三國	曹丕	167

---

17 范注所引《紀聞》箋、何箋，係指閻詠（閻若璩子）及何焯，兩人先後為《困
　學紀聞》作注。范氏為注多大段鈔引，體例亦不一，讀之多以為另引他書，
　實皆根據一書而已。

18 范注原作「束皙表」。按《藝文類聚》卷九、《北堂書鈔》卷一百五十二、
　《太平御覽》卷十二等引此文皆作「束皙集」，今據改。

19 按范注引事始作者皆題「留存」，他本多題為「劉存」。

書名、篇名	時　代	著　　者	頁　　碼
典論自敘（三國志注引）	三國	曹丕	681
典論論文	三國	曹丕	150, 277, 415, 517, 659, 708, 716, 732
受命述（藝文類聚引）	漢	邯鄲淳	405, 708
和王友德元古意二首[20]	南朝齊	王融	558
和帝誄（藝文類聚引）	漢	崔瑗	220
周易正義	唐	孔穎達	8, 11, 19, 23, 26, 371, 496
周易正義	唐	孔穎達	6, 9, 10, 20, 25, 36, 362, 534
周易正義	晉	韓康伯	7, 11, 18, 19, 20, 23, 26, 35, 172, 496, 497
周易正義（略例）	三國	王弼	6, 338, 542, 559
周易正義・下繫辭	先秦	佚名	8, 9, 17, 18, 19, 20, 24, 26, 35, 461, 485, 496, 591, 627
周易正義・上繫辭	先秦	佚名	7, 8,10, 11, 19, 20, 23, 28, 36, 450, 497, 590
周易正義・小畜・大象	先秦	佚名	6
周易正義・夬卦・爻辭	先秦	佚名	654
周易正義・艮卦	先秦	佚名	331
周易正義・序	唐	孔穎達	9, 25
周易正義・坤卦	先秦	佚名	6, 534
周易正義・坤卦文言	先秦	佚名	6, 12, 331, 435
周易正義・明夷	先秦	佚名	706
周易正義・革卦象辭	先秦	佚名	7
周易正義・姤卦象	先秦	佚名	362
周易正義・恒卦彖辭	先秦	佚名	371
周易正義・師卦象辭	先秦	佚名	25, 712
周易正義・乾卦文言	先秦	佚名	11, 590
周易正義・賁卦	先秦	佚名	542
周易正義・賁卦象辭	先秦	佚名	7
周易正義・賁卦彖辭	先秦	佚名	542
周易正義・節卦象辭	先秦	佚名	364, 440
周易正義・蒙卦彖辭	先秦	佚名	25, 712
周易正義・說卦傳	先秦	佚名	7, 11, 172, 350, 395

20 詩題范注未題，今據詩句增補。復按范注此頁（頁 558）內容多割引自《文鏡秘府論》，謝靈運及王融詩皆是釋空海所摘引，引錄方式全同，此法實不足取，不免得巧於剽襲之譏。

書名、篇名	時代	著者	頁碼
周易正義·震卦象辭	先秦	佚名	371
周易正義·噬嗑象辭	先秦	佚名	372
周易正義·蹇卦	先秦	佚名	436, 559
周易正義·離卦象辭	先秦	佚名	6, 19, 371
周易正義·離卦象辭	先秦	佚名	371, 688
周易正義·觀卦象辭	先秦	佚名	371
周易音義	唐	陸明德	8
周易音義	唐	陸德明	7
周易集解	唐	李鼎祚	6, 486
周易集解（引）	晉	干寶	6
周易集解（引）	漢	荀爽	6[21]
周書（逸周書）·文傳解夏箴	先秦	佚名	207
周書（逸周書）·王會篇	先秦	佚名	397
周書（逸周書）·諡法解	先秦	佚名	215, 242
周書集訓	唐	朱右曾（亮甫）	242
周書斠補	清	孫詒讓	207
周禮正義	先秦	佚名	3, 11, 172, 179, 188, 479, 484, 486
周禮正義	清	孫詒讓	3, 136, 179, 215, 482, 484, 644
周禮正義	漢	鄭玄	3, 69, 103, 107, 136, 141, 179, 215, 216, 217, 246, 253, 259, 479, 486, 488, 605, 644, 679
周禮正義（周禮鄭司農解詁）	漢	鄭眾	215, 408, 484, 627
周禮正義·大司徒	先秦	佚名	484
周禮正義·大宗伯	先秦	佚名	215, 368
周禮正義·天官	先秦	佚名	141, 189
周禮正義·太宰	先秦	佚名	731
周禮正義·地官	先秦	佚名	451, 488, 627, 644
周禮正義·攷工記	先秦	佚名	186, 410
周禮正義·春官	先秦	佚名	69, 107, 178, 179, 180, 196, 199, 216, 361
周禮正義·秋官	先秦	佚名	488, 627

---

21 范注僅由《周易集解》引荀爽語，未注出處，頁486亦轉引《周易集解》引
《九家易》。按《九家易》即荀爽撰，此處引文亦解《易》傳，語當出於此
書。

書名、篇名	時　代	著　者	頁　　碼
周禮正義‧冢宰	先秦	佚名	408
姊誄	晉	陸機	641
孟子	戰國	孟子弟子	363
孟子（注）	漢	趙岐	49, 312, 315, 363, 482, 648, 677
孟子‧公孫丑	戰國	孟子弟子	10, 434
孟子‧告子	戰國	孟子弟子	154, 623[22], 648
孟子‧萬章	戰國	孟子弟子	10
孟子‧滕文公篇	戰國	孟子弟子	49, 434, 482
孟子‧離婁篇	戰國	孟子弟子	49, 82
宜都山川記（水經注引）[23]	晉	袁崧	697
尚書中侯（南齊書‧祥瑞志引）	漢	佚名	95
尚書中候我應（玉函山房輯佚書本）	漢	佚名	37
尚書中候握河紀（玉函山房輯佚書本）	漢	佚名	8, 36
尚書正義	唐	孔穎達	38, 372, 382, 396, 409, 435, 482, 611
尚書正義	先秦	佚名	293
尚書正義	漢	鄭玄	69, 175, 246, 350, 363, 409, 461, 486, 574, 702
尚書正義（引）	漢	王肅	68, 103, 372, 396, 409
尚書正義‧大傳	先秦	佚名	10, 25, 69, 104, 172, 435, 524, 676
尚書正義‧大誥君奭	先秦	佚名	246
尚書正義‧太甲序	先秦	佚名	409
尚書正義‧伊訓序	先秦	佚名	409, 702
尚書正義‧仲虺之誥	先秦	佚名	702
尚書正義‧多士	先秦	佚名	246
尚書正義‧呂刑	先秦	佚名	223
尚書正義‧冏命	先秦	佚名	432
尚書正義‧周官	先秦	佚名	440

---

22 范注引李善注引《孟子》淳于髡曰，所引乃節錄出《孟子‧告子》云：「淳于髡曰：先名實者，為人也。後名實者，自為也。……曰：昔者王豹處於淇，而河西善謳，綿駒處於高唐，而齊右善歌。」可知即令書轉引之書今存，范注亦不予覆覈。今予更正。

23 范注僅注「袁山松曰」。按此文乃後魏酈道元注《水經》引袁崧（山松）《宜都山川記》，今據補。

書名、篇名	時代	著者	頁碼
尚書正義・牧誓	先秦	佚名	490, 645
尚書正義・金縢	先秦	佚名	10, 363
尚書正義・洪範	先秦	佚名	36, 435, 450
尚書正義・洛誥	先秦	佚名	178, 191
尚書正義・禹貢	先秦	佚名	676
尚書正義・皋陶謨	先秦	佚名	7, 172, 363, 702
尚書正義・益稷	先秦	佚名	104, 364, 395, 461, 728
尚書正義・柴誓	先秦	佚名	246
尚書正義・梓材	先秦	佚名	720
尚書正義・堯典	先秦	佚名	9, 610
尚書正義・無逸	先秦	佚名	178
尚書正義・舜典	先秦	佚名	68, 103, 179, 350, 364, 371, 396, 409, 441, 702
尚書正義・說命	先秦	佚名	435
尚書正義・顧命	先秦	佚名	38, 361
尚書帝命驗	漢	佚名	396
抱朴子內篇・至理篇	晉	葛洪	648
抱朴子內篇・暇覽篇	晉	葛洪	630
抱朴子外篇・吳失篇	晉	葛洪	491
抱朴子外篇・尚博篇	晉	葛洪	529, 535, 724
抱朴子外篇・清鑒篇	晉	葛洪	375
抱朴子外篇・鈞世篇	晉	葛洪	139
抱朴子外篇・應嘲篇	晉	葛洪	541
抱朴子外篇・辭義篇	晉	葛洪	532
抱經堂文集	清	盧文弨	222, 320, 323, 324, 376, 635, 649
易通釋	清	焦循	743
易圖略	清	焦循	26
明帝誄（藝文類聚引）	漢	傅毅	219
東方朔集・誡子詩	漢	東方朔	373
東塾集・復黃芑香書	清	陳澧	653
東觀漢記	漢	劉珍	357
東觀漢記（三國志注引）	漢	劉珍	629
注制旨連珠表	南朝梁	沈約	259
河清頌序	南朝宋	鮑照	559
法言	漢	揚雄	559

書名、篇名	時　代	著　者	頁　碼
法言（注）	晉	李軌	183, 724
法言·先知篇	漢	揚雄	561
法言·吾子篇	漢	揚雄	17
法言·吾子篇	漢	揚雄	154, 183, 611
法言·君子篇	漢	揚雄	705, 724
法言·問神篇	漢	揚雄	7, 461
法言·寡見篇	漢	揚雄	26, 27, 29
法言·學行篇	漢	揚雄	10, 17
治驪山陵上書（凌義渠湘煙錄一引蔡質漢儀）[24]	秦	李斯	425
冷廬雜識[25]	清	陸以湉	586
物理論（李善文選注引）	晉	楊泉	148
直齋書錄解題	宋	陳振孫	53, 58
初學記	唐	徐堅	34, 167, 181, 201, 220, 450
邵氏家傳（三國志注引）[26]	晉	佚名	491
金石文字記	清	顧炎武	363
金瓠哀辭	三國	曹植	243
金樓子·立言篇	南朝梁	蕭繹	640, 549, 722, 741, 743
金樓子·自序篇	南朝梁	蕭繹	326
金樓子·捷對篇	南朝梁	蕭繹	644
金樓子·興王篇	南朝梁	蕭繹	681
金樓子·雜記篇	南朝梁	蕭繹	642, 683
門律自序（南齊書·張融傳引）	南朝齊	張融	526
阿毗曇心序	晉	釋慧遠	728
九劃			
侯鯖錄	宋	趙令畤	48
前漢書攷證	清	齊召南	295
南史·孝武紀	唐	李延壽	686
南史·宋文帝本紀	唐	李延壽	686

24 《湘煙錄》為明人閔元京、凌義渠輯，書中引漢人蔡質《漢儀》，即《漢官儀》、《漢官典職儀式選用》。此書已有孫星衍、黃奭等輯校本，可參看。

25 他本皆作「冷廬」，不用「泠廬」。

26 書即《會稽邵氏家傳》，《新、舊唐書》之〈經籍志〉及〈藝文志〉皆有著錄，然未錄作者。裴松之注是書，檢所引內容乃三國事，此書撰寫時間當已入晉，今即以著錄撰寫年代。

書名、篇名	時代	著者	頁碼
南史‧明帝紀	唐	李延壽	686
南史‧庾肩吾傳	唐	李延壽	113
南史‧陸厥傳	唐	李延壽	555
南史‧齊本紀	唐	李延壽	688
南史‧劉訏傳	唐	李延壽	389
南史‧鍾嶸傳	唐	李延壽	5556
南齊書‧文惠太子傳	梁	蕭子顯	688
南齊書‧文學傳	梁	蕭子顯	113, 495
南齊書‧張融傳	梁	蕭子顯	556
南齊書‧祥瑞志	梁	蕭子顯	95
南齊書‧魚腹侯子響傳	梁	蕭子顯	307
南齊書‧樂志	梁	蕭子顯	109, 115, 585
南齊書‧鬱林王紀	梁	蕭子顯	688
奏劾王戎文（晉書‧傅咸傳引）	晉	傅咸	433
奏劾周筵劉胤李匡（晉書‧劉隗傳引）	晉	劉隗	434
封氏聞見記	唐	封演	388
帝王世紀	晉	皇甫謐	10, 181, 676
帝王世紀（太平御覽引）	晉	皇甫謐	645
帝王世紀（史記張守節正義引）	晉	皇甫謐	645
幽憤詩	三國	嵇康	88, 648
後漢書（注）	唐	李賢	187, 188, 195, 258, 264, 265, 303, 331, 357, 368, 374, 388, 431, 436, 450[27], 650, 680, 707, 721, 728
後漢書（注補）	南朝梁	劉昭	364, 367, 382, 412, 482, 489
後漢書‧孔融傳	南朝宋	范曄	412, 433, 473, 721
後漢書‧文苑傳	南朝宋	范曄	220, 243, 258, 477, 479, 706, 707, 721, 723
後漢書‧王充傳	南朝宋	范曄	501, 681
後漢書‧王逸傳	南朝宋	范曄	148

---

27 劉注云：「李賢注引謝承書曰：『應氏譜並云字仲遠。……。』」誤。按謝承晉時人，撰有《後漢書》，李賢所引當指此書。惟檢引文泛引諸書，與史書體例不合。李賢應列諸書內容相互對照，謝承書當與應氏譜並列，非引謝承之內容。

書名、篇名	時　代	著　者	頁　　碼
後漢書·左雄傳	南朝宋	范曄	411
後漢書·光武紀	南朝宋	范曄	397
後漢書·列女班昭傳	南朝宋	范曄	374
後漢書·朱穆傳	南朝宋	范曄	195
後漢書·宋弘傳	南朝宋	范曄	705
後漢書·李雲傳	南朝宋	范曄	388
後漢書·杜篤傳	南朝宋	范曄	218
後漢書·沛獻王輔傳	南朝宋	范曄	38
後漢書·周榮傳	南朝宋	范曄	365
後漢書·東平王倉傳	南朝宋	范曄	680
後漢書·宦者蔡倫傳	南朝宋	范曄	540
後漢書·律歷志	南朝宋	范曄	411
後漢書·胡廣傳	南朝宋	范曄	208, 411
後漢書·桓榮傳	南朝宋	范曄	680
後漢書·桓譚傳	南朝宋	范曄	38
後漢書·班固傳	南朝宋	范曄	147, 333, 350, 509, 721
後漢書·班彪傳	南朝宋	范曄	333, 680
後漢書·馬援傳	南朝宋	范曄	373, 680
後漢書·馬融傳	南朝宋	范曄	167, 681, 706, 721
後漢書·崔寔	南朝宋	范曄	479
後漢書·崔瑗傳	南朝宋	范曄	220, 472
後漢書·崔實傳	南朝宋	范曄	264
後漢書·崔駰傳	南朝宋	范曄	221, 264, 680
後漢書·張純傳	南朝宋	范曄	396, 399
後漢書·張敏傳	南朝宋	范曄	446
後漢書·張衡傳	南朝宋	范曄	39, 94, 148, 296, 303, 431, 502, 509, 652, 681, 706
後漢書·曹褒傳	南朝宋	范曄	38, 106, 109, 649
後漢書·祭祀志	南朝宋	范曄	397, 399, 697
後漢書·郭泰傳	南朝宋	范曄	223
後漢書·郭躬傳	南朝宋	范曄	447
後漢書·陳蕃傳	南朝宋	范曄	431, 436
後漢書·傅毅傳	南朝宋	范曄	164
後漢書·順帝紀	南朝宋	范曄	411
後漢書·馮衍傳	南朝宋	范曄	357, 705, 721
後漢書·馮勤傳	南朝宋	范曄	367

書名、篇名	時　代	著　者	頁　　碼
後漢書・楊賜傳	南朝宋	范曄	681
後漢書・董賢傳	南朝宋	范曄	432
後漢書・虞詡傳	南朝宋	范曄	138
後漢書・賈逵傳	南朝宋	范曄	178, 680, 706
後漢書・隗囂傳	南朝宋	范曄	365, 383
後漢書・臧洪傳	南朝宋	范曄	190
後漢書・劉趙淳于等傳序	南朝宋	范曄	388
後漢書・蔡邕傳	南朝宋	范曄	264, 351, 431, 485, 681, 707
後漢書・鄭玄傳	南朝宋	范曄	367
後漢書・鄧禹傳	南朝宋	范曄	373
後漢書・魯丕傳	南朝宋	范曄	454
後漢書・儒林傳	南朝宋	范曄	39, 333, 435
後漢書・鮑昱傳	南朝宋	范曄	382
後漢書・彌衡傳	南朝宋	范曄	503
後漢書・應劭傳	南朝宋	范曄	450
後漢書・竇憲傳	南朝宋	范曄	199, 201, 367
後漢書・續百官志	南朝宋	范曄	188, 364, 412
後漢書・續禮儀志	南朝宋	范曄	187, 188, 436
思舊賦	三國	向秀	641
恨賦	南齊	江淹	535
春秋元命苞	漢	佚名	361
春秋公羊注疏	先秦	公羊高（傳）	28, 189, 290, 303, 306, 717
春秋公羊注疏（疏）	唐	徐彥	290
春秋公羊注疏（解詁）	漢	何休	181, 189, 541
春秋左傳正義	唐	孔穎達	9, 19, 138, 207, 208, 289, 310, 363, 461, 724
春秋左傳正義	先秦	左丘明（傳）	9, 10, 18, 24, 28, 29, 38, 41, 72, 105, 107, 138, 141, 160, 180, 182, 187, 189, 198, 199, 207, 208, 216, 242, 246, 249, 253, 254, 272, 277, 278, 281, 310, 331, 351, 379, 380, 382, 392, 409, 421, 461, 462, 479, 482, 484, 489, 490, 507, 536, 540, 591, 612, 622, 641, 644, 650, 654, 659, 679, 702, 706, 718, 724

書名、篇名	時　代	著　者	頁　碼
春秋左傳正義	晉	杜預	9, 11, 18, 24, 72, 107, 138, 180, 187, 189, 208, 242, 249, 254, 278, 290, 291, 382, 392, 482, 484, 644, 679
春秋左傳正義（孔穎達疏引）	漢	服虔	461
春秋左傳正義・序	晉	杜預	11, 18, 19, 20, 28, 242, 289, 291, 301, 380, 479, 622, 641, 659
春秋經・自序	春秋	孔子	292
春秋演孔圖	漢	佚名	11
春秋穀梁注疏	晉	范寧	19, 189
春秋穀梁注疏	先秦	穀梁赤（傳）	28, 189, 207, 289, 296, 380
春秋緯	漢	佚名	36
春遊回文詩	南朝齊	王融	96
洛陽伽藍記	後魏	楊衒之	644
為諸婦祭庚新婦文(藝文類聚引)	晉	潘岳	188
癸巳類稿	清	俞正燮	36, 296, 464
皇女誄（藝文類聚引）	晉	潘岳	211
皇太子生頌（藝文類聚引）	三國	曹植	169
皇太子納妃啟（太平御覽引）	晉	王道子	435
皇王大紀	宋	胡宏	196
秋興賦	晉	潘岳	630
美術與徵實之學不同論	民國	劉師培	613
風俗通	漢	應劭	34, 104, 243, 400, 645
風俗通（太平御覽引）	漢	應劭	316
風俗通（李善文選注引）	漢	應劭	247, 316
陔餘叢考	清	趙翼	584
陔餘叢考・碑表	清	趙翼	234
陔餘叢考・碑表誌銘之別	清	趙翼	237
陔餘叢考・墓誌銘[28]	清	趙翼	236
十劃			
唐文粹・西嶽華山堂闕碑銘	漢	張昶	202
唐文粹・寄李翱書	唐	裴度	522

---

28 頁 231 亦有〈墓誌銘〉一篇，范氏繫於蕭繹。然文中已引唐宋迄清代事，知
　為誤題。疑即出於趙翼《陔餘叢考》，待查。

書名、篇名	時　代	著　者	頁　　碼
唐文粹‧晚晴賦	唐	杜牧	607
唐文粹‧答莊充書	唐	杜牧	516
唐文粹‧答開元寺僧書	唐	李翱	201
夏侯湛自敘	晉	夏侯湛	712
孫放別傳（世說新語注引）	六朝	佚名	643
師友詩傳錄	清	郎廷槐問、王士禎答	75
庭誥	南朝宋	顏延年	75, 584
晉中興書（李善文選注引）	晉	何法盛	152
晉書	晉	王隱	479
晉書	唐	房玄齡	34
晉書（李善文選注引）	南齊	臧榮緒	150, 502, 510, 684, 709, 711
晉書‧刁協傳	唐	房玄齡	684
晉書‧干寶傳	唐	房玄齡	685
晉書‧五行傳	唐	房玄齡	455
晉書‧孔坦傳	唐	房玄齡	454
晉書‧文苑傳	唐	房玄齡	476, 643, 683, 685, 150, 152, 683, 712
晉書‧王戎傳	唐	房玄齡	433
晉書‧王衍傳	唐	房玄齡	344
晉書‧王遜傳	唐	房玄齡	388
晉書‧王濟傳	唐	房玄齡	210
晉書‧刑法志	唐	房玄齡	449
晉書‧安帝紀	唐	房玄齡	685
晉書‧羊祜傳	唐	房玄齡	416
晉書‧孝武帝紀	唐	房玄齡	685
晉書‧良吏傳	唐	房玄齡	712
晉書‧阮籍傳	唐	房玄齡	708
晉書‧明帝紀	唐	房玄齡	684
晉書‧范寧傳	唐	房玄齡	337

書名、篇名	時　代	著　者	頁　　碼
晉書‧食貨志	唐	房玄齡	449[29]
晉書‧夏侯湛傳	唐	房玄齡	683, 713
晉書‧孫盛志	唐	房玄齡	685
晉書‧孫楚傳	唐	房玄齡	684, 711, 722
晉書‧孫綽傳	唐	房玄齡	230
晉書‧殷仲文傳	唐	房玄齡	685
晉書‧祖約傳	唐	房玄齡	433
晉書‧秦秀傳	唐	房玄齡	449
晉書‧庾亮傳	唐	房玄齡	416
晉書‧庾亮傳	唐	房玄齡	684
晉書‧庾翼傳	唐	房玄齡	376
晉書‧張亢傳	唐	房玄齡	90
晉書‧張華傳	唐	房玄齡	371, 416, 683
晉書‧張載傳	唐	房玄齡	206
晉書‧張駿傳	唐	房玄齡	420
晉書‧梁王肜傳	唐	房玄齡	485
晉書‧郭象傳	唐	房玄齡	343
晉書‧郭彰傳	唐	房玄齡	722
晉書‧郭璞傳	唐	房玄齡	152, 264, 684
晉書‧陳壽傳	唐	房玄齡	299
晉書‧陸機傳	唐	房玄齡	152, 510, 683, 722
晉書‧傅玄傳	唐	房玄齡	303, 683, 711, 722
晉書‧傅咸傳	唐	房玄齡	433
晉書‧溫嶠傳	唐	房玄齡	209, 431, 684
晉書‧虞喜傳	唐	房玄齡	684
晉書‧裴頠傳	唐	房玄齡	344

29 范注云：「黃注引〈司馬芝傳〉，今傳無其文，蓋妄引也。」後引《晉書‧食貨志》。今檢《三國志‧魏志‧司馬芝傳》確未言及司馬芝議語，然《宋書‧孔琳之傳》記孔氏諫桓玄欲廢錢用穀帛，撰議文云：「是以司馬芝以為用錢非徒豐國，亦所以省刑。錢之不用，由於兵亂積久，自至於廢，有由而然，漢末是也。今既用而廢之，則百姓頓亡其財。」另《南史‧孔琳之傳》所記與《宋書》同，可知司馬芝議貨錢文於南朝末頗為流傳，彥和所謂「議貨錢」當指此。劉注指黃叔琳妄引〈司馬芝傳〉，且引出《晉書‧食貨志》文，僅能證成黃氏所引出處有誤，未若先引《宋書》更切合《文心》文意，今附誌於此。

書名、篇名	時　代	著　者	頁　　碼
晉書・劉琨傳	唐	房玄齡	712
晉書・劉寔傳	唐	房玄齡	410, 562
晉書・劉隗傳	唐	房玄齡	433, 684
晉書・摯虞傳	唐	房玄齡	684, 711, 738
晉書・樂志	唐	房玄齡	114
晉書・潘尼傳（輯潘尼乘輿箴）	唐	房玄齡	210
晉書・潘岳傳	唐	房玄齡	510
晉書・鄧粲傳	唐	房玄齡	301
晉書・盧諶傳	唐	房玄齡	712
晉書・禮志	唐	房玄齡	116, 450
晉書・簡文帝紀	唐	房玄齡	684
晉書・職官志	唐	房玄齡	299, 371
晉陽秋（藝文類聚引）[30]	晉	檀道鸞	371
晉諸公贊（世說新語注引）	晉	傅暢	344
書梁昭明太子文選序後	清	阮元（伯元）	14
朗雜箴（藝文類聚引）	三國	王朗	211
泰山刻石文	漢	張純	399
海賦	晉	木華	49
荊州文學志（藝文類聚引）	三國	王粲	26
荀子（注）	唐	楊倞	411
荀子・大略篇	戰國	荀子	181
荀子・性惡篇	戰國	荀子	17
荀子・非相篇	戰國	荀子	303, 421
荀子・解蔽篇	戰國	荀子	11
荀子・賦篇	戰國	荀子	138, 144, 280
荀子・儒效篇	戰國	荀子	411
荀子・禮論篇	戰國	荀子	215
荀子敘	漢	劉向	677
荀子詩說	清	俞越	137
起居誡（太平御覽引）	漢	李充	388
郡齋讀書志	宋	晁公武	58, 320

---

30 孫盛撰《晉陽秋》，檀道鸞續之，《藝文類聚》、《初學記》引是書皆稱檀
　道鸞《晉陽秋》，蓋以此分別兩書，後來稱鸞書為《續晉陽秋》，清湯球輯
　本亦如是。今附誌於此。

書名、篇名	時代	著者	頁碼
郝懿行批注黃叔琳《文心雕龍輯注》二百二十餘則	清	郝懿行	72, 103, 160, 167, 181, 351, 389, 409, 435, 437, 688
高僧傳·經師論	南朝梁	釋慧皎	554
高僧傳·僧祐傳	南朝梁	釋慧皎	730
鬼谷子·內揵篇	春秋	鬼谷子	716
十一劃			
乾鑿度	漢	佚名	45
偽尚書·大禹謨	晉	枚賾（梅賾）	9, 11, 29, 372, 702
偽尚書·五子之歌	晉	枚賾（梅賾）	71, 720
偽尚書·孔安國序	晉	枚賾（梅賾）	24, 172
偽尚書·武成	晉	枚賾（梅賾）	611
偽尚書·偽孔傳	晉	枚賾（梅賾）	9, 20, 29, 105, 191, 361, 372, 373, 395, 482, 610
偽尚書·畢命	先秦	佚名	20, 518
商君書·靳令篇	戰國	商鞅	318
國故論衡	民國	章太炎	5, 155, 335
國粹學報文篇·讖緯論	民國	劉師培	41
國粹學報叢談·國學發微	民國	劉師培	33
國語	先秦	佚名	591
國語（注）	三國	韋昭	23, 48, 136, 137, 141, 206, 242, 260, 278, 331[31], 349,
國語·吳語	先秦	佚名	23
國語·周語	先秦	佚名	136, 160, 242, 361, 379
國語·時邁	先秦	佚名	10
國語·晉語	先秦	佚名	82, 94, 179, 199, 260, 278, 290, 372
國語·楚語	先秦	佚名	48
國語·魯語	先秦	佚名	141, 199, 574
崇文總目	宋	王堯臣	323
崇有論（晉書·裴頠傳引）	晉	裴頠	344
康別傳（三國志注引）	晉	嵇喜	510
悼亡賦	晉	潘岳	641
悼離騷（藝文類聚引）	漢	班彪	249

---

31 注引「賈逵曰」，據《藝文類聚》卷二十一引賈逵此語，出處作《國語注》，當出於韋昭注所引，今附此。另頁 349 所引亦同。

書名、篇名	時代	著者	頁碼
救文格論	清	顧炎武	527
晚學集書	清	桂馥	526
曹子建集・武帝誄	三國	曹植	641
曹子建集・情詩	三國	曹植	555
曹子建集・贈白馬王彪	三國	曹植	555
梁書・劉杳傳	隋	姚察	293
梁書・劉勰傳	隋	姚察	731
梁書・蕭子雲傳	隋	姚察	526
梁溪漫志	宋	費袞	626
淮南子（注）	漢	高誘	3, 198, 331, 516, 654
淮南子・天文訓	漢	劉安	6, 53, 317
淮南子・本經訓	漢	劉安	54, 627
淮南子・氾論訓	漢	劉安	196
淮南子・地形訓	漢	劉安	634
淮南子・要略	漢	劉安	322
淮南子・精神訓	漢	劉安	728
淮南子・說山訓	漢	劉安	695
淮南子・說林訓	漢	劉安	653, 706
淮南子・應道訓	漢	劉安	491
淮南子・繆稱訓	漢	劉安	541
祭韓愈文	唐	劉禹錫	229
移檄告郡國（後漢書・隗囂傳引）	漢	隗囂	383
莊子（注）	晉	郭象	312, 343, 507, 650, 705
莊子・人間世	戰國	莊周	18, 610[32]
莊子・天下篇	戰國	莊周	56, 312
莊子・天地	戰國	莊周	718
莊子・天道篇	戰國	莊周	11, 326, 540
莊子・田子方篇	戰國	莊周	591
莊子・列禦寇	戰國	莊周	20, 26
莊子・庚桑楚	戰國	莊周	498
莊子・知北遊	戰國	莊周	497
莊子・則陽篇	戰國	莊周	200, 317
莊子・秋水篇	戰國	莊周	536, 648

32 范注僅引「莊子」，未提出處。文出於《莊子・人間世》。

書名、篇名	時　代	著　者	頁　　碼
莊子‧胠篋篇	戰國	莊周	644
莊子‧逍遙遊	戰國	莊周	705
莊子‧達生篇	戰國	莊周	646
莊子‧齊物論	戰國	莊周	499, 507, 516, 542
莊子‧德充符	戰國	莊周	562
莊子‧養生主	戰國	莊周	499, 650
莊子‧駢拇	戰國	莊周	546, 549, 648
莊子‧讓王篇	戰國	莊周	496
通志‧序	宋	鄭樵	173
通典	唐	杜佑	399, 489
通俗文	漢	服虔	442
通誼堂集書‧書文心雕龍後	清	劉毓崧	729
連珠	漢	揚雄	260
連珠序（藝文類聚引）	晉	傅玄	259
郭有道碑	漢	蔡邕	224
陳太丘碑	漢	蔡邕	225
十二劃			
傅子（意林引）	晉	傅玄	722
博物志	晉	張華	200, 478
惠帝起居注（三國志注引）	晉	陸機	344
援鶉堂筆記	清	姚範	217, 291, 682, 708
景州詩集序	清	黃宗羲	697
湘綺樓文集	清	王闓運	511
無名論（列子‧仲尼篇注）	三國	何晏	339
無邪堂答問	清	朱一新	596
短歌行	晉	傅玄	491
答何充書（杜佑通典引）	晉	庾翼	296
答東方書（藝文類聚引）	漢	公孫弘（疑）	469
答客難（漢書‧東方朔傳引）	漢	東方朔	260
答韋中立論師道書	唐	柳宗元	310
答湘東王求文集	梁	蕭統	542
答賓戲	漢	班固	659, 677
答劉沔書	宋	蘇軾	463
答劉歆書	漢	揚雄	471
答魏太子丕借廓落帶書	三國	劉楨	480

書名、篇名	時　代	著　者	頁　　碼
華陽國志・巴志	晉	常璩	190
跋元大德本後漢書	清	陳鱣	373
進廣雅表	三國	張揖	630
開元占經	唐	瞿曇悉達	34
隋書・天文志	唐	魏徵	34
隋書・李德林傳	唐	魏徵	290
隋書・經籍志	唐	魏徵	37, 89, 258, 277, 296, 297, 298, 299, 300, 301, 314, 316, 320, 321, 330, 338, 343
隋書經籍志攷證	清	章宗源	292, 296, 297, 298, 299, 300, 301, 302, 482
集古錄・目序	宋	歐陽修	222
集肘後百一方・序	南朝梁	陶弘景	89
集林（李善文選注引）	南朝宋	劉義慶	340
雲笈七籤・軒轅本紀	宋	張君房	184
黃叔琳本文心雕龍校勘記[33]	民國	鈴木虎雄	27, 153, 173, 212, 242, 247, 296, 299, 333, 354, 365, 376, 382, 384, 435, 654, 688
十三劃			
愛鼎堂遺集序	清	紀昀	523
新唐書・柳仲郢傳	宋	歐陽修	649
新唐書・藝文志	宋	歐陽修	314, 320
新書・春秋篇	漢	賈誼	490
新書・容語[34]	漢	賈誼	362
新書・等齊篇	漢	賈誼	485
新書・道德說	漢	賈誼	461
新語・思務篇	漢	陸賈	322
新論	漢	桓譚	153, 535
新論（太平御覽引）	漢	桓譚	317
新論（北堂書鈔引）	漢	桓譚	58
新論（全後漢文引）	漢	桓譚	501, 742

33 按范注稱引自「校勘記」有出於鈴木虎雄所撰者，然由內容以觀，又似出於史書之校勘記，待查。

34 范注所引《賈子》即賈誼《新書》。范文瀾《文心雕龍注》引是書多作《賈子》，然頁490引復稱《新書》，或未知《賈子》即《新書》？今以《新書》為正，亦據改。

書名、篇名	時代	著者	頁　碼
新論（意林引）	漢	桓譚	717
楚辭章句	戰國	屈原	53
楚辭章句（注）	漢	王逸	53, 54, 141, 182, 488, 529, 695
楚辭章句・九章・序	漢	王逸	55
楚辭章句・九章・涉江	漢	屈原	695
楚辭章句・九章・橘頌	戰國	屈原	160
楚辭章句・九章・懷沙	漢	屈原	695, 718
楚辭章句・九章悲回風	戰國	屈原	54
楚辭章句・九歌・少司命	漢	屈原	696
楚辭章句・九歌・序	漢	王逸	55
楚辭章句・九辯・序	漢	王逸	55
楚辭章句・卜居・序	漢	王逸	57
楚辭章句・大招	戰國	屈原（傳）	258
楚辭章句・大招・序	漢	王逸	57
楚辭章句・天問・序	漢	王逸	55
楚辭章句・序	漢	王逸	51
楚辭章句・招魂	戰國	宋玉	54, 56
楚辭章句・招魂亂辭	戰國	宋玉	695
楚辭章句・哀時命	漢	嚴忌	529
楚辭章句・湘夫人	戰國	屈原	488
楚辭章句・漁夫・序	漢	王逸	57
楚辭章句・遠遊・序	漢	王逸	56
楚辭章句・離騷	戰國	屈原	54, 59
楚辭章句・離騷・序	漢	王逸	48, 54
楚辭章句補注	宋	洪興祖	58
楊秉碑	漢	蔡邕	641
瑞應圖（玉函山房輯佚書本）	梁	孫柔之	184
節省奏文（三國志注引）	三國	王朗	431
經典釋文	唐	陸德明	24, 28, 56, 196, 230, 246, 383, 499, 540, 548, 562, 610
經義述聞	宋	王引之	245, 246
經義叢鈔	清	嚴杰	32
經義叢鈔・緯候不起於哀平辨	清	徐養原	32
經義雜記	清	臧琳	28
聖賢高士傳（李善文選注引）	三國	嵇康	509
聖賢群輔錄	晉	陶潛	38

書名、篇名	時 代	著 者	頁 碼
蛾術編	清	王鳴盛	350
解嘲（漢書·揚雄傳引）	漢	揚雄	262
詩式	唐	釋皎然	605
詩品	南朝梁	鍾嶸	3, 87, 88, 89, 94, 99, 100, 534, 569, 695, 707, 713
詩品講疏	民國	黃侃	75, 87, 90, 92
詩紀	明	馮惟訥	88
詩紀·擬古、失題	晉	何晏	88
詩苑英華書	梁	蕭統	542
詩緯含射霧	漢	佚名	69
資治通鑑·武帝紀	宋	司馬光	243
資治通鑑外紀（注）	清	胡克家	288
資治通鑑外紀·黃帝紀	宋	劉恕	288
路史·疏仡紀	宋	羅泌	195
過庭錄	清	宋翔鳳	658
揅研室三集·文筆策問[35]	清	阮元	660
夢溪筆談	宋	沈括	182
覿齋筆記	民國	吳承仕（檢齋）	584
十四劃			
對驃騎難（太平御覽引）	漢	東方朔	140
漢志攷證	宋	王應麟	484
漢官儀（北堂書鈔引）	漢	應劭	412, 479
漢官儀（後漢書注補引）	漢	應劭	412, 489
漢武故事（太平御覽引）	晉	佚名	501
漢紀	漢	荀悅	366
漢書注（李善文選注引）[36]	漢	如淳	611
漢書補注	清	王先謙	27, 140, 173, 292, 313, 330, 333, 389, 409, 442, 486, 517
漢書補注（引）	清	王先慎	330
漢書補注（引）	宋	王應麟	313, 320, 409
漢書補注（引）	清	吳仁傑	189
漢書補注（引）	清	李慈銘	517

---

35 范氏著錄為「學海堂〈文筆策問〉」。按此文收於阮元《揅研室三集》中，今據改。

36 范注引作「如淳」，未提出處。今據《文選》李善注文補。

書名、篇名	時　代	著　者	頁　　碼
漢書補注（引）	清	沈欽韓	27, 106, 139, 140, 281, 292
漢書補注（引）	清	周壽昌	106, 107, 442
漢書補注（引）	清	陶紹曾	140
漢書補注（引）	清	葉德輝	27, 140
漢書補注（引）	清	錢大昭	106, 312, 333
漢書補注（正義）	唐	顏師古	8, 29, 49, 105, 146, 172, 173, 294, 312, 313, 349, 352, 353, 388, 395, 424, 425, 434, 436, 451, 482, 489, 534, 548, 658, 724
漢書補注（顏師古注引）	晉	孟康	189, 395
漢書補注（顏師古注引）	漢	服虔	395, 724
漢書補注（顏師古注引）	漢	張晏	368, 395
漢書補注（顏師古注引）	漢	應劭	313, 368
漢書補注·五行志	漢	班固	8, 34, 38, 41, 82, 455
漢書補注·元后傳	漢	班固	217
漢書補注·元帝紀	漢	班固	679
漢書補注·文帝紀	漢	班固	451
漢書補注·王莽傳	漢	班固	335, 368, 723
漢書補注·王陵傳	漢	班固	189
漢書補注·王尊傳	漢	班固	678
漢書補注·王襃傳	漢	班固	53, 109, 147, 679
漢書補注·丙吉傳	漢	班固	478
漢書補注·主父偃傳	漢	班固	679
漢書補注·司馬遷傳	漢	班固	464, 679
漢書補注·外戚傳	漢	班固	115
漢書補注·平津侯傳	漢	班固	452
漢書補注·刑法志	漢	班固	677, 728
漢書補注·地理志	漢	班固	517
漢書補注·成帝紀	漢	班固	361, 455
漢書補注·朱買臣傳	漢	班固	679
漢書補注·百官公卿表	漢	班固	188, 432, 436
漢書補注·佞幸傳	漢	班固	107, 723
漢書補注·吾丘壽王傳	漢	班固	442, 679
漢書補注·李廣傳	漢	班固	482, 541
漢書補注·杜周傳	漢	班固	425, 434

書名、篇名	時代	著　者	頁　碼
漢書補注・杜欽傳	漢	班固	453
漢書補注・兒寬傳	漢	班固	452
漢書補注・東方朔傳	漢	班固	275, 362, 484
漢書補注・枚乘傳	漢	班固	58, 678
漢書補注・枚皋傳	漢	班固	275, 501, 502
漢書補注・武帝紀	漢	班固	368, 397, 451, 658, 678, 680
漢書補注・宣元六王傳	漢	班固	318
漢書補注・宣帝紀	漢	班固	333, 382
漢書補注・律曆志	漢	班固	104, 189, 389, 484, 677
漢書補注・郊祀志	漢	班固	183, 427, 428, 463
漢書補注・韋玄成傳	漢	班固	445
漢書補注・韋賢傳	漢	班固	72
漢書補注・食貨志	漢	班固	104, 425, 541
漢書補注・倪寬傳	漢	班固	654
漢書補注・桓郁傳	漢	班固	350
漢書補注・皋傳	漢	班固	140
漢書補注・高帝紀	漢	班固	388
漢書補注・高祖本紀	漢	班固	486, 678
漢書補注・張敞傳	漢	班固	478
漢書補注・張湯傳	漢	班固	482
漢書補注・張釋之傳	漢	班固	352
漢書補注・敘傳	漢	班固	294, 333, 436
漢書補注・淮南王傳	漢	班固	49, 322, 365
漢書補注・貨殖傳	漢	班固	29
漢書補注・陳千秋傳	漢	班固	424
漢書補注・惠帝紀	漢	班固	678
漢書補注・揚雄傳	漢	班固	58, 148, 208, 248, 258, 317, 350, 425, 509, 705, 717, 721
漢書補注・景十三王傳	漢	班固	322
漢書補注・游俠傳	漢	班固	352, 366, 477
漢書補注・楊秉傳	漢	班固	430
漢書補注・楊惲傳	漢	班固	469
漢書補注・溝洫志	漢	班固	678
漢書補注・董仲舒傳	漢	班固	452
漢書補注・賈捐之傳	漢	班固	443
漢書補注・賈誼傳	漢	班固	424, 678, 682, 704, 723

書名、篇名	時　代	著　者	頁　　碼
漢書補注・路溫舒傳	漢	班固	428, 489
漢書補注・鄒陽傳	漢	班固	356, 357, 678, 724
漢書補注・雋不疑傳	漢	班固	558
漢書補注・趙充國傳	漢	班固	164
漢書補注・劉向傳	漢	班固	364, 509, 707
漢書補注・劉歆傳	漢	班固	390
漢書補注・鄭弘傳	漢	班固	375
漢書補注・儒林傳	漢	班固	8, 349
漢書補注・蕭望之傳	漢	班固	451
漢書補注・霍去病傳	漢	班固	243
漢書補注・霍光傳	漢	班固	436
漢書補注・薛廣德傳	漢	班固	534
漢書補注・韓安國列傳	漢	班固	443
漢書補注・禮樂志	漢	班固	24, 105, 106, 107, 109, 164, 428, 541, 677
漢書補注・藝文志	漢	班固	26, 27, 28, 29, 48, 58, 75, 106, 107, 137, 139, 140, 141, 155, 164, 195, 268, 280, 281, 289, 291, 292, 310, 311, 312, 313, 314, 315, 319, 320, 321, 322, 323, 330, 349, 409, 483, 484, 485, 628, 630, 677, 728
漢書補注・嚴安傳	漢	班固	679
漢書補注・嚴助傳	漢	班固	678
漢書補注・蘇武傳	漢	班固	425
漢書補注・鼂錯傳	漢	班固	426, 436, 442, 451
漢魏百三名家集	明	張溥	90
漢魏百三名家集・百一詩	三國	應璩	90
爾雅義疏	清	郝懿行	27, 245
爾雅義疏（注）	晉	郭璞	179, 352, 382
爾雅義疏（郭璞注引）	三國	孫炎	179
爾雅義疏・釋天	先秦	佚名	382, 395
爾雅義疏・釋地	先秦	佚名	397
爾雅義疏・釋言	先秦	佚名	179, 352, 484
爾雅義疏・釋草	先秦	佚名	526
爾雅義疏・釋詁	先秦	佚名	18, 179, 242, 244, 331, 362, 395
獄中與諸甥姪書	南朝宋	范曄	294, 301, 559

書名、篇名	時　代	著　者	頁　　碼
甄皇后哀策（三國志注引）	三國	曹叡	188
管子（注）	唐	房玄齡	396, 411
管子・小匡篇	春秋	管仲	363
管子・小稱篇	春秋	管仲	363
管子・君臣篇	春秋	管仲	411
管子・牧民篇士經	春秋	管仲	485
管子・封禪篇	春秋	管仲	222, 396
管子・桓公問篇	春秋	管仲	440
管子・輕重篇	春秋	管仲	380
與友人論古文書	清	阮元（伯元）	597
與兄平原書	晉	陸雲	503, 524, 534, 541, 551, 561, 630, 633, 649, 709
與沈約書（南齊書・陸厥傳引）	南朝齊	陸厥	568
與段匹磾盟文（藝文類聚引）	晉	劉琨	191
與從弟僧綽書（宋書・王微傳引）	南朝宋	王微	541
與曹植書（太平御覽引）	三國	劉楨	479
與陸厥書（南齊書・陸厥傳引）	南朝梁	沈約	569
與湘東王書（梁書・庾肩吾傳引）	梁	蕭綱	689
與楊修書（三國志注引）	三國	曹植	682
蒼頡篇	三國	張揖（訓詁）	36
誡當陽公大心書（藝文類聚引）	梁	蕭綱	518
說文通訓定聲	清	朱駿聲	362, 363, 434
說文新附攷	清	鈕樹玉	481
說文新附攷[37]	清	鄭珍	481
說文義證[38]	清	桂馥	489, 627
說文解字	漢	許慎	7, 9, 18, 19, 23, 26, 36, 54, 107, 178, 179, 188, 206, 212, 222, 242, 245, 267, 268, 268, 280, 296, 312, 316, 331, 350, 362, 363, 364, 375, 382, 383, 389, 395, 410, 411, 424, 435, 441, 442, 461, 463, 473, 478, 481, 482, 483, 484, 485, 486, 489,

---

37　《說文新附攷》為二書，鈕樹玉所著先出，鄭珍較晚，皆為清人。范注無誤。

38　劉注皆引作「桂馥義證」，乃指桂氏《說文義證》，為避免與其他亦名為「義證」專著相混，正名為《說文義證》。

書名、篇名	時　代	著　者	頁　　碼
			490, 516, 524, 540, 574, 584, 590, 627, 628, 629, 630, 643, 648, 659, 720
說文解字注	清	段玉裁	7, 19, 23, 36, 189, 222, 330, 331, 382, 484, 645, 659
說文解字注箋	清	徐灝	364
說文繫傳	南唐	徐鍇	330, 350,361, 478, 486
說苑·反質	漢	劉向	7
說苑·君道篇	漢	劉向	181
說苑·尊賢篇	漢	劉向	723
說苑·貴德篇	漢	劉向	424
說苑·敬慎篇	漢	劉向	197
說詩晬語	清	沈德潛	88
誥咎文（藝文類聚引）	三國	曹植	185
銘論	漢	蔡邕	195, 199, 200, 222
駁五經異義	漢	鄭玄	630
儀禮注疏（注）	漢	鄭玄	645
儀禮注疏（疏）	唐	賈公彥	331, 363
儀禮注疏·士虞禮	先秦	佚名	182
儀禮注疏·少牢饋食禮	先秦	佚名	182, 186
儀禮注疏·燕禮	先秦	佚名	331
劉氏雜志	明	劉定之	504
嘯賦	晉	成公綏	152
廣文選	明	劉節	742
廣雅·釋言	三國	張揖	291, 516
廣雅·釋詁	三國	張揖	363, 389, 410, 484, 485, 643
十五劃			
樂府詩集	宋	郭茂倩	121
樂府詩集·白頭吟	漢	佚名	113
樂府詩集·漢郊祀歌·天馬歌	漢	佚名	95
樂府詩集·漢郊祀歌·日出入	漢	佚名	95
樂府詩集·豔歌何嘗行	漢	佚名	113
樂叶圖徵[39]	漢	佚名	436

---

39 此書劉昭注《漢書》已引，內容多以樂附以讖語，概漢代緯書一類。今有《守山閣叢書》本，即收於《古微書·樂緯》中。

書名、篇名	時　代	著　者	頁　　碼
潛夫論	漢	王符	490
潛夫論・務本篇	漢	王符	29
潛研堂文集・與友人書	清	錢大昕	528
蔡中郎集・黃鉞銘	漢	蔡邕	203
蔡中郎集・楊賜碑	漢	蔡邕	223
蔡中郎集・鼎銘	漢	蔡邕	204
褒賞令（三國志注引）	三國	橋玄	187
請討石虎李期表（晉書・張駿傳引）	晉	張駿	420
請崇正文李太妃名號啟（晉書・孝武文李太后傳引）	晉	王道子	435
諸子平議	清	俞樾	318, 718
論六家要旨（史記・自序引）	漢	司馬談	648
論文偶記	清	劉大櫆	574
論文雜記	民國	劉師培	591, 628
論語比考讖	漢	佚名	18
論語注疏	春秋	孔子弟子及再傳弟子	54
論語注疏	宋	邢昺	17, 27, 69, 254
論語注疏（何晏集解引）	漢	孔安國	10, 18, 38, 180, 250, 254
論語注疏（集解）	三國	何晏	9, 322, 731
論語注疏・八佾	春秋	孔子弟子及再傳弟子	10, 18, 72, 290
論語注疏・子罕	春秋	孔子弟子及再傳弟子	38, 254, 291
論語注疏・公冶長篇	春秋	孔子弟子及再傳弟子	17, 49
論語注疏・為政	春秋	孔子弟子及再傳弟子	69, 732
論語注疏・述而	春秋	孔子弟子及再傳弟子	27, 29
論語注疏・泰伯篇	春秋	孔子弟子及再傳弟子	9, 322, 731
論語注疏・堯曰	春秋	孔子弟子及再傳弟子	180, 361
論語注疏・衛靈公	春秋	孔子弟子及再傳弟子	311

書名、篇名	時代	著者	頁碼
論語注疏·學而	春秋	孔子弟子及再傳弟子	72
論語注疏·顏淵	春秋	孔子弟子及再傳弟子	540
論語音義	唐	陸德明	49
論語摘輔象	漢	佚名	38
論衡·自紀篇	漢	王充	648
論衡·佚文篇	漢	王充	705
論衡·效力篇	漢	王充	350
論衡·書解篇	漢	王充	6, 315, 679
論衡·案書篇	漢	王充	320, 713
論衡·感虛篇	漢	王充	627
論衡·對作篇	漢	王充	424, 478, 501
論衡·藝增篇[40]	漢	王充	610
賦話	清	李調元	147, 154
鄭玄別傳（後漢書注引）	六朝	佚名	374
鄧析子·無厚篇	春秋	鄧析	259, 260
魯論語（魯人傳，佚）	春秋	孔子弟子及再傳弟子	363
墨子閒詁	清	孫詒讓	181
墨子閒詁·七患（引周書）	戰國	墨子弟子	207
墨子閒詁·非樂	戰國	墨子弟子	70
墨子閒詁·兼愛	戰國	墨子弟子	181
儆季居集·讀蜀志諸葛傳	清	黃式三	414
儆季雜箸	清	黃以周（子敘萬畢術敘）	323, 483
十六劃			
戰國策（注）	漢	高誘	178
戰國策·序	漢	劉向	291
戰國策·齊策	漢	劉向	178, 279, 383
戰國策·燕策	漢	劉向	246, 703
戰國策·韓策	漢	劉向	660
歷代詩話·序	清	袁枚	502
獨斷	漢	蔡邕	362, 375, 408, 410, 436

---

40 范注引作「王仲任」，未提出處。文出於王充《論衡·增藝》，今據補。

書名、篇名	時　代	著　者	頁　碼
璞別傳（世說新語注引）	南朝宋	佚名	152, 643, 712
瞥記	清	梁玉繩	562
穆天子傳	漢	佚名	187, 222, 269, 372
穆天子傳（注）	晉	郭璞	187, 222, 372
翰林論	漢	李充	450, 741
翰林論（太平御覽引）	漢	李充	388, 417
蕩婦秋思賦	梁	蕭繹	154
諫曹植書（三國志・魏志・邢顒傳引）	三國	劉楨	479
辨詩	民國	章太炎	169
雕蟲論	南朝梁	裴子野	689
頭責子羽文（世說新語注引）	晉	張敏集	277
駢體文鈔序	清	李兆洛（申耆）	599
十七劃			
檄胡文（藝文類聚引）	晉	桓溫	388
翼集答參軍于瓛（藝文類聚引）	晉	庾翼	376
翼集與僚屬教（太平御覽引）	晉	庾翼	376
聲無哀樂論	三國	嵇康	338
聲類（尚書正義引）	三國	李登	435
謝東宮賚藕啟（藝文類聚引）	南朝梁	劉孝威	486
鍾山札記	清	盧文弨	631
韓非子・七術・眾端參觀篇	先秦	韓非	259
韓非子・內儲說	先秦	韓非	259
韓非子・外儲說右下	先秦	韓非	259
韓非子・外儲說右上	先秦	韓非	259
韓非子・外儲說左下	先秦	韓非	596
韓非子・外儲說左上	先秦	韓非	200, 259, 320, 380, 450, 540
韓非子・問田篇	先秦	韓非	488
韓非子・說林下	先秦	韓非	383
韓非子・說難篇	先秦	韓非	558
韓非子・難一	先秦	韓非	534
韓非子識誤	清	顧廣圻（千里）	488
韓詩外傳	漢	韓嬰	303, 316, 349, 368, 442, 490, 504
斷眾公受假故事啟（太平御覽引）	晉	范寧	435
禮斗威儀	漢	佚名	41

書名、篇名	時代	著者	頁碼
禮含文嘉	漢	佚名	368
禮記外傳（藝文類聚引）	漢	佚名	216
禮記正義	漢	鄭玄	18, 19, 25, 35, 69, 70, 179, 180, 182, 198, 216, 223, 269, 296, 363, 364, 371, 451, 463, 499, 562, 610
禮記正義（疏）	唐	賈公彥	10, 17, 18, 35, 70, 103, 246, 289, 312, 316, 331, 411, 497, 516, 574, 695
禮記正義·大學	漢	漢初儒生	196
禮記正義·中庸	漢	漢初儒生	17, 627
禮記正義·內則	漢	漢初儒生	562
禮記正義·孔子閒居	漢	漢初儒生	497
禮記正義·少儀	漢	漢初儒生	645
禮記正義·月令	漢	漢初儒生	516
禮記正義·王制	漢	漢初儒生	182, 451
禮記正義·玉藻	漢	漢初儒生	289, 408, 499, 562, 641
禮記正義·曲禮	漢	漢初儒生	253, 289, 312, 434, 610, 641
禮記正義·坊記	漢	漢初儒生	290
禮記正義·表記篇	漢	漢初儒生	18
禮記正義·郊特牲	漢	漢初儒生	180, 524
禮記正義·祭統	漢	漢初儒生	25, 198, 199
禮記正義·曾子問篇	漢	漢初儒生	19, 215, 216, 312
禮記正義·經解篇	漢	漢初儒生	27
禮記正義·緇衣	漢	漢初儒生	230, 364, 610
禮記正義·樂記	漢	漢初儒生	17, 28, 69, 69, 70, 105, 540, 574
禮記正義·儒行篇	漢	漢初儒生	10, 19
禮記正義·檀弓篇	漢	漢初儒生	19, 179, 182, 216, 217, 223, 246, 272, 463, 641
禮記正義·禮運篇	漢	漢初儒生	7, 23, 35, 69
禮記正義·雜記	漢	漢初儒生	253
簡莊集·對策	清	陳鱣	586
舊唐書·經籍志	五代	劉昫	314, 320
舊唐書·禮儀志	五代	劉昫	397
十八劃			
蟬賦（藝文類聚引）	三國	曹植	684
闕子（藝文類聚引）	先秦	闕氏	717

書名、篇名	時 代	著 者	頁 碼
離騷序	漢	班固	50
離騷傳	漢	劉安	50
離騷贊序	漢	班固	51
難九錫文（藝文類聚引）	南朝宋	袁淑	277
顏氏家訓	北齊	顏之惟	721, 722
顏氏家訓・文章篇	北齊	顏之惟	518, 622, 629, 640[41], 641, 642, 653, 721
顏氏家訓・省事篇	北齊	顏之惟	410
魏氏春秋（三國志注引）	晉	孫盛	338, 474
魏晉世語（三國志注引）	晉	郭頒	654
魏書・文苑傳	北齊	魏收	5
魏書・李壽傳	北齊	魏收	89
魏書・釋老志	北齊	魏收	329
魏德論（北堂書鈔引）	漢	曹植	405
魏德論（藝文類聚引）	漢	曹植	405
十九劃			
曝書亭集・書玉臺新詠後	清	朱彝尊	86
籀膏述林	清	孫詒讓	333
藝文類聚	唐	歐陽詢	26, 96, 167, 169, 181, 201, 217, 220, 230, 264, 265, 392, 412, 464, 682, 705
贈楊德祖詩	漢	王粲	641
贈盧景宣詩	晉	潘尼	641
辭學指南	宋	王應麟	518
二十劃			
釋名	漢	劉熙	178
釋名・釋天篇	漢	劉熙	6
釋名・釋言語	漢	劉熙	189, 728
釋名・釋典藝	漢	劉熙	23, 198, 215, 222, 330, 363
釋名・釋書契	漢	劉熙	291, 331, 363, 411, 424, 463, 482, 485, 486, 488
釋名・釋樂器	漢	劉熙	269

41 此頁（頁 640）注 1 前引黃侃《文心雕龍札記》，後為自造文。惟其所引顏
之推《顏氏家訓・文章》一段，實承自黃侃，並再增引《顏氏家訓・文章》
中兩段，仍不免鈔襲其本師之嫌。

書名、篇名	時　代	著　者	頁　　碼
二十一劃			
續古文苑	清	孫星衍	219
續古文苑・餅賦	晉	束晳	276
續古文苑・辯道論	三國	曹植	347
續古苑苑・僮約	漢	王褒	486
續事始	五代	馬鑑	380
續晉陽秋（世說新語注引）	晉	檀道鸞	685, 713
續漢書（世說新語注引）	六朝	佚名	223
續漢書・禮儀志	晉	司馬彪	183
辯亡論	晉	陸機	343
鐵橋漫稿	清	嚴可均	311, 313, 321, 323, 324
顧廣圻及譚獻批校黃叔琳輯校本	清	譚獻	172
鶴林玉露	宋	羅大經	503
二十二劃			
讀書脞錄	清	孫志祖	314, 480
讀書雜志	清	王念孫	49
讀漢書札記	民國	楊遇夫	49
讀賦卮言・導源篇	清	王芑孫	139
鶡子	先秦	鶡熊	196
二十六劃			
驪山公九錫文（藝文類聚引）	南朝宋	袁淑	278
以下無著錄書名，僅引其語（且按年代、作者姓名筆劃為序）			
（禮記正義引）	漢	宋均	103[42]
（毛詩正義引）	漢	李巡	606
（李善文選注引）	漢	鄭玄	612
（李善文選注引）	漢	應劭	611
（五行大義引）	漢	翼奉	604
（李善文選注引）	三國	薛綜	148, 153, 527, 612
（經典釋文引）	晉	司馬彪	549
（李善文選注引）	晉	司馬彪	611, 648
（史記集解引）	晉	徐廣	383
（李賢注後漢書引）	晉	謝承	681

---

42 按此條出處作〈樂記正義〉，實本諸〈禮記正義〉，故著錄〈禮記正義〉，
　以符合凡例三。

書名、篇名	時　代	著　者	頁　　碼
（李善文選注引）	晉	晉灼	612
（李善文選注引）	晉	郭璞	611
（李善文選注引）	南朝宋	顏延年	709
（引其校記）[43]	明	謝兆申（耳伯）[44]	642
（引其語）	民國	李笠（雁晴）[45]	326, 591, 724
（引其語）	民國	孫蜀丞	6, 7, 11, 17, 57, 154, 207, 279, 489, 526, 541, 542, 728
（引其語）	民國	陳漢章（伯弢）	26, 28, 41, 108, 184, 349, 364, 411, 424, 432, 434, 534, 540, 560, 659, 724

---

43 范注僅記「謝校曰」，不及其他，且全書僅引一次。據詹瑛考證《文心雕龍》
　諸本，其中梅慶生天啟二年之校定本已有跋語言及謝兆申之校記，何焯據此
　刻本為底本，增謝兆申及梅慶生之跋語，可知梅慶生校注本及何焯批校本皆
　有謝氏校語，因推范注所引謝氏即用謝兆申校識。詹瑛文見其著〈文心雕龍
　板本敘錄〉，收於氏著：《文心雕龍義證》（上海：上海古籍出版社，1989
　年8月），頁9-35。
44 范注原文引作謝伯元。
45 范注原文引作李雁晴。

參考書目

一、專　著

（一）范文瀾著作及相關研究

王更生：《文心雕龍范注駁正》，台北：華正書局，1979 年 11 月。

范文瀾：〈從煩惱到快樂〉，延安《中國青年》雜誌第三卷第二期，1940 年 12 月。

范文瀾：《中國通史簡編》，北京：人民出版社，1965 年，12 月。

范文瀾：《文心雕龍注》，北京：人民文學出版社，1961 年 9 月。

范文瀾：《文心雕龍注》，台北：世界書局，1986 年 10 月。

范文瀾：《文心雕龍注》，台北：臺灣開明書店，1958 年。

范文瀾：《文心雕龍講疏》，天津：新懋印書局，1925 年 10 月。

范文瀾：《范文瀾全集》，石家庄：河北教育出版社，2002 年。

范文瀾：《范文瀾歷史論文選集》，北京：中國社科院，1979 年 4 月。

范文瀾：《范文瀾歷史論文選集》，北京：中國社會科學出版社，1979 年 4 月。

徐曰彪、朱瑞熙：《范文瀾傳略》，《中國當代社會科學家傳略》第十一輯，北京：書目文獻出版社，1990 年 7 月。

陳其泰：《范文瀾學術思想評傳》，北京：北京圖書館出版社，西元 2000 年 12 月。

董郁奎：《新史學宗師 —— 范文瀾傳》，杭州：杭州出版社，西

元 2005 年 1 月。

（二）文心雕龍校注及研究

王利器：《文心雕龍校證》，上海：上海古籍出版社，1980 年。

王更生：《中國古代文學理論的秘寶 —— 文心雕龍》，台北：黎明文化事業出版社，1995 年 7 月。

王更生：《重新增訂文心雕龍研究》，台北：文史哲出版社，1979 年 5 月。

王運熙：《文心雕龍探索》，上海：上海古籍出版社，2005 年 4 月。

牟世金：《文心雕龍研究》，北京：人民文學出版社，1995 年 8 月。

李曰剛：《文心雕龍斠詮》，台北：國立編譯館中華叢書編審委員會，1982 年 5 月。

林其錟、陳鳳金撰：《文心雕龍集校合編》，台北：暨南出版社，2002 年 6 月。

張文勛：《文心雕龍研究史》，昆明：雲南大學出版社，2001 年 6 月。

張立齋：《文心雕龍考異》，台北：正中書局，1974 年 11 月

張立齋：《文心雕龍註訂》，台北：正中書局，1967 年 1 月。

黃侃：《文心雕龍札記》，台北：文史哲出版社，1973 年 6 月。

黃叔琳：《文心雕龍注》，台北：世界書局，1986 年 10 月。

黃端陽：《文心雕龍樞紐論研究》，台北：國家出版社，2000 年 6 月。

黃錦鋐編：《文心雕龍論文集》，台北：學海出版社，1979 年 1 月。

楊明照：《增訂文心雕龍校注》，北京：中華書局，2000 年 8 月。

詹鍈：《文心雕龍義證》，上海：上海古籍出版社，1989 年 8 月。

潘重規：《唐寫文心雕龍殘本合校》，香港：新亞研究所，1970 年 9 月。

（三）古　籍

周‧佚名撰，唐‧孔穎達正義：《周易正義》，上海：上海古籍出版社，1997 年 7 月。

漢‧司馬遷撰，張守節正義：《史記》，台北：綜合出版社，1981年 2 月。

漢‧應劭撰：《風俗通義》，長春：吉林大學出版社，1992 年 12 月。

漢‧班固撰，唐顏師古注：《漢書》，北京：中華書局，1983 年 6 月。

晉‧干寶撰，李劍國輯：《新輯搜神記》，北京：中華書局，2007年 3 月。

晉‧裴啟撰，魯迅輯：《語林》，北京：人民文學出版社，1999年 7 月。

晉‧裴啟撰，周楞伽輯校：《裴啟語林》，北京：文化藝術出版社，1988 年 12 月。

南朝宋‧陶潛撰，李劍國輯：《新輯搜神後記》，北京：中華書局，2007 年 3 月。

南朝宋‧劉義慶撰，魯迅輯：《幽明錄》，北京：人民文學出版社，1999 年 7 月。

梁‧沈約：《宋書》，台北：鼎文書局，1987 年 10 月。

梁‧蕭統編：《文選》，台北：藝文印書館，2003 年 3 月。

梁‧蕭繹撰，清‧謝章鋌校：《金樓子》，台北：世界書局，1975年 7 月。

梁‧鍾嶸：《詩品》，北京：中華書局，1981 年 4 月。

唐‧李延壽：《南史》，台北：鼎文書局，1998 年 11 月。

遍照金剛撰，王利器注：《文鏡秘府論校注》，台北：貫雅出版社，1991 年 12 月。

明‧胡維新撰，王雲五編：《明刊本兩京遺編》，台北：台灣商務印書館，1969 年 5 月。

清‧王士禎：《分甘餘話》，北京：中華書局，1982 年 1 月。

清‧趙翼：《陔餘叢考》，北京：中華書局，2006 年 10 月。

清‧盧文弨：《群書拾補》；王雲五主編《國學基本叢書》，台北：台灣商務印書館，1967 年 3 月。

清‧章學誠：《文史通義》，台北：華世出版社，1980 年 9 月。

清‧朱駿聲：《說文通訓定聲》，台北：藝文印書館，1966 年 7 月。

清‧李詳：《李審言文集》，江蘇：江蘇古籍出版社，1989 年 3 月。

清‧孫梅：《四六叢話》，上海：復旦大學出版社，2007 年。

清‧杭世駿：《道古堂文集》，上海：上海古籍出版社，1995 年 7 月。

清‧嚴可均輯：《全三國文》，北京：中華書局，1995 年 12 月。

清‧嚴可均輯：《全後漢文》，北京：中華書局，1995 年 12 月。

清‧朱蓉生：《無邪堂答問》，北京：中華書局，2000 年 12 月。

（四）今人著作

包鷺賓：《包鷺賓學術論著選》，湖北：華中師範大學出版社，2005 年 8 月。

皮錫瑞著，周予同注釋：《經學歷史》，台北：學海出版社，出版年月不詳。

曲士培：《中國大學教育發展史》，山西：山西教育出版社，1993 年 7 月。

朱東潤：《中國文學批評史大綱‧緒言》，台北：台灣開明書店，1960 年。

余嘉錫：《四庫提要辨證》，台北：藝文印書館，1997 年 9 月。

余嘉錫：《余嘉錫論學雜著》，北京：中華書局，1977 年 2 月。

汪一駒著、梅寅生譯：《中國知識份子與西方》，新竹：楓城出版社，1978 年 12 月。

周天度：《蔡元培傳》，北京：人民出版社，西元 1984 年。

周生杰：《太平御覽研究》，成都：巴蜀書社，2008 年 12 月。

南開大學編：《南開大學校史資料選》，天津：南開大學出版社，1989 年。

胡適：《胡適文存》，台北：遠流出版社，1988 年。

梁啟超：《飲冰室文集》，台北：新興書局，1967 年。

梅家玲編訂：《晚清文學教室 ── 從北大到台大》，台北：麥田出版社，2005 年 5 月。

莊吉發：《京師大學堂》，台北：台大文學院，1970 年 8 月。

郭廷以：《近代中國史綱》，香港：中文大學出版社，1980 年。

郭紹虞：《中國文學批評史》，台北：台灣商務印書館，1969 年 11 月。

程千帆、唐文編：《量守盧學記》，北京：三聯書店，1985 年 8 月。

郭紹虞：《照隅室雜著》，上海：上海古籍出版社，1986 年 11 月。

陳平原：《老北大的故事》，台北：立緒出版社，2001 年 10 月。

陳其泰：《十八世紀中國史學的理論成就》，北京：北京師範大學出版社，2000 年 11 月。

陳其泰：《史學與民族精神》，北京：學苑出版社，1999 年 8 月。

陳垣：《校勘學釋例》，台北：台灣學生書局，1971 年 3 月。

陳景磐：《中國近代教育史》，北京：人民教育出版社，1980 年。

陳燕撰：《清末民初的文學思潮》台北：華正書局，1993 年 9 月。

陳獨秀撰，陳平原主編：《獨秀文存選》，貴陽：貴州教育出版社，2005 年 4 月。

陳燮君、盛巽昌主編：《廿世紀圖書館與文化名人》，上海：上

海社會科學院出版社，西元 2004 年 7 月。

章太炎：《章氏叢書》，台北：世界書局，1982 年 4 月。

章群：《中共早期的歷史研究工作》，台北：學海出版社，2000 年 9 月。

程金造：《史記索隱引書考實》，北京：中華書局，1998 年 10 月。

賀治起、吳慶榮編：《紀曉嵐年譜》，北京：書目文獻出版社，1993 年 6 月。

逯耀東：《中共史學的發展與演變》，台北：時報文化出版社，1979 年 11 月。

楊明照：《學不己齋雜著》，上海：上海古籍出版社，1985 年 10 月。

楊亮功、蔡曉舟同編：《五四》，台北：傳記文學出版社，1982 年 9 月。

董洪利：《古籍的闡釋》，瀋陽：遼寧教育出版社，1997 年 4 月。

劉師培：《劉師培中古文學論集》，北京：中國社會科學研究院出版社，1997 年 6 月。

劉師培撰，陳居淵注：《經學教科書》，上海：上海古籍出版社，2006 年 7 月。

蔡元培：《蔡元培自述》，台北：傳記文學出版社，1967 年。

蔡宗陽：《劉勰文心雕龍與經學》，台北：文史哲出版社，2007 年 5 月。

錢穆：《中國史學名著》，台北：三民書局，1973 年 2 月。

錢穆：《中國學術思想論叢》卷八，合肥：安徽教育出版社，2004 年 7 月。

錢穆：《先秦諸子繫年》，台北：東大出版社，1995 年 6 月。

謝明勳：《六朝志怪小說故事考論 ──「傳承」、「虛實」問題之考察與析論》，台北：里仁書局，1999 年 1 月。

顏賢正：《文心雕龍述秦漢諸子考》；東吳大學中國文學研究所碩士論文，1982 年 7 月。

欒梅健：《二十世紀中國文學發生論》，台北：業強出版社，1992年 4 月。

二、學位及單篇論文

尹俊忠：〈范文瀾在河南大學期間的革命活動〉；《河南大學學報》，1985 年第 3 期。

戶田浩曉：〈文心雕龍小史〉；王元化選編：《日本研究「文心雕龍」論文集》，山東：齊魯書社，1983 年 4 月。

王秀清：〈范文瀾對史學比較方法的成功運用〉；《學術研究》，2003 年第 11 期。

朱海濤撰：〈北大與北大人〉；陳平原，夏曉虹編《北大舊事》，北京：三聯書店，1998 年 3 月。

朱瑞熙、劉仁達、徐曰彪：〈范文瀾〉；《中國史學家評傳》，河南：中州古籍出版社，1985 年 4 月。

牟世金：〈文心雕龍的范注補正〉；《社會科學戰線》1984 年第 4 期。

余英時：〈五四文化的精神反省〉，《五四與中國》，台北：時報文化出版社，1979 年 5 月。

佚名：〈范文瀾〉；《中國社科院 —— 學術大師治學錄》，北京：中國社科院出版社，1999 年 9 月。

周策縱撰，鍾玲譯：〈五四運動的定義〉；周策縱等撰，《五四與中國》，台北：時報文化出版社，1979 年 5 月。

周策縱撰、鍾玲譯：〈五四運動的發展 —— 觀念上和政治上的分裂〉；周策縱等撰，《五四與中國》，台北：時報文化出版

社，1979 年 5 月。

唐克敏：〈袁世凱與中國資本主義〉；丁日初主編《近代中國》
　　第四輯，上海：上海社科院出版社，1994 年 5 月。

張文勛撰：〈中國文心雕龍研究的歷史回顧〉；楊明照主編：《文
　　心雕龍綜覽》，上海：上海書店，1995 年 6 月。

嵇道之：〈歷史的安排 ── 嵇文甫與范文瀾、曹靖華、馮玉祥〉；
　　《河南大學學報》，1995 年第 1 期。

楊明照：〈文心雕龍有重注必要〉；曹順慶編：《文心同雕集》，
　　四川：成都出版社，1990 年 6 月。

楊亮功：〈五年北大讀書生活〉；蔣永敬，李雲漢，許師慎編《楊
　　亮功先生年譜》，台北：聯經出版社，1988 年。

溫光華：〈文心雕龍黃注紀評研究〉；《台灣師範大學國文研究
　　所集刊》，第 42 號，2002 年 6 月。

賈士毅：〈五十年來之中國財政〉；周開慶編：《五十年來之中
　　國經濟》，台北：華文書局，1968 年 7 月。

劉大年：〈光大范文瀾的科學業績〉；《近代史研究》，1994 年
　　第 1 期。

樂正：〈從學堂看清末新學的興起〉；《中國近代文化問題》，
　　北京：中華書局，1989 年 2 月。

蔡美彪：〈范文瀾在天津的革命與學術生涯〉；《歷史教學》，
　　2001 年第 1 期。

蔡美彪：〈舊國學傳人新史學宗師 ── 范文瀾〉，收於《巍巍上
　　庠，百年星辰 ── 名人與北大》，北京：北京大學出版社，
　　西元 1998 年 4 月。